सम्पादन-कला
सिद्धान्त से व्यवहार तक

सम्पादन-कला
सिद्धान्त से व्यवहार तक

अरुण कुमार भगत

वाणी
प्रकाशन

प्रकाशन के उत्कृष्टतम 63 वर्ष

पेपरबैक प्रथम संस्करण : 2026

vaniprakashan.com

वाणी प्रकाशन

4695, 21-ए, दरियागंज, नयी दिल्ली-110 002

फ़ोन : +91 11 23273167, 23275710

शाखाएँ

अशोक राजपथ, पटना-800 004, बिहार

कॉफ़ी हाउस कैम्पस, महात्मा गांधी मार्ग, प्रयागराज-211 001, उत्तर प्रदेश

महात्मा गांधी अन्तरराष्ट्रीय हिन्दी विश्वविद्यालय, वर्धा-442 001, महाराष्ट्र

sales@vaniprakashan.in
vaniprakashan@gmail.com

Sampadan-Kala : Siddhant Se Vyavahar Tak
by Arun Kumar Bhagat

ISBN : 978-93-7348-048-0
Journalism

मूल्य : ₹ 325

आर.टेक ऑफ़सेट प्रिंटर्स, दिल्ली-110 032 में मुद्रित

वाणी प्रकाशन का लोगो मक़बूल फ़िदा हुसैन की कूची से

सुप्रसिद्ध पत्रकार
श्री अच्युतानन्द मिश्र जी
को सादर।

भूमिका

पत्रकारिता का मुख्य उद्देश्य सत्यान्वेषण है। यही पत्रकारिता का युगधर्म भी है। सत्यान्वेषण में ही पत्रकारिता के मूल्य और सिद्धान्त सन्निहित हैं। विभिन्न स्रोतों से प्राप्त तथ्यों के माध्यम से घटना-प्रसंग के सन्दर्भ में सत्य की खोज करना और उसे पाठकों तक पहुँचाना ही पत्रकारिता का दायित्व-बोध है। यह पत्रकारों में सेवाव्रती संस्कार के बिना सम्भव नहीं है। यही कारण है कि पत्रकारों के लिए सेवाव्रती संस्कार को प्राण-तत्त्व माना गया है। पत्रकारों को सत्य की खोज करने के लिए गहराई से अनुसन्धान करना चाहिए। इस क्रम में एक पत्रकार को तटस्थ और निष्पक्ष बने रहना चाहिए।

पत्रकारों को अपनी वैचारिक प्रतिबद्धता, राग-द्वेष और पूर्वग्रहों से अलिप्त रहकर घटना-प्रसंग के सम्बन्ध में सत्य को प्रस्तुत करना चाहिए। यही पत्रकारों की आदर्श स्थिति हो सकती है। समाचार की प्रस्तुति में सबसे बड़ी कसौटी तथ्यगत विश्वसनीयता और वस्तुनिष्ठता की होनी चाहिए, किन्तु आज के कुछ पत्रकार वैचारिक प्रतिबद्धता के कारण अपने इस धर्म से च्युत होते दिखाई देते हैं, जो दुर्भाग्यपूर्ण है। आज के अधिकतर पत्रकार पक्षकार दिखाई देते हैं। समाचार उनके मस्तिष्क में उपजने लगा है। यह दुखद स्थिति है। वैचारिक प्रतिबद्धता के कारण अधिकतर पत्रकार समाचार-विश्लेषण के नाम पर स्वयं के विचार परोसते हैं, जो चिन्ताजनक है।

पत्रकारिता पीड़ित-प्रताड़ित जनता की आवाज़ होती है। किसी लोकतान्त्रिक देश में जब कोई व्यक्ति सिस्टम के समक्ष घुटने टेक देता है, परास्त हो जाता है, थककर हार जाता है तो उसे पत्रकारिता से ही आशा की किरण दिखाई देती है। उस निरीह व्यक्ति के जीवन में पत्रकारिता के कारण कई बार चमत्कार हो जाता है। पत्रकारिता की यह शक्ति चतुर्थ स्तम्भ के रूप में परिलक्षित होती है। समाज-जीवन में प्राय: ऐसा ही देखा जाता है कि पीड़ित-प्रताड़ित लोगों को न्याय

दिलाने में पत्रकारिता की भूमिका सर्वोपरि होती है। विधायिका, कार्यपालिका और न्यायपालिका जैसे संवैधानिक स्तम्भों को पत्रकारिता सतर्क और सावधान भी करती रहती है। पत्रकारिता की इसी महत्ता के कारण लोकमान्यता के आलोक में यह चतुर्थ स्तम्भ है।

प्रस्तुत पुस्तक 'सम्पादन-कला : सिद्धान्त से व्यवहार तक' में सम्पादन के शिल्प और सौन्दर्य को रेखांकित किया गया है। सम्पादन वस्तुत: अनूठी कला और अप्रतिम कौशल है। सम्पादन का तात्पर्य केवल पाठ्य-सामग्री में से अशुद्धियों को दूर करना मात्र नहीं है। यह तो पाठ्य-सामग्री के प्रबन्धन, चयन और प्रस्तुति की सम्पूर्ण प्रक्रिया को अपने आप में समेटे हुए है। प्रस्तुत पुस्तक में सम्पादन की इसी व्यापकता को अक्षरित किया गया है। इस पुस्तक में सम्पादन की परिकल्पना, सम्पादन-कला, सम्पादन के सिद्धान्त, सम्पादकीय विभाग का ढाँचागत स्वरूप, शीर्षक-लेखन का शिल्प और सौन्दर्य, सम्पादन का शिल्प-विधान, सम्पादन-प्रक्रिया तथा पृष्ठ-सज्जा और अभिकल्प जैसे अध्यायों को शामिल कर इसे छात्रोपयोगी तो बनाया ही गया है, मीडिया प्रोफ़ेशनल्स और मीडिया प्राध्यापकों के लिए भी यह पुस्तक अत्यन्त प्रयोज्य है।

मैं वाणी प्रकाशन, दिल्ली के स्वामी-संचालक श्री अरुण माहेश्वरी जी के प्रति आभार व्यक्त करता हूँ, जिन्होंने इस पुस्तक की सुन्दर और सर्व शुद्ध छपाई कर हमें अनुगृहीत किया है।

भूमिका के रूप में इन्हीं चन्द शब्दों के साथ मैं पुस्तक के अध्ययन-अनुशीलन का मार्ग प्रशस्त करता हूँ। भूमिका-कक्ष से बाहर निकलते हुए मैं आपके जैसे सुधी, सहृदय और शुभानुध्यायी पाठकों से अपेक्षा करता हूँ कि इस पुस्तक का समग्रता के साथ मूल्यांकन करेंगे। आपके जैसे स्नेही और सुधी पाठक के सुझाव, सम्मति, सुचिन्तन और समादेश का सदैव स्वागत है।

प्रो. अरुण कुमार भगत
पूर्व अधिष्ठाता एवं अध्यक्ष
मीडिया अध्ययन विभाग
महात्मा गांधी केन्द्रीय विश्वविद्यालय
मोतिहारी, बिहार
सदस्य, बिहार लोक सेवा आयोग, पटना
मोबाइल : 9818387111

पटना, चैत्र शुक्ल पक्ष प्रतिपदा,
विक्रम संवत 2082 तदनुसार 30 मार्च 2025

अनुक्रम

सम्पादन की परिकल्पना

सम्पादन वह कलात्मक क्रिया है, जिसके द्वारा पाठ्य-सामग्री का सम्यक् संशोधन, परिशोधन, परिर्माजन, परिवर्द्धन और प्रक्षालन किया जाता है। यह एक शिल्प है, जिससे सौन्दर्य की सृष्टि होती है। सम्पादन के अन्तर्गत अनगढ़ पाठ्य-सामग्री को कौशलपूर्ण ढंग से पुनः गढ़ा जाता है। इसके अन्तर्गत पाठ्य-सामग्री के प्रकाशन से पूर्व उसमें भाषा संशोधन, तथ्यात्मक परिमार्जन, सन्दर्भ सामग्री का परिवर्द्धन, शिल्पगत संशोधन, शीर्षक-उपशीर्षक लगाना, आमुख बनाना, साज-सज्जा इत्यादि कार्य किये जाते हैं। इससे पाठ्य-सामग्री में समग्रता आती है और वह पठनीय हो जाता है। सम्पादन का कार्य व्यापक और विस्तृत होता है। सम्पादन के माध्यम से पाठ्य-सामग्री को सुरुचिपूर्ण ढंग से सजाया-सँवारा जाता है, ताकि उसकी पठनीयता और सम्प्रेषणीयता बढ़ सके। व्यापक रूप में पाठ्य-सामग्री के सम्पादन का अर्थ सामग्री प्रबन्धन, चयन और प्रस्तुतीकरण तीनों से है।

1. अर्थ और अवधारणा

सम्पादन शब्द की निर्मिति पद् धातु से हुई है। पद् धातु में सम् उपसर्ग और णिच् प्रत्यय तथा ल्युट् प्रत्यय के योग से सम्पादनम् (सम्पादन) बना है। पद् गतौ धातु के अर्थ में होता है, जिसका कर्म के अर्थ में गतिगान से है तथा ज्ञान के अर्थ में अवबोधन से होता है। पद्धातु के बाद णिच् प्रत्यय प्रेरणा के अर्थ में यहाँ प्रयुक्त है तथा ल्युट् प्रत्यय करण वा भाव के अर्थ में यहाँ प्रयुक्त होकर सम्पादन शब्द का निर्वचन किया गया है। वामन शिवराम आप्टे के संस्कृत हिन्दी शब्दकोश के अनुसार सम्पादनम् का अर्थ है–निष्पादन, कार्यान्वयन, पूरा करना, उपार्जन करना, प्राप्त करना, स्वच्छ करना, साफ़ करना, भूमि आदि तैयार करना। बृहत् हिन्दी कोश के अनुसार सम्पादन का अर्थ है–पूरा करना, प्रस्तुत करना, क्रम आदि ठीक करना, ग्रन्थादि शुद्ध कर प्रकाशन योग्य बनाना, सामयिक या दैनिक पत्र को विषय आदि की दृष्टि से ठीक करना और उसका संचालन करना इत्यादि।

आजकल पत्रकारिता में सम्पादन का अर्थ पाठ्य-सामग्री को काट-छाँटकर छोटा करने से भी लगाया जाने लगा है, किन्तु यह सम्पादन की एकांगी अभिव्यंजना है। सामान्य तौर पर सम्पादन का अर्थ यह समझा जाता है कि किसी पाठ्य-सामग्री (समाचार, फ़ीचर, आलेख इत्यादि) को छोटा करने के साथ-साथ उसे चुस्त-दुरुस्त करना। सामान्य बोलचाल की भाषा में कहा जाता है कि किसी समाचार विशेष को 'एडिट करके छोटा' कर दिया गया, जबकि वास्तव में सम्पादन की अर्थ-अभिव्यंजना व्यापक है। सम्पादन के अन्तर्गत आवश्यकतानुसार महत्त्वपूर्ण सन्दर्भ सामग्री जोड़ी भी जाती है और उसमें 'वैल्यू एडिशन' भी किया जाता है। अतः सम्पादन को संक्षेपण के साथ-साथ पल्लवन के रूप में भी देखा जाता है।

सम्पादन का तात्पर्य पाठ्य-सामग्री को केवल छोटा करना वस्तुतः उसकी अर्थ-अभिव्यंजना को एकांगी बनाना है। पत्र-पत्रिकाओं में सम्पादकीय डेस्क पर समाचार अथवा अन्य पाठ्य-सामग्री की महत्ता की दृष्टि से उसे छोटा या बड़ा किया जाता है और इसके लिए पाठ्य-सामग्री को आवश्यकतानुसार न केवल काटा-छाँटा जाता है, अपितु ज़रूरत पड़ने पर सन्दर्भ-सामग्री तथा समाचार से सम्बद्ध अन्य स्रोतों से प्राप्त समाचार-तत्त्व को जोड़ा भी जाता है। सम्पादन के अन्तर्गत ही कई बार समान प्रकृति के एक से अधिक समाचारों को जोड़कर उसे बड़ा भी किया जाता है। सम्पादकीय डेस्क कई बार समाचार, लेख, फ़ीचर, रिपोर्ताज इत्यादि को आवश्यकतानुसार विश्लेषित-व्याख्यायित करने के क्रम में भी उसे बड़ा कर देता है। कुल मिलाकर सम्पादन का अर्थ केवल काटना-छाँटना ही नहीं, पाठ्य-सामग्री को आवश्यकतानुसार बड़ा करना अर्थात् पल्लवित करना भी है।

सम्पादन के द्वारा समाचार को उसी प्रकार सुरुचिपूर्ण ढंग से सजाया-सँवारा जाता है जिस प्रकार माली अपने बग़ीचे के पौधों को काट-छाँटकर आकर्षक रूप देता है या यों कहें कि कोई मूर्तिकार पत्थरों को तराशकर जिस प्रकार उसे मनचाहा रूप देता है उसी प्रकार सम्पादक सम्पादन के द्वारा पाठ्य-सामग्री को पठनीय बनाता है। संस्कार प्रदान करता है। यह उसमें जीवन प्रदान करने जैसा है। पत्थर तराशे जाने की पीड़ा भोगता है। इसलिए उसमें प्राणों का संचार होता है। यह ठीक वैसे ही है जैसे माँ प्रसव-पीड़ा भोगती है। इसलिए वह ममत्व की देवी के रूप में प्रतिष्ठित होती है।

सम्पादन कार्य श्रम-साध्य होता है। पाठ्य-सामग्री को तराशकर प्रकाशित करने के योग्य बनाना अथवा संस्कारित करना उसे जीवन प्रदान करने जैसा है। सर्जना का अमूल्य श्रम ही सम्पादक और प्रकारान्तर से सम्पादकीय टीम को समाज में समादृत करता है। सम्पादन में रचनात्मक से लेकर प्रबन्धन तक का कार्य शामिल है। सम्पादन की रचनात्मकता ने ही वस्तुतः इसे कला के रूप में मर्यादित किया

है। अतः सम्पादन के बहुआयामी कार्य को किसी निर्धारित फ्रेम अथवा परिभाषा में बाँधना कठिन है। समाचार सम्पादन को मोटे तौर पर तीन भागों में विभक्त कर हम अध्ययन कर सकते हैं–(1) प्रबन्धन, (2) चयन, (3) प्रस्तुति। समाचारों के प्रबन्धनों से लेकर प्रस्तुति तक के सभी कार्य सम्पादन कहलाते हैं। संवाददाता समाचार एजेंसी आदि के द्वारा समाचार का प्रबन्ध किया जाता है फिर महत्त्व की दृष्टि से उपयोगी समाचार का चयन कर उसकी सम्यक् प्रस्तुति की जाती है। सम्पादन की व्यापकता की दृष्टि से सम्पादक का कार्य बड़ा ही महत्त्वपूर्ण हो जाता है। प्रबन्धन से लेकर प्रस्तुति तक का यह कार्य श्रमसाध्य होता है। यही कारण है कि पत्रकारों और सम्पादकों को श्रमजीवी भी कहा जाता है।

जैसा कि पहले भी बताया जा चुका है कि सम्पादन का अर्थ समाचारों को केवल काटना-छाँटना ही नहीं, अपितु आवश्यकतानुसार उसमें सन्दर्भ सामग्री जोड़ना भी है। दुर्भाग्य से सामग्री सम्पादन का अर्थ समाचारों को काटना-छाँटना और उसे छोटा करने से ही लिया जाता है; जबकि वास्तविकता यह है कि सम्पादन के द्वारा सन्दर्भ सामग्री और पूर्व घटना-प्रसंग को जोड़कर उसे विस्तृत भी किया जाता है। इतना ही नहीं सम्पादन का अर्थ आवश्यकतानुसार पुनर्लेखन से भी है। समाचार और विचार को उसके शिल्प के अनुसार व्यवस्थित किया जाता है और उसका परिवर्द्धन किया जाता है। यह श्रेष्ठ सम्पादन की विशेषता है।

सम्पादन का अर्थ समाचार में सर्जनात्मकता पैदा करना भी है। समाचार का शीर्षक-उपशीर्षक लिखना और उसे साज-सज्जा की दृष्टि से चित्ताकर्षक बनाना सर्जनात्मकता के ही अंग हैं। इसके माध्यम से सम्पादन करनेवाला व्यक्ति अपनी मौलिकता का विसर्जन समाचार अथवा पाठ्य-सामग्री में करता है। रचनाओं के विषय में उसकी पृष्ठभूमि और परिचयात्मक सम्पादकीय टिप्पणी लिखना भी सर्जनात्मक कार्य है। सन्दर्भ सामग्री जोड़ना और आकर्षक आमुख बनाना सम्पादन का ऐसा कार्य है, जिससे उसमें सर्जनात्मकता झलकती है। उपर्युक्त सन्दर्भों के आलोक में हम कह सकते हैं कि सम्पादन एक सर्जनात्मक कार्य भी है। इस दृष्टि से सम्पादक स्रष्टा के साथ-साथ पाठ्य-सामग्री को पल्लवित-पुष्पित और कई बार उसे नष्ट करने की भूमिका में साक्षात् ब्रह्मा, विष्णु और महेश से कम नहीं है। सर्जन का यह मूल श्रम ही सम्पादक को समाज में समादृत करता है। इसी के साथ एक और महत्त्वपूर्ण आयाम जो सम्पादक के साथ जुड़ जाता है वह है–उत्तरदायित्व।

सम्पादन का अर्थ समाचार अथवा पाठ्य-सामग्री को संस्कारित करना भी है। जिस प्रकार मानव अपने जीवन के सोलह संस्कारों द्वारा ऊर्जस्वित होता है। मनुष्यत्व की प्राप्ति का मार्ग प्रशस्त करता है। व्यापक सन्दर्भ में इससे मानव का

शुद्धिकरण होता है उसी तरह समाचार भी सम्पादक के हाथों संस्कारित होता है। समाचार में निखार पैदा करने, व्यवस्थित करने, सजाने-सँवारने और परिष्कृत करने का कार्य ही मूलतः संस्कारित करना है। सम्पादक संस्कर्ता के रूप में अपनी भूमिका का निर्वहण करता है। उसके इस कार्य को पौरोहित्य भी कह सकते हैं।

2. सम्पादन की परिभाषा

सम्पादन के अर्थ को विभिन्न विद्वानों द्वारा दी गयी परिभाषाओं के आलोक में भी समझा जा सकता है। सम्पादन के बहुआयामी कार्य को यद्यपि किसी निर्धारित फ्रेम अथवा परिभाषा में बाँधना कठिन है फिर भी हिन्दी के अनेक समर्थ सम्पादकों और विद्वानों ने सम्पादन को अपने-अपने ढंग से परिभाषित किया है।

(i) आचार्य शिवपूजन सहाय के अनुसार, "पाण्डुलिपि का सम्पादन करते समय उनके समक्ष भाषा, लेखक और प्रेस ये तीन अवश्य ध्यातव्य रहते हैं। सम्पादक के समक्ष विभिन्न लेखकों की विभिन्न प्रकार की रचनाएँ आती हैं–सबकी शैली, लिखावट और व्याकरण सम्बन्धी समस्याएँ भिन्न-भिन्न। उन सभी रचनाओं को अपने पत्र की भाषा, वर्तनी और नीति के अनुकूल बनाना, साथ ही लेखक के विषय की मौलिकता को सुरक्षित रखना एक ओर जहाँ बहुत बीहड़ काम मालूम होता है, वहीं दूसरी ओर विभिन्न लेखकों की विभिन्न रुचियों के स्वारस्य के आस्वाद में एक प्रकार का आनन्द भी मिलता है। आलेख के विषय की मौलिकता को अक्षुण्ण रखते हुए उसमें चमत्कार पैदा करना 'सम्पादन-कला' है।"

(ii) श्री राधेश्याम शर्मा ('दैनिक ट्रिब्यून' के पूर्व सम्पादक) के अनुसार, "सम्पादन किसी भी समाचार, लेख या अन्य पठनीय सामग्री को भाषा, भाव, पठनीयता और प्रभावोत्पादकता की दृष्टि से सँवारने का कार्य है, ताकि पाठक को इस प्रकार तैयार सामग्री मिले कि वह उसे आसानी से समझ सके तथा उसका सार-तत्त्व बिना किसी परेशानी के उसके ध्यान में तुरन्त आ सके। सम्पादन केवल अख़बार में प्रकाशित समाचार और लेख ही नहीं वरन् साहित्यिक सामग्री के अलावा विज्ञान, अर्थशास्त्र, इतिहास, समाजशास्त्र, भूगोल, राजनीतिशास्त्र इत्यादि विषयों की पुस्तक एवं अन्य पठनीय सामग्री का भी ज़रूरी है, ताकि आवश्यक सामग्री निकालकर मक्खन की तरह सार-तत्त्व पेश किया जा सके।"

(iii) श्री अच्युतानन्द मिश्र ('जनसत्ता' के पूर्व सम्पादक) के अनुसार, "सम्पादन एक कौशल है, जिसमें विषय का ज्ञान और भाषा की प्रभावपूर्ण अभिव्यक्ति के साथ-साथ सम्पादक को अपने लक्ष्य की स्पष्ट समझ होनी चाहिए। उसके लिए किसी विषय का विशेषज्ञ होना ज़रूरी नहीं है, किन्तु उसके लेख या

सम्पादकीय टिप्पणी से सामाजिक सरोकार की अभिव्यक्ति सरल भाषा में होना ज़रूरी है। सम्पादन-कला सहयोगियों की टीम से पूरी होती है, लेकिन किसी पत्रिका या समाचार-पत्र पर सम्पादक की स्पष्ट झलक दिखाई देनी चाहिए।"

(iv) प्रो. कमल दीक्षित (माखनलाल चतुर्वेदी राष्ट्रीय पत्रकारिता एवं संचार विश्वविद्यालय, भोपाल के पत्रकारिता विभाग के पूर्व अध्यक्ष) के अनुसार, "सम्पादन, समाचार को छोटा करना, उसकी ग़लतियाँ छाँटकर हटाना, ग़लत-अशुद्ध शब्द, वाक्य एवं तथ्य सही करना, अनावश्यक शब्द संकेत हटाना, भाषा को प्रवाही तथा पठनीय बनाना, समाचार के अर्थ को समझ में आने लायक बनाना तो है, पर सिर्फ़ इतना ही नहीं है। इसलिए सम्पादन सरलतम तथा साथ ही कठिनतर कार्य है। सरल ऐसा कि उसे कोई नौसिखिया मात्र एकाध बार देखकर कर सकता है। कठिन ऐसा कि सही सम्पादन सीखने में वर्षों लग जायें। वह यन्त्रवत भी है और मौलिक रचना प्रक्रिया की सम्भावना से भरा भी है। वह कौशल है, कला है पर साथ-साथ नयी रचना का सृजन भी है। इसलिए सम्पादन को शब्द काटना, छाँटना, सही करना, शीर्षक बनाना तक न लें। सम्पादन के इस कार्य की महत्ता को देखकर ही तो उप-सम्पादन को समाचार-पत्र की 'रीढ़ की हड्डी' 'अनाम योद्धा' या 'विवेक युक्त सारथी' कहा जाता है।"

(v) श्री रामबहादुर राय ('जनसत्ता' के पूर्व सम्पादक) के अनुसार "सम्पादन, कला के साथ-साथ विज्ञान भी है। यहाँ विज्ञान शब्द का अर्थ है, विशेष ज्ञान। श्रेष्ठ सम्पादक जिन्हें हमने देखा है, वे वर्तनी, भाषा, तथ्य, घटनाओं के सही सन्दर्भ से ख़ूब परिचित रहते थे। अच्छी सम्पादन-कला की ये बातें पहली ज़रूरत होती हैं। यह प्रारम्भ है। लेकिन सतत प्रयत्न अगर चलता रहे तो सम्पादन से सामग्री पठनीय और प्रवाहमान बन जायेगी। इसलिए अभ्यास, अध्ययन और जिज्ञासा को सम्पादन-कला का मूल सूत्र कह सकते हैं।"

(vi) प्रो. नन्दकिशोर त्रिखा ('नवभारत टाइम्स' के पूर्व स्थानीय सम्पादक) के अनुसार, "सम्पादन समाचारों और आलेखों के निर्दोषीकरण और परिष्करण की ऐसी सुव्यवस्थित और वैज्ञानिक प्रक्रिया है, जिसका उद्देश्य सूचनाओं और विचारों को सरल, सुगम्य, सटीक और न्यूनतम शब्दों के सही वाक्य-विन्यास से उनके यथा-अभिप्रेत अर्थ तथा भाव में प्रस्तुत करना है। निर्दोषीकरण और परिष्करण से अभिप्राय है–भाषा और तथ्यों से सम्बद्ध अशुद्धियों को दूर करना, पत्रकारीय आचार के नियमों एवं सामाजिक सुरुचि के अनुसार शोधन करना तथा उसे चित्ताकर्षक तथा प्रभावकारी रूप में विन्यस्त करना।"

3. सम्पादन के कार्य

सम्पादन के सम्बन्ध में कहा गया है कि यह बहुआयामी कार्य है। समाचार के भाषा संशोधन से लेकर पृष्ठों की साज-सज्जा तक के सभी कार्य सम्पादन के अन्तर्गत आते हैं। सम्पादन के श्रमसाध्य कार्य को निम्नलिखित रूप में व्याख्यायित किया जा सकता है।

(i) समाचार का भाषा संशोधन : समाचार पत्र में अनेक स्ट्रिंगर और ट्रेनी रिपोर्टर नियुक्त होते हैं। ये नौसिखिया पत्रकार होते हैं। इनके द्वारा लिखे गये समाचार में न केवल भाषा सम्बन्धी अशुद्धियाँ देखने को मिलती हैं, बल्कि वर्तनी की एकरूपता भी दिखाई नहीं पड़ती है। स्त्रीलिंग-पुल्लिंग सम्बन्धी ग़लतियाँ होना ऐसे संवाददाताओं की कॉपियों में आम बात है। इसलिए सम्पादन करते समय भाषा सम्बन्धी सम्बोधन सबसे पहली शर्त बन जाती है। भाषा में कई बार पुनरुक्ति दोष भी देखने को मिलता है। जैसे: चालीस एकड़ ज़मीन पानी में जलमग्न हो गया। सुबह-सवेरे प्रभातफेरी निकाली गयी इत्यादि गलतियों को दूर करना सुतीक्ष्ण प्रतिभा का कार्य है। भाषा के मानकीकरण और आनेवाली पीढ़ी को शुद्ध भाषा देने की दृष्टि से सम्पादन के इस कार्य का महत्त्व स्वयंसिद्ध है।

(ii) तथ्यात्मक परिमार्जन : नौसिखिया ही नहीं अपितु अनुभवी पत्रकारों की कॉपी में भी अनेक बार तथ्यात्मक दोष मिलते हैं। मन्त्रियों के विभागों के नाम में दोष, संस्थानों के नामों में ग़लतियाँ, आँकड़ों में ग़लतियाँ इत्यादि तथ्यात्मक दोष के अन्तर्गत आते हैं। इसका परिमार्जन वही कर सकता है, जिनके पास पर्याप्त जानकारी हो। इसलिए सम्पादन करनेवाले व्यक्ति से अपेक्षा की जाती है कि वह बहुपठित हो। तथ्यात्मक परिमार्जन नहीं होने से ऐसी ग़लतियाँ पीढ़ी-दर-पीढ़ी हस्तान्तरित होती रहती हैं। इसलिए सम्पादन बड़ा उत्तरदायित्वपूर्ण कार्य है।

(iii) सन्दर्भ सामग्री जोड़ना : संवाददाता अपने क्षेत्र की घटनाओं से गहरा जुड़ा हुआ होता है। इसलिए वह एक-दो सप्ताह पुरानी घटनाओं के सम्बन्ध में नयी जानकारियाँ देते समय उसका सन्दर्भ लिखना भूल जाता है। ऐसे में यदि कोई पाठक पहले प्रकाशित ख़बर को किसी कारणवश नहीं पढ़ पाता है तो उसे समाचार को समझने में कठिनाइयों का सामना करना पड़ता है। एक सुतीक्ष्ण प्रतिभा का उप-सम्पादक 'गौरतलब है', 'सनद रहे', 'ज्ञातव्य है कि' इत्यादि शब्दों के साथ पुरानी घटना का सन्दर्भ आमुख के तुरन्त बाद लिख देता है ताकि पाठकों को घटना-प्रसंग के सम्पूर्ण सन्दर्भ के साथ समाचार को समझने में कठिनाइयों का सामना न करना पड़े।

(iv) शीर्षक-उपशीर्षक लगाना : भाग-दौड़ के इस जीवन में शीर्षक और उपशीर्षक की बड़ी महत्ता है। यह पाठक को समाचार से जोड़ता है। शीर्षक और उपशीर्षक के द्वारा ही कोई पाठक समाचार में प्रवेश करता है। शीर्षक और उपशीर्षक पढ़कर ही पाठक यह तय करता है कि उसे समाचार पढ़ना है या नहीं। अतएव शीर्षक और उपशीर्षक लगाते समय सबसे महत्त्वपूर्ण जानकारियाँ, लोकहित और लोकरुचि तथा जन-सामान्य को अपनी ओर आकर्षित करने वाला शीर्षक दिया जाना चाहिए। यह लम्बे अभ्यास, सुतीक्ष्ण प्रतिभा और कौशल का कार्य है। शीर्षक और उप-शीर्षक के साथ ही समाचार में हाइलाइटर लगाना, समाचार अथवा विचार के वाक्यांशों को बुलेट्स के रूप में लिखना और टिप्पणी लिखना भी एक महत्त्वपूर्ण कार्य है; जो सम्पादन कार्य के अन्दर आता है। यह भी समाचार में प्रवेश का अच्छा माध्यम है या यों कहें कि समाचार के महत्त्वपूर्ण तथ्यों का पाठकों को आकर्षित करने की दृष्टि से एक सम्यक् प्रस्तुति है।

(v) आमुख बनाना : समाचार का सारांश या यों कहें कि समाचार का महत्त्वपूर्ण तथ्य, जिससे प्राय: छह ककारों की पूर्ति होती है, अक्सर समाचार के प्रथम अनुच्छेद में लिखा जाता है। समाचार के शिल्प की दृष्टि से यह परिपाटी बन गयी है। यद्यपि इस सन्दर्भ में अनेक नवीन प्रयोग हुए हैं और हो रहे हैं फिर भी समाचार की दृष्टि से सबसे महत्त्वपूर्ण तथ्य सबसे ऊपर सबसे पहले अनुच्छेद में लिखा जाता है। इसे हम आमुख के रूप में जानते है। नौसिखिए पत्रकारों को इसका अभ्यास प्रारम्भिक दिनों में नहीं हो पाता है। अतएव समाचार का सम्पादन करने वाले व्यक्ति का दायित्व बनता है कि वह सटीक, सारगर्भित और महत्त्वपूर्ण सूचनाओं वाला आमुख बनाये। समाचार के लेखन की शैली, विलोम पिरामिड अर्थात महत्त्व के घटते क्रम में तथ्यों को व्यवस्थित करना सम्पादन का कार्य है।

(vi) प्रूफ़-संशोधन करना : बदलते हुए परिवेश में 'पेपरलेस एडिटिंग' किया जाता है। प्रगत सम्पादन की इस दौड़ में प्रूफ़-संशोधन करना उप-सम्पादक का ही दायित्व है। इसलिए समाचार को सावधानी से पढ़कर अशुद्धियों को दूर करने की ज़रूरत पड़ती है। प्रूफ़-संशोधन के लिए उप-सम्पादक को सुदक्ष, अनुभवी और परिश्रमी होना चाहिए। उन पर प्रूफ़-संशोधन जैसी महत्त्वपूर्ण ज़िम्मेदारी होती है। उसे भाषा की अच्छी जानकारी, छपाई का सामान्य ज्ञान, अक्षर संयोजन की समझ, पैनी दृष्टि, प्रखर मस्तिष्क और कला-कौशल से सम्पन्न होना चाहिए।

(vii) पृष्ठों की साज-सज्जा करना : पत्रकारिता के बदलते दौर में समाचार-पत्र को सजाने, सँवारने और निखारने पर अधिक बल दिया जाता है। रचनात्मकता और कलात्मकता का सम्यक् उपयोग सम्पादन का हिस्सा है और

पृष्ठ सज्जा का कौशल समर्जित करना उप-सम्पादक का कार्य। समाचार, चित्र, ग्राफ़िक्स, नक़्शे, बुलेट्स इत्यादि के आकार-प्रकार का निर्धारण और आकल्पन सम्पादन का महत्त्वपूर्ण अंग है। इसे ले-आउट कहा जाता है। कौन-सी सामग्री कहाँ सजाई जायेगी, उसे किस प्रकार सँवारा जायेगा, उसका निर्धारण ले-आउट में किया जाता है। यह सब कार्य सम्पादन का ही महत्त्वपूर्ण अंग बन गया है।

4. सम्पादन का उद्देश्य

समाचार-पत्रों में ख़बरों के अतिरिक्त लेख, फ़ीचर, कविता, कहानी, साक्षात्कार, व्यंग्य इत्यादि सामग्री छपती है। सभी प्रकार के पाठक-वर्ग को ध्यान में रखकर इस सामग्री का प्रबन्धन, चयन और प्रस्तुतीकरण किया जाता है। उपर्युक्त सामग्री के सम्पादन के लिए उसका शिल्प जानना आवश्यक है। समाचार सामान्यतया घटनात्मक और तथ्य प्रधान होता है। इसलिए सत्यता और विश्वसनीयता इनकी अनिवार्य शर्तें हैं। नवीनता और सामयिकता इसके प्राण-तत्त्व हैं। अतएव समाचार की कसौटी पर कसना सम्पादन का उद्देश्य होना चाहिए।

(i) ख़बरों को निष्पादन बनाना : समाचार-पत्रों से जनमत का निर्माण होता है। पाठक घटना-प्रसंग के पक्ष-प्रतिपक्ष को जानना चाहता है, किन्तु इस क्रम में पत्रकार को अपने विचार नहीं परोसने चाहिए। घटना-प्रसंग के पक्ष-प्रतिपक्ष का समग्र चित्र प्रस्तुत होने से पाठक स्वयं गुण-दोष पर विचार कर अपना मत निर्धारित कर सकेगा। अत: ख़बरों को निष्पक्ष बनाना सम्पादक का उद्देश्य होना चाहिए। ख़बरों में कई बार वैचारिक प्रतिबद्धता के साथ-साथ पत्रकार उपदेश वाचन भी करने लगता है। ऐसे अनावश्यक अंशों को हटाना अच्छे सम्पादन की कसौटी है।

(ii) ख़बरों को 'विलोम पिरामिड' शैली में बनाना : हर पाठक कम-से-कम समय में अधिक-से-अधिक समाचार पढ़ना चाहता है। घटना प्रसंग का परिणाम और सारांश हर पाठक पहले जानना चाहता है। इसलिए समाचार सम्पादन का उद्देश्य तथ्यों को घटते हुए महत्त्व के क्रम में सजाना होना चाहिए। इसे पत्रकारिता जगत् में 'विलोम पिरामिड शैली' के नाम से जाना जाता है।

(iii) भाषा को सरल और बोधगम्य तथा भाषागत अशुद्धियों को दूर करना : समाचार-पत्र का पाठक-वर्ग साक्षर से लेकर विद्वान् तक होता है। इसलिए समाचारों की भाषा सहज तथा सरल होनी चाहिए। घटना-प्रसंग की अभिव्यंजना सर्वग्राह्य होनी चाहिए। सरल और बोधगम्य भाषा में भी गम्भीर बातें कही जा सकती हैं। समाचार-पत्र की सामग्री को हर पाठक के रुचि-वैविध्य के अनुकूल बनाना सम्पादन का उद्देश्य है।

(iv) क़ानूनी उलझनों से बचना : हर समाज अपने-आप को नियमित-नियन्त्रित करने के लिए कुछ मूल्य और मर्यादाओं का निर्धारण करता है। इसके उल्लंघन से समाचार बनता है। अतएव सम्पादक को इसकी समझ अनिवार्य रूप से होनी चाहिए। इसके अतिरिक्त राष्ट्र और देश की सरकार क़ानून बनाती है, जिसका पालन करना हर नागरिक का कर्तव्य है। मानहानि, न्यायालय की अवमानना, शासकीय गुप्त बात अधिनियम, भारतीय प्रतिलिप्याधिकार अधिनियम, भारतीय दण्ड संहिता इत्यादि का ज्ञान हर सम्पादक को होना चाहिए। सम्पादन का उद्देश्य ऐसे क़ानूनी उलझन से बचना भी है।

(v) लोकहित और लोकरुचि के अनुसार सम्पादन करना : अभिव्यक्ति का घनीभूत क्षण बड़ा ही बेसँभाल होता है। इसलिए कई बार अनावश्यक बातें और सामग्री भी लिखी जाती हैं। इसके अतिरिक्त कई महत्त्वपूर्ण तथ्य नहीं लिख पाते हैं। कितना भी महारत हासिल व्यक्ति यह दावा नहीं कर सकता कि उसने जो कुछ लिखा है, वह अन्तिम और समग्र है। समाचार-विशेष में जोड़-घटाव की सम्भावना हर समय बनी रहती है। स्थूल रूप से विचार किया जाये तो सम्पादन का उद्देश्य लोकहित और लोकरुचि है।

(vi) उपलब्ध स्थान के अनुसार सामग्री को छोटा या बड़ा करना: समाचार-पत्र अथवा पत्रिकाओं में पाठ्य-सामग्री के लिए स्थान सामान्यतया निर्धारित होता है। सम्पादकीय टीम अपनी योग्यता के अनुरूप समाचार और विचारों का प्रबन्ध करती है। यह कई बार आवश्यकता से अधिक भी हो जाती है और कम भी पड़ जाती है। ऐसे में पाठ्य-सामग्री के महत्त्व के अनुसार उसे छोटा अथवा बड़ा करने की आवश्यकता महसूस होती है। सम्पादन करने वाली टीम का यह दायित्व है कि वह अनावश्यक सामग्री को काट-छाँट कर छोटा करे अथवा छोटी सामग्री में महत्त्वपूर्ण तथ्य और सन्दर्भ जोड़कर उसे बड़ा करे। शीर्षक के साथ-साथ उसमें उप-शीर्षक, स्लग, क्रॉसर हाईलाइटर इत्यादि डाल कर भी आकार की दृष्टि से छोटी किन्तु महत्त्वपूर्ण सामग्री को बड़ा बनाया जा सकता है।

(vii) शैली पुस्तिका के अनुरूप पाठ्य-सामग्री बनाना : प्रत्येक प्रकाशन संस्थान की अपनी शैली पुस्तिका होती है। वर्तनी की एकरूपता, शब्दों का मानकीकरण, संक्षिप्तिकरण, तिथि, समय और श्रेयपंक्ति सम्बन्धित निर्देश, शीर्षक, उपशीर्षक इत्यादि सम्बन्धित निर्देश, लेआउट, डिजाइन और चित्र सम्बन्धित निर्देश, आदरसूचक सम्बन्धी शब्दों का निर्देश इत्यादि का पालन शैली पुस्तिका के अनुसार किया जाता है। इसके अनुरूप सम्पादन करने से विभिन्न लेखकों की सामग्री अलग-अलग लोगों द्वारा सम्पादित करने के बावजूद सम्पूर्ण समाचार-पत्र अथवा पत्रिका

में एकरूपता आ जाती है। न केवल भाषा सम्बन्धित जटिलताएँ दूर होती हैं, अपितु साज-सज्जा भी आकर्षक हो जाती है। साथ ही विशिष्ट शब्दों के प्रयोग की दृष्टि से भ्रम की स्थिति दूर हो जाती है।

(viii) प्रकाशन संस्थान की नीतियों के अनुरूप समाचार बनाना : प्रकाशन संस्थान की नीतियाँ कहीं लिपिबद्ध नहीं होती हैं। लम्बे समय तक संस्थान में कार्य करने के बाद यह अनुभव से प्राप्त होता है। कोई समाचार-पत्र अपराध की ख़बरों को प्रमुखता देता है तो कोई राजनीति की ख़बरों को; कोई खेल की ख़बरों को अधिक महत्त्व देता है तो कोई स्थानीय ख़बरों को। पत्र-पत्रिकाओं में समाचारों और विचारों का प्रस्तुतीकरण प्रकाशन संस्थान की नीतियों के अनुरूप होता है। कई बार प्रकाशन संस्थान की वैचारिक प्रतिबद्धता भी समाचारों और विचारों की प्रस्तुति में बाधक अथवा साधक हो जाती है। अतएव सम्पादन का उद्‌देश्य प्रकाशन संस्थान की नीतियों के अनुरूप पत्र-पत्रिका को बनाना होता है।

(ix) पाठक-वर्ग के अनुरूप सामग्री बनाना : पत्र-पत्रिकाओं का पाठक-वर्ग सामान्यतया निर्धारित रहता है। यह आय-वर्ग, आयु-वर्ग अथवा विषय के अनुसार हो सकता है। कभी-कभी सामान्य पाठक-वर्ग के लिए भी पत्र-पत्रिकाओं का प्रकाशन होता है। ऐसे में सबकी रुचियों का ध्यान रखना ज़रूरी होता है। सम्पादन करते समय पाठ्य-सामग्रियों को पाठक-वर्ग के अनुरूप बनाना सम्पादन का महत्त्वपूर्ण पहलू है। पत्रिकाएँ सामान्यतया खेल, अर्थ, साहित्य, महिला इत्यादि विषय प्रधान होती हैं। इसलिए सम्पादन करते समय इनका ध्यान रखना आवश्यक है।

(x) तथ्यात्मक दोष दूर करना : यह सम्पादन का अपरिहार्य पहलू है। भाषा सम्बन्धी अशुद्धियों के साथ-साथ तथ्यात्मक दोष दूर करना सम्पादन का मूलभूत उद्‌देश्य है। छपी हुई सामग्री का उपयोग शोधार्थी द्वितीयक शोध के रूप में करते हैं। इसलिए आवश्यक है कि पत्र-पत्रिकाओं में तथ्यात्मक दोष न हो। आँकड़ों का ठीक-ठीक प्रकाशन हो। तथ्यात्मक दोष के कारण कई बार अनेक पीढ़ियाँ दिग्भ्रमित हो जाती हैं। उसका सम्यक् शिक्षण नहीं हो पाता है। इसलिए इस बात पर विशेष ध्यान देने की आवश्यकता है कि तथ्यात्मक दोष हर सम्भव दूर हो जाये।

(xi) साज-सज्जा की दृष्टि से आकर्षक और सम्यक् प्रस्तुति करना : आधुनिक काल में पत्र-पत्रिकाओं की साज-सज्जा सम्पादन की दृष्टि से महत्त्वपूर्ण पहलू बन गया है। पत्र-पत्रिकाओं की माँग अथवा बिक्री साज-सज्जा पर भी निर्भर करती है। इसकी महत्ता को देखते हुए पत्र-पत्रिकाओं के कार्यालयों में डिजाइनर और विजुअलाइजर नियुक्त किये जाने लगे हैं। पाठक सबसे पहले पत्र-पत्रिकाओं

की साज-सज्जा को देखकर ही आकर्षित होते हैं। पत्र-पत्रिकाओं की बिक्री की दृष्टि से विषय-वस्तु प्राथमिक न होकर द्वितीयक रुचि बन गयी है। कला जन-जीवन को सुन्दर बनाती है। अनगढ़ को सुगढ़ बना देना और उसमें प्राणों का संचार करना केवल और केवल कला के द्वारा ही किया जा सकता है।

(xii) समाचार मूल्य जोड़ना : समाचार लिखते समय यथाशीघ्र उसे फ़ाइल करने की जल्दबाज़ी रहती है। ऐसे में घटना-प्रसंग के अनेक महत्त्वपूर्ण समाचार मूल्य लिखने से रह जाते हैं। इससे उसकी गुणवता में ह्रास होता है, किन्तु सम्पादन करते समय इसे जोड़ कर इसकी गुणवता को बनाये रखा जा सकता है। दैनिक भास्कर और हिन्दुस्तान जैसे मीडिया संस्थान में आजकल इसके लिए विशेष व्यवस्था की जा रही है एवं इसके लिए संस्करणों में वेल्यू एडिटर नियुक्त किये गये हैं।

5. प्रगत सम्पादन

आधुनिक काल में पत्रकारिता में अनेक आयाम जोड़े गये हैं। समाचारों का सम्पादन अब ऑनलाइन होने लगा है। पुराने ज़माने की तरह अब समाचार काग़ज़ के पृष्ठों पर लिखकर नहीं आते हैं। सम्पादन के बाद प्रगत सम्पादन की कल्पना ऐसे कार्यों से हुई जो पाठकों की बढ़ती मांग और सम्पादन की तकनीक में हो रहे विकास के साथ उत्पन्न हुई। प्रगत सम्पादन में श्रम एवं साधन तो कम लगते ही हैं, सम्पादन की गति भी बढ़ जाती है। वर्तमान शताब्दी सूचना और प्रौद्योगिकी के चमत्कार से पल्लवित, पुष्पित और फलित हो रही है। इसलिए विज्ञान और तकनीक की प्रगति का जादू पत्रकारिता-जगत् और विशेषकर सम्पादन कौशल पर भी सिर चढ़कर बोल रहा है। निम्नलिखित सन्दर्भों में प्रगत सम्पादन की अर्थ-अभिव्यंजना को समझा जा सकता है।

(i) काग़ज़ रहित सम्पादन : 20वीं शताब्दी के अन्तिम दशक में भारत में कम्प्यूटर का आगमन हो गया। इसके बाद आयी संचार-क्रान्ति के कारण पत्रकारिता के सभी आयामों में चमत्कारिक विकास हुआ। पत्र-पत्रिकाओं के मुख्यालय के साथ-साथ सुदूर-ब्यूरो कार्यालय में भी कम्प्यूटर के माध्यम से समाचार भेजे जाने की व्यवस्था प्रारम्भ हो गयी। इसके कारण समय की बचत तो हुई ही, सम्पादन का कार्य भी आसान हो गया। पत्र-पत्रिकाओं में अशुद्धियाँ कम हो गयीं। प्रूफ़ सम्बन्धी अशुद्धियाँ भी कम हो गयीं। कहना न होगा कि मुद्रित माध्यम की पत्रकारिता की गुणवत्ता में काफ़ी वृद्धि हुई।

(ii) समान प्रवृत्ति के समाचारों को मिलाकर एक करना : कभी-कभी राज्य विशेष में एक ही प्रकृति के अनेक छोटे-छोटे समाचार होते हैं। पत्र-पत्रिका के मुख्यालय पर ऐसी ख़बरों को मिलाकर एक कर दिया जाता है, जिससे समाचार की गम्भीरता और भयावहता बढ़ जाती है। परिणामस्वरूप उस समाचार-विशेष को प्रमुखता से प्रकाशित किया जाता है। इसे एक उदाहरण से समझा जा सकता है–बिहार के सहरसा, सुपौल, अररिया, किशनगंज इत्यादि ज़िलों से बाढ़ की छोटी-बड़ी ख़बर प्राप्त होती हैं, जिसमें जान-माल के नुक़सान का विवरण होता है। इन ज़िलों की छोटी-छोटी ख़बरों को मिलाकर पटना मुख्यालय में एक कर देने से बाढ़ की भयावहता दृष्टिगोचर होने लगती है और इस प्रकार समाचार की प्रकृति गम्भीर हो जाती है।

(iii) चार्ट, डायग्राम, ग्राफ़िक्स इत्यादि का उपयोग समाचार में करना: आधुनिक काल में समाचार की साज-सज्जा को बढ़ाने के साथ-साथ उसका सौन्दर्यीकरण और विन्यस्तीकरण भी किया जाता है। इससे समाचार विशेष की पठनीयता बढ़ती है। यह प्रगत सम्पादन के सोपान हैं। समाचार के साथ चार्ट, डायग्राम, ग्राफ़िक्स, इलेस्ट्रेशन, कार्टून, फ़ोटो इत्यादि देने से समाचार की समग्र प्रस्तुति होती है। यही कारण है कि समाचार प्रस्तुति की गुणवत्ता बढ़ जाती है और इसी का प्रतिफल है कि समाचार की पठनीयता अत्यधिक बढ़ जाती है।

(iv) ऑनलाइन सम्पादन : विभिन्न ब्यूरो कार्यालय से जब समाचार ऑनलाइन प्राप्त होते हैं और उसका सम्पादन भी कम्प्यूटर पर ही कर दिया जाता है तो इसे ऑनलाइन सम्पादन कहते हैं। ऑनलाइन सम्पादन का लाभ यह होता है कि इससे त्वरित गति से समाचार प्राप्त होता है और शीघ्रतापूर्वक उसका सम्पादन भी सम्भव हो सकता है। ऑनलाइन सम्पादन से न केवल त्वरित गति से सम्पादन सम्भव है, अपितु शुद्धतम रूप में छपाई भी सम्भव है। इसे एक उदाहरण से समझा जा सकता है। जिन दिनों डाक द्वारा या फ़ैक्स द्वारा हाथ से लिखा हुआ समाचार कार्यालय को प्राप्त होता था तब 'राय' को 'राम' पढ़े जाने की आशंका बनी रहती थी। इसी तरह की अन्य अशुद्धियाँ भी हस्तलिखित समाचार के प्रेषण से होती रहती थीं। किन्तु अब ऑनलाइन सम्पादन में ये असुविधा दूर हो गयी है।

(v) प्रवेश बिन्दुओं की संख्या बढ़ना : समाचार सम्पादन करते समय उसकी पठनीयता को बढ़ाने लिए आमुख, शीर्षक, उपशीर्षक, क्रॉसर, चित्र इत्यादि लगाये जाते हैं। इसके माध्यम से समाचार में प्रवेश के बिन्दु बढ़ जाते हैं और इससे समाचार की पठनीयता भी बढ़ जाती है। समाचार के प्रवेश बिन्दु को बढ़ाने से उसका विन्यस्तीकरण सम्यक् हो जाता है। समाचार के प्रमुख तत्त्वों को देखे जाने

की सम्भावना बढ़ जाती है। इससे समाचार-विशेष पर पाठकों का ठहराव अपेक्षाकृत बढ़ जाता है और यही सम्पादन का कौशल भी है। पाठक को समाचार से अधिक से अधिक देर तक बाँधे रखने की कला ही सम्पादन की श्रेष्ठता है। इस दृष्टिकोण से प्रवेश बिन्दु बढ़ाकर समाचार की पठनीयता को बढ़ाना भी सम्पादन की कला ही है।

(vi) समाचार को उपयुक्त एंगल प्रदान करने के लिए उसका पुनर्लेखन: कभी-कभी प्रगत सम्पादन के अन्दर समाचार का एंगल भी बदलना पड़ता है। ऐसी परिस्थिति में ऑनलाइन प्राप्त समाचार का ऐंगल बदलना अपेक्षाकृत आसान हो जाता है। समाचार को पढ़ना और उसके एंगल में मनोनुकूल परिवर्तन करना ऑनलाइन सम्पादन के क्रम में शीघ्रातिशीघ्र सम्भव है, जो ऑफलाइन सम्पादन में अपेक्षाकृत जटिल है, और अधिक समय लगने की आशंका भी बनी रहती है। कई बार मनोनुकूल एंगल परिवर्तन से समाचार में चमत्कार उत्पन्न हो जाता है और उसकी पठनीयता में अप्रत्याशित वृद्धि हो जाती है।

(vii) रचनात्मक, शीर्षक, उपशीर्षक इत्यादि लेखन करना : भाग-दौड़ भरे जीवन में समाचार की पठनीयता को बढ़ाने के लिए शीर्षक, उपशीर्षक इत्यादि का लेखन भी रचनात्मक दृष्टि से करना चाहिए। सम्पादकीय टीम को चाहिए कि वे एक-एक पाठक के रुचि-वैविध्य की चिन्ता करे। अपनी रचनात्मकता से शीर्षक, उपशीर्षक इत्यादि में आकर्षण पैदा करे। पाठकों की बढ़ती माँग और सम्पादन में बढ़ती रचनात्मकता के आलोक में अनेक तरह के प्रयोग करने की आवश्यकता है, जिससे सार्थक परिणाम दिख सके। आवश्यकता पड़ने पर सम्पादन में भी तकनीक के विकास की ज़रूरत होती है।

(viii) आकर्षक और रचनात्मक साज-सज्जा : मानव-जीवन में भाग-दौड़ बढ़ती जा रही है। उनके जीवन में तनाव और दबाव दृष्टिगोचर होने लगा है। ऐसे में ज़रूरी है कि पाठकों के रुचि-वैविध्य के अनुरूप आकर्षक और रचनात्मक साज-सज्जा का उपयोग किया जाये। कलात्मकता पाठक को अपनी ओर आकर्षित करती है तथा तमाम भाग-दौड़ के बीच भी सुख की साँस लेने के लिए उत्प्रेरित करती है। यह सच है कि विषय-वस्तु का महत्त्व अपनी जगह है, किन्तु साज-सज्जा में सर्जनात्मकता के विनियोग से समाचारों की पठनीयता बढ़ जाती है।

6. सम्पादन का महत्त्व

पत्रकारीय जीवन में सम्पादन के कार्य की बड़ी महत्ता होती है। सम्पादन से पाठ्य-सामग्री की पठनीयता बढ़ती है। उसमें निखार आ जाता है और वह सुन्दर और सुष्ठु बन जाती है। सम्पादन के क्रम में भ्रामक तथ्य निकाल दिये जाते हैं। इससे समाचारों

में प्राणवत्ता आ जाती है। सम्पादन के क्रम में पाठक के रुचि-वैविध्य के अनुरूप समाचार को बनाया जाता है। पृष्ठों को साज-सज्जा की बढ़ती माँग के अनुरूप समाचार-पत्रों को आकर्षक बनाया जाता है। समाचार की पठनीयता बढ़ाने के लिए उसमें विजुअल्स डाले जाते हैं। समाचार के महत्त्वपूर्ण तथ्य की सम्यक् प्रस्तुति के लिए शीर्षक, उपशीर्षक, स्लग, क्रॉसर इत्यादि की रचनात्मकता को बढ़ाया जाता है। पाठक वर्ग की माँग के अनुरूप समाचारों को विभिन्न एंगल प्रदान किया जाता है। सम्पादन की महत्ता इस बात में भी है कि समाचार-पत्र की नीति के आधार पर समाचार को सम्यक् दृष्टिकोण प्रदान किया जाये।

समाचारों का सम्पादन महत्त्वपूर्ण कार्य है। इसके बिना समाचारों का प्रकाशन सम्भव नहीं है। इसलिए इसका महत्त्व भी उल्लेखनीय है। सम्पादन का महत्त्व यह है कि इसके माध्यम से पाठक वर्ग के रुचि-वैविध्य समाचार को गढ़ा जा सकता है। पाठक वर्ग की रुचि में भिन्नताएँ होती हैं। खेल, कला-साहित्य, वाणिज्य, अपराध, शिक्षा, स्वास्थ्य, परिवहन इत्यादि विषयों के समाचारों को उनकी माँग के अनुसार बनाया जाता है। इसी में सम्पादन की महत्ता निहित है। सम्पादन की दूसरी महत्ता यह है कि पृष्ठों की साज-सज्जा की बढ़ती माँग के अनुरूप समाचार-पत्रों को सौम्य और आकर्षक रूप-रंग प्रदान किया जाये। समाचार-पत्रों के लिए आजकल फ़ैशन के युग में यह नियम लागू हो गया है कि समाचार-पत्र को सुन्दर, सुष्ठु और सार्थक बनाया जाये। अनगढ़ को सुगढ़ बना देने में ही सम्पादन की महत्ता निहित है। यह केवल कला के द्वारा ही सम्भव है। समाचार-पत्र को दृश्यगत रूप से संस्कारित करने के लिए चित्र, डायग्राम, ग्राफ़िक्स इत्यादि का प्रयोग किया जाता है। कई बार कार्टून, नक़्शे, बॉक्स-इनसेट इत्यादि का प्रयोग कर भी पत्र-पत्रिकाओं को आर्कषक बनाया जाता है। इसी में सम्पादन की महत्ता निहित है। समाचारों में तथ्यों की अभिव्यक्ति अथवा आलेख, फ़ीचर, स्तम्भ लेखन इत्यादि में विचारों और भावनाओं की अभिव्यक्ति भाषा के द्वारा होती है। अनुकूल भाव और प्रभाव पैदा करनेवाले शब्द-सामर्थ्य के द्वारा भाषागत संस्कार प्रदान कर पत्र-पत्रिकाओं को सार्थक बनाया जाता है। इसमें भी सम्पादन की महत्ता निहित है। समाचार के महत्त्वपूर्ण तथ्य की सम्यक् प्रस्तुति के लिए शीर्षक-उपशीर्षक, स्लग इत्यादि बनाने का सर्जनात्मक उपक्रम भी सम्पादन की महत्ता के अन्तर्गत परिगणित होता है।

सम्पादन करते समय विभिन्न पाठक-वर्ग की माँग के अनुरूप और समाचार की अपेक्षा के आलोक में एक विशेष एंगल प्रदान किया जाता है। यह भी सम्पादन की अन्यतम महत्ता है। सम्पादन की महत्ता इस बात में भी है कि समाचार को उसके निर्धारित शिल्प के अनुसार प्रस्तुत किया जाये। कहना न होगा कि समाचार की

बनावट और बुनावट एक निर्धारित शिल्प के अन्तर्गत की जाती है। विलोम पिरामिड नामक इस शिल्प के अन्तर्गत समाचार के तथ्यों को उसके घटते हुए महत्त्व के क्रम में प्रस्तुत किया जाता है। इसके लिए समाचार में आमुख और शेष कलेवर की निर्मिति की जाती है। इन कार्यों के माध्यम से भी समाचार की महत्ता निर्धारित होती है। समाचार सम्पादन करते समय सम्पादकीय टीम पाठ्य-सामग्री को निष्पक्ष बनाती है। समाचार के अन्तर्गत पक्ष और विपक्ष को समान महत्त्व दिया जाता है। यह भी सम्पादन का अनूठा महत्त्व है। तथ्यात्मक दोष दूर करना और समाचार की वर्तनी की एकरूपता बनाना सम्पादन का अन्यतम महत्त्व है।

इस प्रकार सम्पादन की परिकल्पना के अन्तर्गत समाचार अथवा विचार को समग्र और पठनीय बनाने की हर सम्भव कोशिश की जाती है। सम्पादन की व्यापकता के आलोक में पाठ्य-सामग्री में केवल काट-छाँट ही नहीं किया जाता है, अपितु उसमें सन्दर्भ-सामग्री जोड़ कर उसे एकांगी होने से बचाने के उपक्रम में समग्रता प्रदान की जाती है। लोकहित और लोकरुचि के आलोक में समाचार और विचार में वेल्यू-एडिशन किया जाता है। अतएव समाचार को संक्षेपण के साथ-साथ पल्लवन के रूप में देखा जाना भी युक्तिसंगत है। इसी के आलोक में सम्पादन को परिभाषित करने की आवश्यकता है। सम्पादन के कार्य के अन्तर्गत समाचार का भाषा संशोधन, तथ्यात्मक परिमार्जन, सन्दर्भ सामग्री जोड़ना, शीर्षक-उपशीर्षक लगाना, आमुख बनाना, प्रूफ़-संशोधन करना, पृष्ठों की साज-सज्जा करना इत्यादि आते हैं। सम्पादन के उद्देश्य के अन्तर्गत समाचारों को निष्पक्ष बनाना, समाचार को विलोम पिरामिड शैली में बनाना, समाचार की भाषा को सहज और बोधगम्य बनाना तथा भाषागत अशुद्धियों को दूर करना, क़ानूनी उलझनों से बचना, लोकहित और लोकरुचि के अनुसार सम्पादन करना, उपलब्ध स्थान के अनुसार सामग्री को छोटा-बड़ा करना, शैली-पुस्तिका के अनुसार पाठ्य-सामग्री बनाना, प्रकाशन संस्थान की नीतियों के अनुरूप समाचार बनाना, पाठक वर्ग के अनुरूप सामग्री बनाना, तथ्यात्मक दोष दूर करना, साज-सज्जा की दृष्टि से आर्कषक और सम्यक् प्रस्तुति करना, समाचार मूल्य जोड़ना इत्यादि आते हैं। आधुनिक सम्पादन के अन्तर्गत प्रगत सम्पादन किया जाता है। इसके अन्तर्गत काग़ज़ रहित सम्पादन, समान प्रकृति के समाचारों को मिलाकर एक करना, पाठ्य-सामग्री में चार्ट, डायग्राम इत्यादि का उपयोग करना, ऑनलाइन सम्पादन करना, प्रवेश बिन्दुओं की संख्या बढ़ाना, समाचार को उपयुक्त एंगल प्रदान करना, रचनात्मक शीर्षक-उपशीर्षक इत्यादि लेखन करना, आकर्षक साज-सज्जा इत्यादि के द्वारा प्रगत सम्पादन किया जाता है। सम्पादन के महत्त्व के आलोक में श्रेष्ठ सम्पादन का उपक्रम पूर्ण किया जाता है।

सम्पादन-कला

सम्पादन कला भी है और कौशल भी। यह समाचार पत्र-पत्रिकाएँ, पुस्तक इत्यादि को सम्पादित करने की विशेष कला है। इस कला के माध्यम से समाचार, आलेख, फ़ीचर इत्यादि को विशेष कौशल के द्वारा प्रकाशन योग्य बनाया जाता है। सम्पादन में प्रतिभा, परिश्रम और अनुभव का एक साथ विनियोग किया जाता है। इसलिए यह कला की संज्ञा से अभिहित होता है। सम्पादन-कला में सम्पादकीय टीम को शिल्पगत संस्कार, भाषागत संस्कार और दृश्यगत संस्कार से संपृक्त होना चाहिए। इन्हीं संस्कारों के सम्मिलित रूप से कला की निर्मिति होती है।

1. सम्पादन-कला

हिन्दी साहित्य कोश के अनुसार कला मानव-संस्कृति की उपज है। निसर्ग से युद्ध करते हुए मानव ने श्रेष्ठ संस्कार के रूप में जो कुछ सौन्दर्य बोध प्राप्त किया है, 'कला' शब्द में उसका अन्तर्भाव है। पर्णकुटी से प्रासाद तक बढ़ते हुए मनुष्य ने अपनी निरन्तर वृद्धिमान आवश्यकताओं की पूर्ति ही नहीं की, अपितु उससे अपने भीतर उत्कृष्ट सौन्दर्य-चेतना का विकास किया और शारीरिक आवश्यकताओं से ऊपर उठकर मन की संतृप्ति को अपना लक्ष्य बनाया। पक्वान्न और सुगन्धित द्रव्यों का आविष्कार, रंगोली की कला, चाँदी-सोने के आभूषणों का वैचित्र्य तथा सुंदरता, चित्र और मूर्ति का निर्माण, इष्ट मित्रों के हास्य-विनोद, कथा और काव्य ये सब मानव की सतत विकासोन्मुख कला-चेतना के ही विभिन्न स्वरूप हैं। मानसिक दृष्टि से आह्लादकारक ये चेष्टाएँ मनुष्य के भाव-जगत् को निरन्तर, तरलता और सुन्दरता प्रदान करती रही हैं। सम्पादन-कला को निम्नलिखित तथ्यों के आलोक में समझा जा सकता है।

(i) पाठ्य-सामग्री को रोचक और सारगर्भित बनाकर सम्यक् प्रस्तुति : संवाददाता से जो समाचार प्राप्त होता है, वह प्रायः अनगढ़ होता है। सम्पादन-

कला के द्वारा ही उसे सुगढ़ बनाया जाता है। आचार्य श्रीरंजन सूरिदेव जी ने ठीक ही लिखा है कि सम्पादक लेखक के अनगढ़ निर्माण को फिर से गढ़ता है, उसकी अव्यवस्थित सृष्टि को फिर से व्यवस्थित करता है। इस गढ़ने और व्यवस्थित करने के कार्य में सम्पादक अपनी कारयित्री और भावयित्री दोनों प्रकार की प्रतिभाओं का विनियोग करता है। इससे निखरी हुई रचना तो सँवरती ही है, सँवरी हुई रचना में भी अत्यधिक निखार आ जाता है। इस दृष्टि से सम्पादक माली के समान होता है, जो लेखक द्वारा लगाये गये रचनोद्यान के बेतरतीब और आवश्यक उद्गम को छाँटकर उसे न केवल तरतीब से सजाता-सँवारता है, अपितु कतिपय नये पौधों को भी पुनर्विन्यास करके उसे और अधिक निखार देता है।

(ii) सुन्दर और सुष्ठु प्रस्तुति : सम्पादन-कला का दर्शन सुन्दर प्रस्तुति में भी दिखता है। आधुनिक युग में अब कहा जाने लगा है कि जो दिखता है वही बिकता है। ये आकर्षक प्रस्तुति के सन्दर्भ में ही कहा गया है। मोहक और मनोरम प्रस्तुति समय की माँग तो है ही, इसमें कलात्मकता भी सन्निहित है। सुन्दर और सुष्ठु प्रस्तुति के लिए मनोहर टाइप फोंट के साथ-साथ सुदर्शन शीर्षक-उपशीर्षक, क्रॉसर, स्लग इत्यादि लगाये जाते हैं। इससे रमणीयता का संचार होता है। पृष्ठों की साज-सज्जा को सम्मोहक और विलक्षण बनाने के लिए उसमें चित्र, ग्राफ़िक्स, चार्ट, डायग्राम, कार्टून इत्यादि का प्रयोग भी किया जाता है। इससे पत्र-पत्रिकाओं में सौम्यता और सौष्ठवता का संचार होता है।

(iii) समाचार मूल्य का निर्णय : किसी भी समाचार के मूल्यों की परख श्रेष्ठ-कौशल और सुदीर्घ अनुभव-अभ्यास की माँग करती है। प्रत्येक समाचार के अपने-अपने मूल्य होते हैं। कोई समाचार अधिक मूल्यवान होता है और कोई कम। इसकी परख करना कौशलपूर्ण कार्य है और अन्ततः पत्रकार की कलात्मकता का परिचायक भी यही है। घटना की भयावहता और विचित्रता, स्थानीयता, जनरुचि और उसका परिष्कार, पीड़ित-प्रताड़ित लोगों की आवाज़, लोकहित, राष्ट्रहित इत्यादि मानदण्डों के आधार पर समाचार के मूल्यों का निर्धारण किया जाता है। समाचार मूल्य का निर्णय सुदीर्घ अनुभव और उससे उपजी कौशल-कला का परिणाम है।

(iv) आकर्षक शीर्षक, उपशीर्षक, स्लग इत्यादि लिखना : किसी समाचार को लिखने और सम्पादित करने का अन्तिम उद्देश्य उसकी पठनीयता को बढ़ाना होता है। समाचार-कथा में से महत्त्वपूर्ण तथ्य को निकालकर शीर्षक, उपशीर्षक, स्लग, क्रॉसर इत्यादि के रूप में प्रस्तुत करना कौशलपूर्ण कार्य है। इससे समाचार की पठनीयता बढ़ जाती है और समाचार के आकर्षक तत्त्वों की सम्यक् प्रस्तुति हो जाती है। यह एक प्रकार का हुनर है, जिससे समाचार-कथा में

कलात्मकता आ जाती है। इस प्रकार यह कहना अतिशयोक्तिपूर्ण नहीं होगा कि शीर्षक, उपशीर्षक इत्यादि लिखना कलाकारिता ही नहीं है, अपितु आकर्षक और सौम्यतापूर्ण शीर्षक आदि लिखने में सर्जनात्मकता भी है और सूरुचिपूर्णता भी है, जिससे सौन्दर्य की सृष्टि होती है।

(v) समाचार-कथा की कसावटपूर्ण प्रस्तुति : समाचार-कथा के बिखराव को दूर कर कसावट लाना कलात्मक कार्य है। यह समाचार-विशेष को तराशने और उसमें आकर्षण पैदा करने का कार्य है, जिससे समाचार-कथा में सुरुचिपूर्णता और सौम्यता आ जाती है। सम्पादकीय टीम अपनी प्रतिभा, कार्यकुशलता, दक्षता, हुनर और अनुभव-परिपक्वता का परिचय समाचार-सम्पादन के इस चरण में भी करती है और इससे समाचार में रुचिरता आ जाती है। आचार्य श्रीरंजन सूरिदेव ने ठीक ही लिखा है कि इस गढ़ने और व्यवस्थित करने के कार्य में सम्पादक अपनी कारयित्री और भावयित्री, दोनों प्रकार की प्रतिभाओं का विनियोग करता है। कला वास्तव में एक प्रकार की विद्या ही है, जिससे समाचार-कथा की बनावट और बुनावट सँवरती है। समाचार-कथा विलोम पिरामिड शैली में सुसज्जित हो, इसके लिए कई बार उसे पुनर्विन्यस्त करने की आवश्यकता महसूस होती है। यह शिल्पगत शैली समाचार-कथा को सुरुचिपूर्ण बनाती है।

(vi) पृष्ठों की कलात्मक साज-सज्जा और प्रांजल प्रस्तुति : पत्र-पत्रिकाओं के लिए चित्ताकर्षक और मोहक प्रस्तुति समय की माँग हो गयी है। कलात्मक और सुन्दर पृष्ठ-सज्जा को देखकर पहली ही नज़र में पाठक आकर्षित हो जाता है और अगर विषय-वस्तु भी गुणवत्तापूर्ण तथा सुरुचिपूर्ण हो तो चार चाँद लगना स्वाभाविक है। पत्र-पत्रिकाओं की कलात्मक और मनोहर प्रस्तुति एक विशेष हुनर की माँग करती है। इसलिए पत्रकार से अपेक्षा की जाती है कि उसमें कलामर्मज्ञता भी हो और सौन्दर्यबोध भी। पृष्ठों की साज-सज्जा आकर्षक बनाने के लिए चित्र, ग्राफ़िक्स, चार्ट, डायग्राम, कार्टून इत्यादि का प्रयोग किया जाता है। इसके चयन और प्रस्तुति दोनों में सौन्दर्यबोध का होना आवश्यक है। इसके साथ-साथ हाईलाइट्स, बुलेट्स, रिवर्स, इनसेट इत्यादि के माध्यम से भी पत्र-पत्रिकाओं को सजाने-सँवारने और निखारने का काम किया जाता है। स्वाभाविक है सम्पादकीय टीम को पृष्ठ-सज्जा का कौशल समर्जित करना होगा, उसे अपनी रचनात्मकता और कलात्मकता का सम्यक् उपयोग करना होगा। कलात्मक प्रस्तुति के लिए रंग-रोगन का सम्यक् चयन भी महत्त्वपूर्ण होता है।

(vii) कलात्मक टाइप फोंट और उसकी प्रस्तुति : पृष्ठ-सज्जा के लिए आकर्षक टाइप फोंट का चयन किया जाता है। बाज़ार में यद्यपि अनेक प्रकार के

हिन्दी टाइप फोंट उपलब्ध है, जिनमें कृतिदेव, देवलिस, चाणक्य, वॉकमैन-चाणक्य, कोकिला, अपराजिता, गणेश, मंगल, शिवा मीडियम इत्यादि के नाम उल्लेखनीय हैं। किन्तु इसमें चाणक्य, शिवा मीडियम इत्यादि ही सुन्दर और आकर्षक दिखते हैं। उत्तम और मनमोहक प्रस्तुति के लिए दो शब्दों के बीच की दूरी (वर्ड स्पेसिंग) और दो पंक्तियों के बीच की दूरी (लीडिंग, पैराग्राफ़ सेटिंग, एलाइनमेंट, फोर्स जस्टिफाइंग, टेब सेटिंग) का उपयोग किया जाता है। टेक्स्ट को आकर्षक बनाने के लिए उपर्युक्त उपकरण आवश्यक होते हैं। समाचार की सामग्री, उसके स्थान का निर्धारण, उसमें चित्रों का संयोजन, रंग योजना, लेआउट के फार्मेट, डिजाइन इत्यादि के लिए भी सौन्दर्यबोध को ध्यान में रखा जाता है। इस प्रकार यह पूरा कार्य कलामर्मज्ञ और पारखी ही कर सकता है। कहना न होगा कि सम्पादन के अन्तर्गत आने वाले उपर्युक्त सभी कार्य कला के अन्तर्गत ही आते हैं।

सम्पादन के लिए कला की अपरिहार्यता तो है ही, यह मानव-जीवन के अन्य क्षेत्रों को भी सुन्दर, सुष्ठु और सार्थक बनाती है। कला के कारण ही सम्पादन में सर्जनात्मकता आ जाती है और पत्रकार भी देवत्व को प्राप्त करने में सामर्थ्य दिखता है। अनगढ़ को सुगढ़ बना देना और उसमें प्राणों का संचार करना, केवल और केवल कला के द्वारा ही किया जा सकता है। इससे सजीव और संयमित सर्जना होती है। बेजान पदार्थ में भी प्राणी का सहज स्पन्दन करवा देना ही कला की विशेषता है। वस्तुतः प्राणवत्ता और जीवन्तता कला की अनिवार्यता है। इससे व्यक्ति का रुचि-परिष्कार भी होता है और सौन्दर्य-बोध जाग्रत् होता है। कला की महत्ता के इस परिप्रेक्ष्य में मानव-मन का सौन्दर्य, सौष्ठव और माधुर्य के प्रति आग्रह स्वाभाविक है।

2. सम्पादन का शिल्प

शिल्प का अर्थ है कला, कर्म, हुनर, दक्षता, तकनीक। शिल्प के समानान्तर कलाकारिता, कला-सर्जना, प्रणयन, रचना, रचनाकर्म इत्यादि शब्द आते हैं। यह एक तरह की शैली और तरीक़ा भी है, जिससे रचना की जाती है। वस्तुतः सम्पादन भी कला कर्म है, जिसके माध्यम से पाठ्य-सामग्री परिमार्जित और सुगठित होती है। शिल्प का एक विधान होता है, जिसके अन्तर्गत रचना आकार लेती है। स्वाभाविक है, सम्पादन के शिल्प के अन्तर्गत पाठ्य-सामग्री की बनावट और बुनावट की चर्चा होगी। कहना न होगा कि पाठ्य-सामग्री की विषय-वस्तु की अभिव्यक्ति कौशल ही शिल्प पक्ष है। सम्पादन के शिल्प पक्ष के अन्तर्गत निम्नलिखित आयामों पर चर्चा अपेक्षित है।

(i) समाचारों का चयन : समाचार-पत्रों के कार्यालयों में बहुत सारे समाचारों के बीच काम के समाचारों का चयन अथवा प्रकाशन योग्य समाचारों का संग्रहण कौशलपूर्ण कार्य है। समाचार-पत्रों के कार्यालयों में संवाददाताओं, समाचार एजेंसियों, विभिन्न राजनैतिक, सामाजिक संगठनों की प्रेस विज्ञप्तियाँ, फ्रीलांसर पत्रकारों के द्वारा प्रेषित समाचार, स्तम्भ लेखकों के स्तम्भ, आलेख, फ़ीचर इत्यादि आते रहते हैं। अगर यह कहा जाये कि डेस्क पर समाचारों का अम्बार लगा रहता है तो कोई अतिशयोक्ति नहीं होगी। इसमें से काम के समाचारों को छाँटकर निकालना कठिन और चुनौतीपूर्ण कार्य तो है ही, यह दक्षतापूर्ण और निपुणतायुक्त कार्य भी है। समाचार-पत्रों और पत्रिकाओं के सीमित स्थान और समाचारों के बाहुल्य के बीच सामंजस्य स्थापित करना कौशलपूर्ण कार्य है। सम्पादकीय टीम का योग्य और कुशल पत्रकार समाचारों की भीड़ में से प्रकाशन योग्य काम के समाचार ढूँढ़ निकालते हैं। अब प्रश्न उठता है कि समाचारों के चयन का आधार क्या हो? सामान्यत: वही समाचार प्रकाशन योग्य माना जाता है, जिसमें अधिकतम लोगों की अधिकतम रुचि हो। विचित्रता, रहस्य और रोमांच वाले समाचारों की पठनीयता भी अपेक्षाकृत अधिक होती है। आजकल राजनीतिक उथल-पुथल और उसमें बड़े नेताओं की संलिप्तता भी सुर्ख़ियाँ बनती हैं। फिर भी समाज में सदाचार, मूल्य और मर्यादाओं को अक्षुण्ण बनाये रखने और कुत्सित मानसिकता से मुक्ति पाने के लिए रुचि-परिष्कार हेतु सकारात्मक ख़बरों का चयन भी अपेक्षित है।

(ii) समाचारों का गठन : समाचार-कथा की बुनावट एक निर्धारित शिल्प के अन्तर्गत होती है। इसे विलोम पिरामिड शैली के नाम से जाना जाता है, जिसमें आमुख और शेष कलेवर नामक दो भाग होते हैं। पूरी समाचार-कथा के तत्त्वों को घटते हुए महत्त्व के क्रम में विन्यस्त किया जाता है। कहने का तात्पर्य यह है कि समाचार-कथा के महत्त्वपूर्ण तत्त्व ऊपर के अंश 'आमुख' में होते हैं तथा अपेक्षाकृत कम महत्त्व के तथ्य नीचे की ओर 'शेष कलेवर' में होते हैं। यहाँ यह भी उल्लेखनीय है कि लम्बे 'शेष कलेवर' के तत्त्वों को भी घटते हुए महत्त्व के क्रम में लिखा जाता है। समाचार को विलोम पिरामिड शैली में लिखने का कारण यह है कि किसी समाचार-विशेष में घटना-प्रसंग को समग्रता के साथ जानने से पहले हर पाठक में परिणाम, सारांश, अथवा निष्कर्ष जानने की आतुरता होती है। सामयिकता, स्थानीयता, जन-जीवन को प्रभावित करने की व्यापकता, परिवर्तन की विशालता इत्यादि महत्त्व निर्धारण के सूचकांक हैं। अतएव सबसे पहले अनुच्छेद में सम्पूर्ण समाचार-कथा का सारांश लिखा जाता है, ताकि पाठक की मूलभूत जिज्ञासा की पूर्ति सबसे पहले अनुच्छेद अर्थात् आमुख में ही हो जाये।

(iii) समाचारों की प्रस्तुति-कुशलता : शिल्पगत संस्कार के तीसरे चरण में सम्पादकीय टीम समाचार, आलेख, फ़ीचर इत्यादि में इस बात की जाँच करती हैं कि पाठ्य-सामग्री में कितना बिखराव अथवा कसाव है। अत्यधिक बिखराव की अवस्था में पाठ्य-सामग्री पुनर्लेखन की आवश्यकता होती है। समाचार-कथा की माँग के अनुसार या तो केवल आमुख बदलना पड़ता है अथवा सम्पूर्ण समाचार का पुनर्लेखन करना पड़ता है। यह भी सम्भव है, समाचार शिल्पगत दृष्टि से इतना संस्कारित हो कि आमुख भी बदलने की आवश्यकता नहीं पड़े।

समाचार की पठनीयता बढ़ाने के लिए शीर्षक, उपशीर्षक, क्रॉसर, बुलेट, स्लग, रिफ्लेक्टर, हाइलाइटर इत्यादि लगाये जाते हैं, ताकि उसके आकर्षक-तत्त्वों की सम्यक् प्रस्तुति हो सके। समाचार की प्रस्तुति की दृष्टि से ये सभी साधन समाचार में प्रवेश-बिन्दु (Entry Point) का काम करते हैं। समाचार के प्रवेश-बिन्दु का कौन-सा तथ्य किस पाठक को अपनी ओर आकर्षित कर लेगा, यह कहना कठिन है। यह समाचार-सम्पादन का सबसे महत्त्वपूर्ण संस्कार है।

पाठ्य-सामग्री को भाषागत संस्कार देते समय सम्पादकीय टीम को ध्यातव्य होना चाहिए कि वाक्य-विन्यास सरल हो, ताकि कम पढ़ा-लिखा व्यक्ति भी समाचार पढ़ सके। सम्पादन करते समय यह ध्यान रहे कि वाक्य छोटे और बोधगम्य हों। वर्तनी की एकरूपता पर विशेष ध्यान दिया जाना चाहिए। यदि समाचार में अशुद्धियाँ छपेंगी तो पाठक पर उसका बुरा प्रभाव पड़ेगा। शब्दों का मानकीकरण भी समाचार-पत्र के द्वारा ही होता है। इस प्रकार सम्पादन की उन कुशलताओं और शिल्प से समाचार की सम्यक् बुनावट होती है।

(iv) कलात्मक और दृश्यात्मक प्रस्तुति : सम्पादन के शिल्प के अन्तर्गत ही पत्र-पत्रिकाओं की पृष्ठ-सज्जा की जाती है। समाचार-पत्रों की कलात्मक और आकर्षक प्रस्तुति के लिए यह आवश्यक है। इसके लिए आवश्यक है कि सम्पादकीय टीम में सौन्दर्यबोध हो तथा वह कलामर्मज्ञ हो। आधुनिक युग में सम्पादकीय टीम का कलापारखी होना अत्यन्त आवश्यक है। पृष्ठ-सज्जा के लिए पाठ्य-सामग्री के शीर्षकों-उपशीर्षकों इत्यादि हेतु सुन्दर और कलात्मक टाइप-फोंट का चयन, सुन्दर और सार्थक चित्रों का चयन, मर्म को स्पर्श करने वाले कॉर्टून, ग्रॉफ़िक्स, नक़्शे इत्यादि का प्रयोग और बॉक्स इनसेट का उपयोग किया जाना चाहिए। पृष्ठों की साज-सज्जा हेतु रंग-योजना, भार सन्तुलन और चक्षु संचलन के सिद्धान्तों का निर्वहण किया जाना चाहिए। आधुनिक युग में सौन्दर्य-प्रेम और कलात्मकता से प्रदीप्त पत्र-पत्रिकाएँ दूर से ही दमक उठती हैं और पाठकों को अपनी ओर आकर्षित करती हैं।

3. सम्पादन के सोपान

सम्पादन एक जटिल प्रक्रिया है। यह विभिन्न सोपानों में सम्पन्न होती है। समाचारों के चयन से लेकर प्रस्तुति तक सभी उपक्रम इसके अन्तर्गत आते हैं। समाचार को उसकी श्रेष्ठता की कसौटी पर कसा जाता है। इसके लिए आवश्यकतानुसार समाचार का पुनर्लेखन भी किया जाता है। जिस समाचार में अधिकतम लोगों की अधिकतम रुचि हो उसे ही अच्छा और श्रेष्ठ माना जाता है। नवीनता किसी भी समाचार का प्राणतत्त्व होता है। इसके बिना समाचार की न तो कल्पना की जा सकती है और न ही उसकी श्रेष्ठता का मूल्यांकन किया जा सकता है। असाधारणता समाचार की अन्यतम विशेषता होती है, किन्तु शर्त यही है कि उसमें लोकहित और लोकरुचि हो। सम्पादन के अगले चरण में भाषागत और तथ्यगत अशुद्धियों को सुधारा जाता है। अध्ययन की सुविधा की दृष्टि से सम्पादन के निम्नलिखित चार सोपान होते हैं।

(i) समाचार-मूल्य का निर्धारण : यह समाचार सम्पादन का पहला और सबसे महत्त्वपूर्ण चरण है। इस चरण के अन्तर्गत सबसे पहले समाचार को शुरू से अन्त तक पढ़ लिया जाता है। इससे तीन तथ्यों की जानकारी सम्पादकीय टीम के सदस्य को मिल जाती है। सबसे महत्त्वपूर्ण तो यह है कि इसी चरण में यह पता लगाना होता है कि समाचार का मूल्य क्या है? अर्थात् यह प्रथम पृष्ठ पर छपने योग्य है अथवा भीतर के पृष्ठ पर, साथ ही यह भी निर्धारित हो जाता है कि समाचार को कितने कॉलम के लायक बनाना है। पहले चरण में समाचार को एक बार पढ़ लेने से यह भी ज्ञात हो जाता है कि समाचार में कितनी कसावट है और पुनर्लेखन की आवश्यकता है या नहीं। समाचार-कथा छह ककार से संपृक्त है या नहीं; इसकी जानकारी भी इसी चरण में मिल जाती है। सम्पादन के पहले चरण में ही यह भी ज्ञात हो जाता है कि किसी समाचार-विशेष में कितनी तथ्यगत ग़लतियाँ हैं और भाषागत अशुद्धियाँ हैं तथा सम्पादन का अगला चरण कितना कठिन अथवा जटिल होने वाला है। सम्पादन के अगले चरणों में कितना समय लगेगा, इसका भी आभास हो जाता है। कुल मिलाकर पहले चरण में समाचार की प्रवृत्ति और प्रकृति के साथ-साथ उसकी महत्ता का भी आकलन हो जाता है।

(ii) तथ्यात्मक दोष दूर करना : सम्पादन के इस चरण में तथ्यात्मक दोष दूर किया जाता है। समाचार प्राय: विभिन्न विषय-वस्तुओं के होते हैं। इसलिए सम्पादकीय टीम के सदस्यों से अपेक्षा की जाती है कि वे बहुपठित और बहुश्रुत हों। अधूरे तथ्यों को भी इसी चरण में जोड़ा जाता है। इसके साथ ही इसी चरण में

घटना-प्रसंग से सम्बद्ध सन्दर्भ सामग्री यदि नहीं है तो उसे भी जोड़ा जाता है। तथ्यों की जाँच करते समय समाचार में प्रयुक्त महत्त्वपूर्ण व्यक्तियों के नाम, पदनाम, घटना-प्रसंग में जुड़े लोगों की संख्या इत्यादि की जाँच करनी पड़ती है। तथ्यों का सत्यापन करना बहुत ही महत्त्वपूर्ण कार्य है। इसके बिना समाचार के अस्तित्व पर ही संकट के बादल मँडराने लगेंगे। इसी चरण में समाचार के क़ानूनी पक्ष और नैतिक पक्ष की जाँच की जाती है। समाचार को छोटा करना है या बड़ा करना है, उसे इसी चरण में व्यावहारिक रूप से सम्पन्न किया जाता है। कहने का तात्पर्य है कि संक्षेपण अथवा विस्तारण की प्रक्रिया सम्पादन के इसी चरण में पूरी होती है। इसी चरण में समाचार के तथ्यों को घटते हुए महत्त्व के क्रम में अर्थात् विलोम पिरामिड में विन्यस्त किया जाता है।

(iii) भाषागत अशुद्धियों को दूर करना : तथ्यों, विचारों और भावनाओं की अभिव्यक्ति भाषा के द्वारा होती है। यदि सम्पादकीय टीम में अनुकूल भाव और प्रभाव पैदा करनेवाला शब्द-सामथर्य नहीं है तो भावों की सम्यक् अभिव्यंजना नहीं हो सकेगी। सम्पादकीय टीम से अपेक्षा की जाती है कि समाचार की प्रकृति के अनुकूल ही उसकी भाषा को संशोधित किया जाये। जैसे खेल और वाणिज्य की ख़बरों के लिए विशेष भाषा का इस्तेमाल किया जाना श्रेयष्कर होता है। पत्र-पत्रिकाओं के लिए भाषा सम्बन्धी नियम तो सर्वमान्य है कि वाक्य विन्यास छोटे और सरल हों, ताकि सभी तरह के पाठक उसे आसानी से पढ़कर समझ सकें। बोधगम्य भाषा का प्रयोग पत्र-पत्रिकाओं के लिए अच्छा माना जाता है। वर्तनी की एकरूपता और शब्दों का मानकीकरण भी पत्र-पत्रिकाओं के द्वारा ही निर्धारित होता है, इसलिए इस पर ध्यान दिया जाना चाहिए।

(iv) सम्यक् प्रस्तुति : किसी समाचार-विशेष में बहुत सारे तथ्य और तत्त्व होते हैं, किन्तु सबके-सब महत्त्वपूर्ण नहीं होते हैं। केवल महत्त्वपूर्ण तथ्यों को ही शीर्षक, उपशीर्षक, स्लग, क्रॉसर, हाईलाइटर इत्यादि के माध्यम से विन्यस्त किया जाता है। पाठक की अधिकतम जिज्ञासा की पूर्ति उन्हीं से हो जाती है। ये सभी के सभी समाचार में प्रवेश-बिन्दु का कार्य करते हैं। समाचार के प्रवेश-बिन्दु अर्थात् शीर्षक, उपशीर्षक इत्यादि का कौन-सा तथ्य और तत्त्व किस पाठक को अपनी ओर आकर्षित कर ले, इसके बारे में निश्चित तौर पर कुछ कहा नहीं जा सकता है। यहाँ केवल कोशिश इतनी होती है कि समाचार के महत्त्वपूर्ण तथ्य शीर्षक, उपशीर्षक इत्यादि के माध्यम से उभरकर सामने आ सकें और पाठक को अपनी ओर आकर्षित कर सकें। समाचारों की सम्यक् प्रस्तुति के लिए पृष्ठों पर उसका विन्यस्तीकरण भी अच्छा होना चाहिए। सम्पादकीय टीम इस बात का हर सम्भव

प्रयत्न करती है कि ख़बर की पठनीयता अधिकतम हो और इसी उपक्रम के तहत उसे दृश्यगत रूप से संस्कारित किया जाता है। व्यवहार में द्वितीय और तृतीय चरण नहीं होता है। अध्ययन की सुविधा के लिए सम्पादन को चार चरणों में बाँटा गया है।

4. सम्पादन के उपकरण

पत्र-पत्रिकाओं में सम्पादन की प्रक्रिया आधुनिक काल में जटिल तो है ही दूरूह भी है। इसके लिए अनेक उपकरणों की आवश्यकता होती है। आधुनिक काल में सम्पादन काग़ज़ रहित हो गया है। इसलिए कम्प्यूटर के साथ ही उसमें इंटरनेट की आवश्यकता भी होती है। अब ब्यूरो कार्यालय से किसी काग़ज़ पर समाचार लिख कर नहीं आता है, अपितु टाइप की गयी सामग्री इंटरनेट के माध्यम से सीधे ब्यूरो कार्यालय से न्यूज़ रूम तक पहुँचती है। इसके तीन लाभ हैं, एक तो समाचार को पुनः टाइप करने की आवश्यकता नहीं होती है तथा दूसरा यह कि देश के विभिन्न कोनों से समाचार आने में समय भी कम लगता है। इसका तीसरा महत्त्व यह है कि अशुद्धियाँ भी अपेक्षाकृत कम होती हैं। जिन दिनों काग़ज़ पर हाथ से लिखा हुआ समाचार ब्यूरो कार्यालय से प्राप्त होता था उन दिनों लिखावट दोष के कारण अथवा फ़ैक्स में अक्षर ठीक से नहीं दिखने के कारण सरनेम 'राय' और 'राम' में अन्तर कर पाना कठिन होता था। ऐसी परिस्थिति में सम्पादकीय टीम को बार-बार ब्यूरो कार्यालय में फ़ोन कर स्पष्टीकरण लेना पड़ता था। अब आधुनिक युग में सम्पादकीय टीम को इससे मुक्ति मिल गयी है।

सम्पादन के निम्नलिखित उपकरण होते हैं :–(i) कम्प्यूटर और इंटरनेट, (ii) स्टाइल बुक/सीट, (iii) शब्दकोश (हिन्दी और अंग्रेज़ी), (iv) हूजहू (कौन क्या है?), (v) एटलस और मैप, (vi) संविधान और प्रेस क़ानून (आई. पी. सी. और सी. आर. पी. सी. की पुस्तक), (vii) पुलिस डायरी की छायाप्रति, (viii) समाचार से सम्बन्धित क्लिपिंग्स की फ़ाइल (ix) इनसाइक्लोपीडिया (x) केन्द्र और राज्य के मन्त्रियों की सूची (विभिन्न मन्त्रालयों और विभागों के नाम सहित), (xi) सांसदों और विधायकों की सूची (क्षेत्रवार और पार्टी सह सूची), इस प्रकार इन उपकरणों की मदद से सम्पादन का कार्य सम्पन्न होता है।

5. सम्पादन की तकनीक

आधुनिक काल में सम्पादन भी तकनीक से लैस हो गया है। नब्बे के दशक के बाद प्रायः सभी समाचार-पत्रों के कार्यालयों में कम्प्यूटर आ गया था। सम्पादन की परम्परागत तकनीक प्रायः समाप्त हो गयी थी। पत्र-पत्रिकाओं के कार्यालय जब पूरी

तरह से कम्प्यूटरीकृत हो गये, तब सम्पादन की तकनीक तो बदली ही, साज-सज्जा में भी तकनीक का प्रयोग किया जाने लगा। आजकल विभिन्न समाचार-पत्रों के कार्यालयों में क्वार्क एक्सप्रेस, पेज मेकर, एम एस ऑफ़िस, इनडिज़ाइन, स्काईबस इत्यादि तकनीक का प्रयोग पृष्ठ निर्माण के लिए किया जाता है। शब्दों को सही-सही लिखने के लिए भी सॉफ़्टवेयर विकसित हो गये हैं। न्यूज़ रैप और न्यूज़ प्रो नामक सॉफ़्टवेयर इसमें मदद करता है। फ़ोटो सम्पादन के लिए फ़ोटोशॉप और कॉरल ड्रा का उपयोग किया जाता है।

6. सम्पादन की सावधानियाँ

सम्पादन कौशलपूर्ण कार्य तो है ही, श्रमसाध्य भी है। इसके अन्तर्गत पाठ्य-सामग्री में तथ्यात्मक परिमार्जन, भाषा-सम्बोधन, सन्दर्भ-सामग्री का परिवर्द्धन, शिल्पगत संशोधन तथा साज-सज्जा की जाती है। शीर्षक-उपशीर्षक, आमुख, स्लग, क्रॉसर, इनसेट लगाना इत्यादि कार्य सम्पादन की प्रक्रिया के अन्तर्गत ही होते हैं। इससे समाचार की पठनीयता और सम्प्रेषणीयता बढ़ जाती है। इस प्रकार कहा जा सकता है कि पाठ्य-सामग्री में सम्यक् संशोधन, परिमार्जन और परिवर्तन की सम्पूर्ण क्रिया सम्पादन के अन्तर्गत आती है, जिससे पाठ्य-सामग्री में समग्रता का संचार होता है। सम्पादन को यदि समग्रता के साथ देखा जाये तो यह केवल पाठ्य-सामग्री का प्रस्तुतीकरण नहीं है, बल्कि इसके अन्तर्गत पाठ्य-सामग्री का प्रबन्धन और चयन भी शामिल है। सम्पादन के इस विस्तृत कार्य के आलोक में उसकी सावधानियाँ भी जटिल होंगी, जो इस प्रकार हैं–

(i) पाठ्य-सामग्री के अनुरूप शीर्षक देना : समाचार, आलेख, फ़ीचर इत्यादि का शीर्षक पाठ्य-सामग्री के अनुरूप ही देना चाहिए। सामान्यतः पाठ्य-सामग्री के सबसे महत्त्वपूर्ण तथ्य या तत्त्व को उसका मुख्य शीर्षक बनाया जाता है और अन्य महत्त्वपूर्ण तथ्यों को उपशीर्षक, स्लग, क्रॉसर, हाईलाइटर के रूप में प्रस्तुत किया जाता है। शीर्षक, उपशीर्षक इत्यादि लगाते समय इस बात का विशेष ध्यान रखना चाहिए कि वह सत्यता पर ही आधारित हो। कई बार अतिशयोक्तिपूर्ण अथवा भड़कीला-चटकीला शीर्षक आदि देने की होड़ में असत्य तत्त्वों पर शीर्षक, उपशीर्षक इत्यादि लिख दिये जाते हैं, जो पत्रकारिता के सिद्धान्त के अनुकूल नहीं हैं। अतएव इस सन्दर्भ में सावधानी बरतने की आवश्यकता होती है।

(ii) विशेषणों का कम से कम प्रयोग करना : पत्रकारिता में किसी व्यक्ति, वस्तु इत्यादि के विषय में लिखते समय विशेषणों का प्रयोग कम से कम करना चाहिए। जैसे श्री श्री 108, परमपूज्य, आदरणीय, माननीय, महाप्रतापी,

महाबलशाली, करुणा के निधान, परमहंस इत्यादि के प्रयोग से बचना चाहिए। कई बार भाषा अलंकारी बनाने के लिए भी कुछ शब्दों का प्रयोग किया जाता है, जिससे बचने की आवश्यकता होती है। यहाँ यह भी उल्लेखनीय है कि समानार्थी शब्दों के अत्यधिक प्रयोग से भी बचना चाहिए। कई बार भाषा को लालित्यपूर्ण और रोचक बनाने की कोशिश में ऐसे प्रयोग किये जाते हैं, जिससे सर्वथा बचना चाहिए।

(iii) शीर्षक में 'द्वारा' का प्रयोग नहीं करना : शीर्षक, उपशीर्षक इत्यादि में कर्तृवाच्य का प्रयोग किया जाना चाहिए, अर्थात् वाक्य में कर्ता की प्रधानता का बोध होना चाहिए, जबकि कर्मवाच्य में कर्म की प्रधानता का बोध होता है और इसके लिए प्रायः 'द्वारा' का प्रयोग किया जाता है। एक उदाहरण से इसे समझा जा सकता है–भाजपा ने जलाया मुख्यमन्त्री का पुतला। यह कर्तृवाच्य है, जबकि इसका कर्मवाच्य होगा–मुख्यमन्त्री का पुतला भाजपा के द्वारा जलाया गया। यहाँ शीर्षक में कर्मवाच्य का प्रयोग नहीं किया जाना चाहिए। यहाँ यह भी उल्लेखनीय है कि कर्मवाच्य होते ही वाक्य बड़ा हो जाता है तथा उसमें शब्दों की संख्या बढ़ जाती है। इसलिए भी शीर्षक में सदैव कर्मवाच्य की जगह कर्तृवाच्य का प्रयोग ही श्रेयस्कर माना जाता है।

(iv) द्विअर्थी शीर्षक का प्रयोग नहीं करना : शीर्षक ऐसे कदापि नहीं होने चाहिए जिसके दो या दो से अधिक अर्थ निकलते हों। वस्तुतः ऐसी स्थिति में पाठक के मन-मस्तिष्क में भ्रम उत्पन्न होता है। हालाँकि सम्पादकीय टीम के लोग कई बार कौतूहल उत्पन्न करने के लिए भी द्विअर्थी शीर्षक का उपयोग करते हैं और इसके पीछे उनकी मंशा यह भी होती है कि साधारण से साधारण समाचार की भी पठनीयता बढ़ जाये। वेबसाइट की पत्रकारिता में भी आजकल हिट्स बढ़ाने के लिए ऐसे उपक्रम किये जाते हैं। इस सन्दर्भ में पत्रकारों में मतैक्य नहीं है। कुछ पत्रकारों का मानना है कि द्विअर्थी शीर्षक के प्रयोग की गरिमा गिरती है, जबकि कुछ पत्रकार मानते हैं कि इससे कौतूहल पैदा होते हैं, जो पत्रकारिता का अनिवार्य अंग है। द्विअर्थी शीर्षक के निम्नलिखित उदाहरण हो सकते हैं–बिहार के पूर्व मुख्यमन्त्री लालू प्रसाद यादव को चारा घोटाला में जेल की सज़ा होने के बाद एक समाचार-पत्र में प्रकाशित समाचार का शीर्षक देखिए–अलविदा लालू! अब आया तेजस्वी युग। रात भर बिजली नहीं आने पर एक समाचार-पत्र का शीर्षक देखिए–रात भर इन्तज़ार करता रहा किन्तु 'वह' नहीं आयी। द्विअर्थी शीर्षक के अन्य उदाहरण भी द्रष्टव्य है–माधुरी पुनः आयी, कैटरीना जल मरी।

(v) सम्भावित घटना को कम महत्त्व देना : पत्रकारिता का यह स्वाभाविक सिद्धान्त है कि सम्भावित घटना की जगह घटित घटना को अधिक महत्त्व दिया

जाये। इसके पीछे तर्क यह है कि सम्भावित घटना की ख़बर तो बाद में भी छप जायेगी, किन्तु घटित घटना का समाचार अगर किसी कारण से नहीं छपा तो अगले दिन वह बासी हो जायेगा। फिर ऐसे समाचार को प्रकाशित होने की सम्भावना नगण्य हो जायेगी। घटित घटना की तुलना में राजनेताओं के वक्तव्य को सामान्यतः कम महत्त्व दिया जाता है। ऐसा माना जाता है कि राजनेताओं का वक्तव्य में समाचार कम और विज्ञापन ज़्यादा होता है, किन्तु राष्ट्रीय ख्याति के नेताओं का वक्तव्य भी कई बार छोटी घटनाओं की तुलना में ज़्यादा महत्त्वपूर्ण होता है। यहाँ यह भी उल्लेखनीय है कि किसी जनाधार वाली बड़ी पार्टी द्वारा 'भारत बन्द' इत्यादि की घटना भले ही दो दिन बाद हो, किन्तु इस सम्भावित घटना को अपेक्षाकृत ज़्यादा महत्त्व दिया जाता है। वस्तुतः समाचारों को महत्त्व दिये जाने का आधार घटना प्रसंग की भयावहता, जनसामान्य की उसमें रुचि, प्रख्यात व्यक्ति इत्यादि होता है। यह कुछ हद तक सम्पादकीय टीम के विवेक पर भी निर्भर करता है कि वह किस समाचार को अधिक महत्त्व दे और किसे कम।

(vi) प्रचलित संक्षिप्त शब्दों का प्रयोग करना : हिन्दी भाषा की प्रकृति ऐसी है कि वह दो-चार शब्दों के पहले अक्षर को मिलाकर कोई नया शब्द बनाये। जैसे–उच्चतम न्यायालय के लिए 'उन्या' जबकि अंग्रेज़ी में इसके लिए एस. सी. (S.C.) का प्रयोग प्रचलन में है। यहाँ यह भी उल्लेखनीय है कि कुछ संक्षिप्त नाम बोल-चाल में सामान्य रूप से व्यवहृत हो गया है। जैसे–भारतीय जनता पार्टी के लिए भाजपा का प्रयोग व्यवहार में आ गया है, जबकि नगर पालिका के लिए 'नपा' का प्रयोग प्रचलन में नहीं है। अतएव केवल प्रचलित संक्षिप्त शब्दों का प्रयोग करना ही श्रेयस्कर होगा। यह सच है कि शीर्षक देते समय कम से कम शब्दों का प्रयोग करने की बाध्यता होती है, किन्तु इसका अर्थ यह भी नहीं कि हिन्दी की प्रकृति के बिल्कुल विपरीत जाकर शब्दों के साथ खिलवाड़ किया जाये।

(vii) समाचारों में प्रमुख व्यक्तियों के नाम नहीं काटना : पत्र-पत्रिकाओं में अधिक से अधिक पाठ्य-सामग्री परोसे जाने की चुनौती होती है। इसी कारण समाचार को प्रायः छोटा करने की मानसिकता होती है, किन्तु समाचारों को छोटा करने की भी एक सीमा होती है। उसी सीमा के अन्दर वाक्य रचना में कसावट लाने की कोशिश की जाती है। इस कोशिश का अर्थ यह कदापि नहीं कि महत्त्वपूर्ण तथ्यों को भी काट दिया जाये। किसी समारोह समाचार विशेष में प्रायः चार-पाँच गण्यमान्य व्यक्तियों के नाम संवाददाता द्वारा लिख दिये जाते हैं। समाचार को छोटा करने के चक्कर में इसे कभी नहीं काटना चाहिए; क्योंकि गण्यमान्य व्यक्तियों के नाम प्रकाशित होने से समाचार की पठनीयता बढ़ती है।

(viii) प्रकाशित होने योग्य फ़ोटो का चयन करना : समाचार के साथ फ़ोटो भी प्रकाशित करने से उसका महत्त्व और प्रामाणिकता बढ़ जाती है। ठीक ही कहा गया है कि एक फ़ोटो एक हज़ार शब्दों से अधिक सम्प्रेषणीय होता है, किन्तु फ़ोटो का चयन करते समय पत्रकार को सचेत और सावधान रहने की आवश्यकता होती है। केवल उन्हीं फ़ोटो का चयन करना चाहिए, जिसमें विषय-वस्तु स्पष्ट हो और प्रकाशन योग्य हो। धुँधला फ़ोटो कदापि नहीं छापना चाहिए। धुँधला फ़ोटो छापने से बेहतर है, फ़ोटो प्रकाशित ही नहीं किया जाये। कम गुणवत्ता वाले फ़ोटो प्रकाशित करने से मीडिया संस्थान की छवि भी ख़राब होती है।

(ix) डेटलाइन की सावधानता : समाचार का प्रकाशन डेटलाइन के साथ अनिवार्य रूप से होता है। डेटलाइन में समाचार ब्यूरो के स्थान और दिनांक का प्रयोग किया जाता है। डेटलाइन में ही कई बार समाचार के स्रोत का उल्लेख भी कर दिया जाता है–जैसे कार्यालय संवाददाता के लिए संक्षेप में कोष्ठक के अन्तर्गत 'कासं' लिखा जाता है। इसी तरह निज संवाददाता के लिए 'निसं' तथा विशेष संवाददाता के लिए 'विसं' का प्रयोग किया जाता है। यहाँ यह भी उल्लेखनीय है कि समाचार ब्यूरो कार्यालय अथवा समाचार लिखे जाने वाले स्थान का नाम चर्चित नहीं हो तो उसके साथ प्रदेश का नाम लिखा जाना चाहिए। जैसे–सीहौर (मध्य प्रदेश)। चूँकि आजकल डेटलाइन में तिथि का प्रयोग प्रचलन से हट गया है। इसलिए अब डेटलाइन में केवल समाचार ब्यूरो कार्यालय के स्थान का ही नाम लिखा जाता है।

(x) समाचार-कथा का भाव नहीं बदलना : प्रत्येक समाचार किसी विशेष भावभूमि और एंगल के साथ लिखा जाता है। सम्पादकीय टीम यदि समझती है कि एंगल में बदलाव के लिए आमुख को बदला जाना है तो वह आमुख को बदल सकती है, किन्तु जिस भावभूमि और पृष्ठभूमि में समाचार लिखा गया है, उसे कदापि नहीं बदलना चाहिए। समाचार-कथा का मूल भाव बदल देने से उसकी आत्मा ही मर जाती है। समाचार टीम को यदि लगता है कि समाचार में कसावट नहीं है और बहुत ज़्यादा बिखराव है तो वह पूरी समाचार कथा का पुनर्लेखन कर सकता है, किन्तु समाचार के मूल भाव को नहीं बदलना चाहिए। समाचार के एंगल में बदलाव तो किया जा सकता है किन्तु मूल भाव में बदलाव से समाचार लिखने का उद्देश्य ही विफल हो जायेगा।

(xi) समाचार की सटीकता : समाचार लिखते समय संवाददाता को तथ्यों, आँकड़ों के प्रयोग में सटीक होना चाहिए। इस मामले में यदि संवाददाता से चूक हो गयी तो सम्पादकीय टीम द्वारा उसे सुधार देना श्रेष्ठ सम्पादन की कसौटी है। आँकड़ों में 'लगभग' और 'शायद' जैसे शब्दों का प्रयोग कदापि नहीं करना

चाहिए। इससे पाठक के मन में भ्रम की स्थिति उत्पन्न होती है। इससे पत्रकारिता की मर्यादा भी खण्डित होती है, अतएव आवश्यक है कि संवाददाता द्वारा हुई चूक का निराकरण सम्पादन द्वारा दूर हो जाये तथा सटीक आँकड़े और परिशुद्ध तथ्यों का प्रयोग श्रेयस्कर होता है। चूँकि पत्रकारिता के माध्यम से समाज-जीवन का शिक्षण भी होता है, इसीलिए सटीक आँकड़े और तथ्यों का प्रयोग अपेक्षित हो जाता है।

(xii) समाचार की भाषा : समाचार-पत्र और पत्रिका सूचना का सबसे सशक्त माध्यम है। इसलिए सामान्य साक्षर व्यक्ति से लेकर शोध-प्रज्ञ तक उसे पढ़ते हैं। इसलिए यह आवश्यक हो जाता है कि पत्र-पत्रिकाओं की भाषा सहज और सरल हो। समाचार में छोटे-छोटे वाक्यों का प्रयोग हो। जटिल और दुरूह शब्दों के प्रयोग से सम्पादकीय टीम को बचना चाहिए। भावों की सम्यक् अभिव्यंजना के लिए शब्द सामर्थ्य तो चाहिए, किन्तु सरल शब्दों में भी अनुकूल भाव और प्रभाव पैदा किया जा सकता है। सम्पादन करते समय वर्तनी की एकरूपता पर भी विशेष ध्यान दिया जाना चाहिए। यदि समाचार में अशुद्धियाँ छपेंगी तो पाठक उसे उदाहरण स्वरूप कहीं प्रस्तुत करेंगे, जिससे भ्रान्तियाँ फैलेंगी। सम्पादकीय टीम को शब्दों के मानकीकरण पर भी ध्यान देना चाहिए। समाचारों को भाषागत संस्कार प्रदान करने से उसकी सम्प्रेषणीयता भी बढ़ जाती है।

(xiii) समाचार को निरपेक्ष बनाना : प्रत्येक समाचार में जनपक्ष और प्रशासकीय पक्ष होते हैं। समाचार सम्पादित करते समय दोनों पक्षों को प्रकाशित किया जाना चाहिए। इसे एक उदाहरण से समझा जा सकता है–किसी अस्पताल की दुर्दशा पर जनपक्ष के मुद्दों को उठाना तो चाहिए ही, अस्पताल में रोगियों को हो रही परेशानियों और दुख-दर्दों को अक्षरित तो करना ही चाहिए, किन्तु इसके साथ-साथ यह ज़रूरी है कि प्रशासन का पक्ष भी उसके साथ प्रकाशित हो। इसके दो फ़ायदे होंगे–पहला तो यह कि प्रशासन रोगियों की समस्याओं को लेकर सचेत और सावधान हो जायेगा तथा उसके आलोक में अस्पताल में सुधारात्मक कार्यवाही करेगा। दूसरा यह कि प्रशासन की परेशानियाँ भी उजागर होंगी।

(xiv) सम्पादकीय टीम का निष्पक्ष/तटस्थ तथा निरपेक्ष होना : समाचार सम्पादित करते समय सम्पादकीय टीम को निरपेक्ष तथा निष्पक्ष/तटस्थ रहना चाहिए। कहने का तात्पर्य यह है कि पत्रकार को अपनी वैचारिक प्रतिबद्धता से अलिप्त रहकर सम्पादन करना चाहिए। यह सच है कि प्रत्येक व्यक्ति की अपनी कुछ न कुछ वैचारिक प्रतिबद्धता होती है। उसका प्रभाव सम्पादन करते समय स्वाभाविक रूप से पड़ता है। किन्तु कोशिश यह की जाती है कि सम्पादन करते समय वैचारिक प्रतिबद्धता का प्रभाव न के बराबर दिखे। पत्रकार जीवन पर्यन्त निर्वैयक्तिक होने का

प्रयास करता है और उसकी इसी यात्रा से पत्रकारिता संरक्षित-संवर्द्धित होती रहती है। यहाँ यह भी उल्लेखनीय है कि सम्पादन करते समय पत्रकार के स्वभाव-संस्कार और विचार-व्यवहार का भी कुछ न कुछ प्रभाव अवश्य पड़ता है। इस प्रकार पत्रकार को यथासम्भव तटस्थ रहने की कोशिश करनी चाहिए।

(xv) क़ानूनी उलझन से बचना : समाचार-सम्पादन करते समय इस बात पर विशेष ध्यान देने की आवश्यकता है कि कहीं किसी समाचार विशेष से पत्रकार क़ानूनी उलझन में न फँस जाये। कभी-कभी किसी समाचार के छपने से मानहानि, न्यायालय की अवमानना इत्यादि हो जाने का ख़तरा बना रहता है। इसलिए पत्रकार को सचेत और सावधान होकर समाचार सम्पादित करना चाहिए। इस सन्दर्भ में पत्रकारिता की आचार-संहिता का पालन भी अपेक्षित माना जाता है। इसी के परिप्रेक्ष्य में पीड़ित-प्रताड़ित महिला या बच्चों के नाम छापकर उसकी पहचान उजागर नहीं करनी चाहिए।

(xvi) समाज में भ्रामक और तनाव पैदा करनेवाले समाचार के प्रकाशन से बचना : समाचार सम्पादित करते समय समाचार के ऐसे अंश को काटकर हटा देना चाहिए, जिससे समाज में तनाव पैदा होता हो। साम्प्रदायिक दंगा के समाचार में सम्प्रदाय विशेष और मृतक के नाम इत्यादि को प्रकाशित करने से बचना चाहिए। इससे दंगा और भड़कने की आशंका रहती है। इस सन्दर्भ में यह भी उल्लेखनीय है कि समाचार में भ्रामक तथ्यों को सदैव हटा देना चाहिए और उसे ठीक कर प्रकाशित करना चाहिए। सम्पादकीय टीम की थोड़ी-सी चूक से समाज का बहुत बड़ा अहित हो सकता है।

इस प्रकार कहा जा सकता है कि किसी पाठ्य-सामग्री का सम्पादन करते समय विशेष रूप से सतर्क और सावधान रहना चाहिए। न तो शीर्षक भ्रामक होना चाहिए और न ही समाचार के तथ्य। पत्रकार समाज का द्रष्टा तो होता ही है, वह स्रष्टा भी होता है अर्थात् सर्जक भी होता है। इसलिए समाचार का सम्पादन करते समय उसे इस बात का ध्यान भी रखना चाहिए कि समाज से अन्धविश्वास समाप्त हो तथा दुर्गुणों का परिष्कार हो। पत्रकार समाज में मार्गदर्शक की भूमिका का निर्वहण करता है। सम्पादकीय टीम को शल्य चिकित्सक के रूप में कई बार समाज-जीवन की व्याधियों को दूर करने के लिए शल्य-क्रिया भी करनी पड़ती है। यह कहना अतिशयोक्तिपूर्ण नहीं है कि सम्पादकीय टीम का दायित्व चुनौतीपूर्ण तो है ही उत्तरदायित्व से भरा हुआ भी है। सम्पादकीय टीम के किसी एक पत्रकार की लापरवाही या दुर्बलता का प्रभाव पूरे समाचार-पत्र पर पड़ता है। इसलिए पूरी टीम से श्रेष्ठ प्रदर्शन की अपेक्षा की जाती है।

सम्पादन के सिद्धान्त

सम्पादन का कार्य शिल्पगत और कौशलपूर्ण होता है। समाचार, आलेख, फ़ीचर इत्यादि का सम्पादन एक विशेष शिल्प के अनुरूप किया जाता है। वस्तुतः इस कार्य के माध्यम से पाठ्य-सामग्री को संस्कारित किया जाता है, जिससे वह परिष्कृत होकर निखरता है और उसमें पठनीयता का संचार होता है। सम्पादन के सिद्धान्त को समझने के लिए विभिन्न विद्याओं के शिल्प को समझना भी अपेक्षित हो जाता है। समाचारों का गठन यदि विलोम पिरामिड शैली में होता है तो फ़ीचर और आलेख का गठन आयताकार शैली में होता है। कहने का तात्पर्य यह कि शुरू से अन्त तक उसे लालित्यपूर्ण शैली में लिखा जाना चाहिए और उसकी रोचकता सदैव बनी रहनी चाहिए। कहना न होगा कि फ़ीचर में तथ्यों के महत्त्व का क्रम शुरू से लेकर अन्त तक एक समान होना चाहिए। दूसरे शब्दों में कहा जाये तो समाचारों और विचारों का सम्पादन सिद्धान्ततः अलग-अलग शिल्पों में किया जाता है। पाठ्य-सामग्री के चयन के सिद्धान्त को निम्नलिखित तीन भागों में बाँटकर अध्ययन करना उचित होगा।

1. पाठ्य-सामग्री के चयन का सिद्धान्त

यह सम्पादन का सबसे महत्त्वपूर्ण और आधारभूत आयाम है। इसके लिए कोई बना-बनाया फॉर्मूला नहीं है, अपितु यह सुदीर्घ अनुभव से उत्पन्न व्यावहारिक प्रज्ञान है। सुतीक्ष्ण प्रज्ञा और सूझ-बूझ से ही इसकी परख होती है। सतत अभ्यास के परिणामस्वरूप यह कौशल निखरता है। यही कारण है कि उपसम्पादक से ऊपर के अनुभवी पत्रकार इसे अन्तिम रूप देते हैं। सामान्यतः समाचार सम्पादक, मुख्य उपसम्पादक, सहायक सम्पादक और फ़ीचर सम्पादक समाचार और विचार का चयन करते हैं। पाठ्य-सामग्री के चयन के लिए किसी सम्पादक, वरिष्ठ पत्रकार अथवा संचार विशेषज्ञ द्वारा किसी सिद्धान्त का प्रतिपादन नहीं किया गया है। यह

तो जनजीवन को गहराई से समझने और सम्पादन के सुदीर्घ अनुभव से उपजे हुए महज़ दिशा-निर्देश हैं, जिन्हें अपनाकर पाठ्य-सामग्री का चयन किया जा सकता है। पाठ्य-सामग्री का चयन निम्निलिखित आधार पर किया जाना चाहिए।

(i) समसामयिकता : यह पाठ्य-सामग्री के चयन की सबसे महत्त्वपूर्ण और आधारभूत कसौटी है। पत्र-पत्रिकाओं में प्राय: वही पाठ्य-सामग्री छपती है, जो समसामयिक हो। पाठ्य-सामग्री के प्रकाशन में समसामयिकता को बड़ी कसौटी माना जाता है। समाचार हो या फ़ीचर, आलेख इत्यादि, समसामयिकता के बिना इसे प्रकाशित नहीं किया जा सकता। घटनात्मक समाचार तो समसामयिक होता ही है, सौम्य समाचार को भी समसामयिक होना चाहिए। अनुभवी पत्रकार समसामयिकता के आधार पर ही समाचारों के अम्बार में से काम के समाचार ढूँढ़ निकालते हैं। आलेख, फ़ीचर इत्यादि को भी अनुभवी पत्रकार समसामयिकता की कसौटी पर ही कसकर प्रकाशित करते हैं।

(ii) लोकहित और लोकरुचि : जिस समाचार, फ़ीचर, आलेख इत्यादि में लोकहित और लोकरुचि जितनी अधिक होगी, उसकी पठनीयता उतनी अधिक होगी। यह समाचार प्रकाशन का ऐसा आधार है, जिससे समाचार, फ़ीचर इत्यादि के अस्तित्व पर भी संकट के बादल मँडराने लगते हैं। पाठ्य-सामग्री के साथ प्रख्यात व्यक्ति, स्थान इत्यादि भी उसके महत्त्व का कारण बनता है। समाज-जीवन को लम्बे समय तक प्रभावित करनेवाली घटना अथवा बहुत बड़ी राजनीतिक उथल-पथल में भी लोगों को बहुत रुचि होती है, लोग इसे पढ़ना चाहते हैं। इसीलिए ऐसे समाचारों की पठनीयता बढ़ जाती है। अनुभवी पत्रकार समाचार, फ़ीचर इत्यादि का चयन करते हुए उपर्युक्त तथ्यों को ध्यान में रखता है और प्रकाशनार्थ सामग्रियों का चयन करता है। देश, काल और परिस्थिति के अनुसार जनमत में परिवर्तन होता रहता है। अतएव इसके आलोक में भी लोकहित और लोकरुचि की कसौटी निर्मित होती है। अतएव इसे भी ध्यान में रखकर पाठ्य-सामग्री को परखना अनिवार्य हो जाता है।

(iii) विचित्रता और असाधारणता : समाचार, फ़ीचर, आलेख इत्यादि के चयन में यह आधार भी महत्त्वपूर्ण भूमिका का निर्वहण करता है। यह एक ऐसी कसौटी है, जिससे पाठक उसकी ओर आकर्षित होते हैं। सामान्यत: सड़क दुर्घटनाएँ अधिक होती हैं जबकि रेल दुर्घटना अपेक्षाकृत कम होती है, किन्तु हवाई जहाज़ की दुर्घटना उससे कम होती है। इस दृष्टिकोण से हवाई जहाज़ की दुर्घटना में असाधारणता के तत्त्व विद्यमान होते हैं। समाज-जीवन में घटनाएँ-दुर्घटनाएँ होती ही रहती हैं, किन्तु उन घटनाओं की विचित्रता, उत्तेजकता, भयावहता और अनोखापन उसे विचित्र बना देता है। यही उसे समाचारत्व प्रदान करता है। समाचार के अस्तित्व

की निर्मिति इसी से होती है। घटनाएँ जब अजीबोग़रीब और विचित्र हो जाती हैं, तब उसमें समाज-जीवन के लिए आकर्षण पैदा हो जाता है। पाठक ऐसी घटनाओं को जानना चाहता है, अतएव घटना की विचित्रता और असाधारणता समाचार पठनीयता को प्रभावित करती है। इसे एक अन्य उदाहरण से भी समझा जा सकता है।

किसी कक्षा के सभी विद्यार्थी उस कक्षा की परीक्षा में पास कर गये तो वह घटना है, किन्तु सभी के सभी फेल हो गये तो उसे दुर्घटना मानते हुए विशिष्ट और विचित्र माना जायेगा। यही विशिष्टता और विचित्रता समाचार विशेष में समाचारत्व उत्पन्न करता है। इसी परीक्षा में यदि कोई विद्यार्थी अधिकतम अंक लाकर दस-बीस वर्षों का रिकॉर्ड तोड़ दे तो उसमें विशिष्टता आ जाती है। समाज में उसकी महत्ता बढ़ जाती है। इससे सम्बन्धित समाचार को लोग पढ़ना पसन्द करते हैं। यही असाधारणता उससे सम्बद्ध समाचार में आकर्षण का तत्त्व बन जाता है।

(iv) स्थानीयता : व्यक्ति अपने आस-पड़ोस, परिजन और सगे-सम्बन्धियों के सुख-दुःख, हर्ष-विषाद, जय-पराजय इत्यादि को पहले जानना चाहता है। उसका स्वार्थ और हित इसी में है कि दूर-दराज और वैश्विक परिदृश्य की जगह अपना और अपनों का हित-अहित, सुख-दुख और भला-बुरा पहले जाने। समाज के अधिकतर लोग अपने स्वार्थ और हित से ऊपर नहीं उठ पाते हैं। इसलिए समाचार जानने की प्राथमिकता, आस-पड़ोस और क्षेत्र-विशेष ही होता है। लोगों का हित, स्वार्थ और रुचि स्थानीयता से प्रभावित होती है। इसलिए व्यक्ति अपने समाज, परिवेश, क्षेत्र के बाद ही देश-दुनिया को जानना-समझना चाहता है। यही स्थानीयता का सिद्धान्त है। इसी के आलोक में पत्र-पत्रिकाओं में समाचारों और विचारों का चयन सामीप्य, अपनेपन और स्थानीयता के दायरों में किया जाता है। इसे कुछ उदाहरणों से समझा जा सकता है।

पटना के पाठकों के लिए बिहार से सम्बद्ध समाचारों, आलेखों इत्यादि की पठनीयता केरल और तमिलनाडु से सम्बद्ध पाठ्य-सामग्रियों की तुलना में अधिक होगी। इसी तरह की उत्तर प्रदेश के पाठकों के लिए उस क्षेत्र-विशेष की जगह अमेरिका और इंग्लैंड के घटना-प्रसंग को जानने की रुचि अपेक्षाकृत कम होगी। सामान्यतः भारत का हित पड़ोसी राष्ट्रों से टकराता है। इसलिए उसे जानने में भी पाठकों की रुचि होगी। किन्तु यदि सात समुन्दर पार अमेरिका का कोई नीतिगत फ़ैसला भारत के हित को प्रभावित करता है तो उसे भी जानने में पाठकों की रुचि होगी। इस प्रकार पाठक का हित-अहित और स्वार्थ स्थानीयता से प्रभावित होता है और इसी के आलोक में सम्बद्ध समाचार, आलेख, फ़ीचर इत्यादि की पठनीयता प्रभावित होती है।

(v) चयन की सैद्धान्तिकता : पत्रकारिता को समाज-जीवन का दर्पण माना गया है। समाज में जो कुछ भी घटित होता है और जिस रूप में घटित होता है, उसकी प्रतिछाया पत्र-पत्रिकाओं पर रेखांकित होनी चाहिए। कहने का तात्पर्य यह कि पत्र-पत्रिकाओं में सकारात्मक और नकारात्मक घटना-प्रसंग उसी अनुपात में विन्यस्त होना चाहिए, जिस अनुपात में वे घटनाएँ समाज में घटती हैं, ताकि सही अर्थों में पत्रकारिता को समाज के दर्पण के रूप में विश्लेषित-व्याख्यायित किया जा सके। किन्तु आज की पत्रकारिता को यदि देखें तो ऐसा होता हुआ दिखाई नहीं देता है। सम्भवत: पश्चिम के प्रभाव के कारण भारत की पत्रकारिता में नकारात्मकता हावी हो गयी है। केवल और केवल नकारात्मकता से अच्छादित समाचार और विचार को प्रकाशित करना मानो युग-धर्म बन गया है और आज के पत्रकार इस प्रवृत्ति को फ़ैशन के रूप में आत्मसात करते हुए प्रतीत होते हैं। अतएव पत्रकारिता का सैद्धान्तिक पहलू यह होना चाहिए कि वह जन-जीवन के कृष्ण पक्ष और शुक्ल पक्ष को उसी अनुपात में पत्र-पत्रिकाओं में विन्यस्त करे, जिस अनुपात में वे समाज में घटित होती हैं। पत्रकारिता का सैद्धान्तिक पहलू यह भी होना चाहिए कि वह जन-रुचि का परिष्कार करे तथा पीड़ित-प्रताड़ित लोगों की आवाज़ को बुलन्द करे। उपर्युक्त तथ्यों के आलोक में पत्रकारिता सैद्धान्तिकता को निम्नलिखित रूप में विश्लेषित-व्याख्यायित करना समीचीन होगा।

(क) जनजीवन का शुक्ल पक्ष बनाम कृष्ण पक्ष : समाचार, आलेख, फ़ीचर, इत्यादि के चयन में जीवन के शुक्ल पक्ष को अधिक महत्त्व दिया जाना चाहिए। इससे समाज में सर्जनात्मक क्षमता का विकास होता है। इससे भारतीय पत्रकारिता में बढ़ती नकारात्मकता पर अंकुश लगाया जा सकेगा और यह समय की माँग भी है। सम्पादक को ऐसे समाचारों और विचारों का चयन करना चाहिए जिससे मानवीय मूल्यों की प्रतिष्ठा हो तथा सतकर्म के प्रति लोगों में प्रेरणा जाग्रत हो। किन्तु आजकल के सम्पादक इसके विपरीत आचरण करते हैं। वे समाज के नकारात्मक समाचारों को सुर्ख़ियाँ बनाकर ऐसे प्रकाशित करते हैं मानो समाज में सर्वत्र नकारात्मक समाचार ही छाये हुए हैं। इसके कारण अनजाने में ही सही अपराधी को समाज के समक्ष बेनकाब और जलील करने की जगह हीरो बनाया जा रहा है, जो दुभाग्यपूर्ण है। अतएव नकारात्मक प्रवृत्ति को तिरोहित किये जाने की आवश्यकता महसूस की जा रही है। समाज-जीवन में दिन-प्रतिदिन अनेक घटनाएँ घटती रहती हैं। सैद्धान्तिक रूप से इसका समग्र चित्रण समाचार-पत्रों में होना चाहिए, किन्तु दुर्भाग्य में आज हिंसा, चोरी, डकैती, अपहरण, बलात्कार इत्यादि के समाचार अपेक्षाकृत अधिक प्रमुखता से प्रकाशित किये जाते हैं। यह जन-जीवन का

कृष्ण पक्ष है। प्रात:काल समाचार-पत्र हाथ लगते ही मन-मस्तिष्क में ऐसे समाचार छा जाते हैं, जिनसे पाठकों में आक्रोश के साथ-साथ निराशा और हताशा भी पैदा होती है। जन-जीवन में उत्साह, उमंग और प्रसन्नता का भाव संचारित हो, इसके लिए रचनात्मक, प्रेरणात्मक और विकासात्मक समाचार छापने चाहिए।

एक अनुमान के अनुसार हत्या, चोरी, लूट, अपहरण, भ्रष्टाचार, बलात्कार, बेईमानी, डकैती, ठगी, जालसाज़ी इत्यादि नकारात्मक प्रवृत्ति की घटनाएँ समाज-जीवन में केवल 20 प्रतिशत होती हैं, किन्तु उसे समाचार-पत्रों में 80 प्रतिशत स्थान दिया जाता है, जबकि समाज जीवन में ईमानदारी, मानवीय मूल्यों की प्रतिष्ठा, परोपकार, सदाचार, सह-अस्तित्व, उल्लास-उमंग, संगोष्ठी, संविमर्श, नवीन शोध, समाज-कल्याण, सत्संग, सामाजिक-सांस्कृतिक अनुष्ठान, व्रत-त्योहार, देश-भक्ति, राष्ट्र-प्रेम, सामाजिक समरसता, राष्ट्रीय और अन्तरराष्ट्रीय उपलब्धि, सभ्यता-संस्कृति का संरक्षण-संवर्धन, विकास इत्यादि विषयों एवं भावबोध के सकारात्मक समाचार समाज जीवन में 80 प्रतिशत होते हैं, किन्तु उसे समाचार-पत्रों में बमुश्किल 20 प्रतिशत स्थान दिया जाता है। भला ऐसे में इस बात की कल्पना-कामना करना बेईमानी होगी कि समाज-जीवन में सर्जनात्मक और प्रेरणात्मक चिन्तन विकसित हो।

(ख) जन-रुचि और उसका परिष्कार : पत्रकारिता का यह धर्म है कि वह उच्छृंखल होते समाज-जीवन पर अंकुश लगाये। उसका सम्यक् दिशा-निर्देशन करे, किन्तु ऐसा नहीं हो पा रहा है। आज की पत्रकारिता सामाजिक दायित्व से विमुख होती जा रही है। पश्चिम की तर्ज़ पर भारत में भी अश्लील और काम-उत्तेजक समाचारों का प्रचलन बढ़ गया है। पाठकों की माँग की ओट में अर्धनग्न तस्वीर छापी जाती हैं। ऐसी कुरुचि का परिष्कार आवश्यक है। जनरुचि के नाम पर इसे प्रश्रय नहीं दिया जाना चाहिए। पत्रकार समाज का मार्गदर्शन भी करता है। इसलिए स्खलित होते समाज-जीवन को दिशा प्रदान करना पत्रकार का उत्तरदायित्व है। अतएव समाज को उदात्त जीवन-दृष्टि देने के लिए सम्पादकों को पाठकों का रुचि-परिष्कार करना चाहिए और इसी में इसकी अपरिहार्यता स्वयंसिद्ध है। समाचार-चयन करते समय इन सभी बातों का ध्यान रखना अपेक्षित है।

(ग) लोकहित और राष्ट्रहित : अपना हित और स्वार्थ प्राय: हर व्यक्ति के लिए सर्वोपरि होता है। इसके लिए व्यक्ति कोई भी क़ीमत देने के लिए तैयार होता है। समाजहित और राष्ट्रहित पाठक के लिए अपेक्षाकृत कम महत्त्व का विषय है, किन्तु समाचारों का चयन करते समय सम्पादक के समक्ष समाज और राष्ट्रहित सर्वोपरि होना चाहिए। इससे पाठक के संकुचित दृष्टिकोण का उदात्तीकरण होता है।

सम्पादक का यह उत्तरदायित्व है कि वह राष्ट्रीय चेतना जाग्रत करनेवाले समाचारों का चयन और प्रकाशन करे। राष्ट्रीय एकता और अखण्डता तथा सुरक्षा से समझौता कर किसी भी क़ीमत पर किसी भी समाचार का प्रकाशन नहीं किया जाना चाहिए।

(घ) पीड़ित-प्रताड़ित लोगों की आवाज़ : पत्र-पत्रिकाओं के माध्यम से पीडित-प्रताड़ित लोगों की आवाज़ को बुलन्द किया जाना चाहिए। इसी से लोकतान्त्रिक मर्यादा का संरक्षण हो सकेगा। समाज के दबे-कुचले और हाशिए पर खड़े लोगों की आवाज़ को बुलन्द करने का यही एक सशक्त माध्यम है। समाचार-पत्र को पीड़ित-प्रताड़ित लोगों की आवाज़ भी कहा गया है। भारत में लम्बे समय तक सामन्तवादी व्यवस्था रहने के कारण यहाँ के ग़रीब लोग पददलित होते रहे हैं। इनकी बोलती बन्द कर दी जाती रही है। आज लोकतान्त्रिक सरकार में भी इन लोगों की स्थिति में बहुत सुधार नहीं हो सका है। शोषण की चक्की में पिसने को वे आज भी मजबूर और अभिशप्त हैं। अत: पत्रकारिता का युगधर्म है कि ऐसे पीड़ित-प्रताड़ित लोगों की आवाज़ बुलन्द करे। जब आम आदमी के लिए कई बार सरकार के तीनों दरवाज़े (कार्यपालिका, विधायिका, न्यायपालिका) बन्द हो जाते हैं अथवा किसी कारण से विलम्ब होता है या वहाँ नैराश्य की स्थिति उत्पन्न होने लगती है तो उसे पत्रकारिता में ही आशा की किरण दिखाई देती है।

2. पाठ्य-सामग्री के गठन का सिद्धान्त

पत्र और पत्रिकाओं में समाचार के साथ-साथ समाचार-विश्लेषण, आलेख, फ़ीचर, व्यंग्य इत्यादि छपते हैं। इनकी रचना-प्रक्रिया और शिल्प भिन्न-भिन्न होते हैं। समाचार का पाठक परिणाम और सारसंक्षेप को पहले जानना चाहता है। जबकि आलेख, व्यंग्य इत्यादि में रहस्य और रोमांच प्राय: अन्त में खुलते हैं और वही लेखन का मर्म और निष्कर्ष उद्‌घाटित होता है। कहने का तात्पर्य यह कि समाचार में महत्त्वपूर्ण तथ्यों को सबसे पहले अनुच्छेद में ही बता दिया जाता है। जबकि आलेख आदि में निष्कर्ष को अन्तिम अनुच्छेद में प्रस्तुत करने का शिल्प-विधान है। समाचार-ब्यूरो और फ्रीलांस पत्रकार से जो समाचार, आलेख इत्यादि प्राप्त होते हैं, वह प्राय: सम्यक् रूप से गठित नहीं होते हैं। कहने का तात्पर्य यह कि वे पाठ्य-सामग्रियाँ अपने शिल्प-विधान के आलोक में कई बार गठित नहीं हो पाती हैं। ऐसे में पाठ्य-सामग्री को फिर से गठित करने की आवश्यकता महसूस होती है। यहाँ केवल समाचार के गठन पर विस्तार से चर्चा अपेक्षित है।

समाचार के सबसे महत्त्वपूर्ण तथ्य को बतानेवाला प्राय: पहला अनुच्छेद 'आमुख' अथवा 'मुखड़ा' कहलाता है। इसे समाचार-पत्र के कार्यालयों में

सामान्यत: 'इंट्रो' अथवा 'लीड' के नाम से ही अधिक जाना जाता है। 'आमुख' समाचार का मस्तिष्क है, जिसमें समाचार के प्राण का निवास होता है। संचार-विशेषज्ञों की मान्यताओं के अनुसार, इसमें पाठक के छह ककार की जिज्ञासा-पूर्ति होती है, किन्तु आज की तारीख़ में इसकी कोई अपरिहार्यता नहीं रह गयी है। क्या, कब, कहाँ और कौन की जिज्ञासा-पूर्ति एक आदर्श आमुख की माँग है। समाचार के इन चारों ककारों से प्राथमिक और आधारभूत सूचनाएँ प्राप्त होती हैं। मानवीय जिज्ञासा यहीं समाप्त नहीं होती है। पाठक घटना-प्रसंग के सम्बन्ध में क्यों और कैसे का उत्तर भी जानना चाहता है। समाचारों के गठन के परिप्रेक्ष्य में सम्पादन करते समय छह ककारों की जिज्ञासा-पूर्ति आमुख और शेष कलेवर में इसी क्रम में होनी चाहिए अर्थात् चार ककारों की जिज्ञासा पूर्ति आमुख में और दो ककारों की जिज्ञासा-पूर्ति 'शेष कलेवर' में होनी चाहिए।

समाचार की शुरुआत तिथि-रेखा (डेट लाइन) से की जाती है। इससे घटना कब घटी और कहाँ घटी, इसके सम्बन्ध में जानकारी मिलती है। यह घटना-प्रसंग का ऐतिहासिक साक्ष्य है। इसका रेखांकन इस प्रकार किया जाता है–नयी दिल्ली, 22 मई; पटना, 7 जून; भोपाल, 13 जून इत्यादि। उल्लेखनीय है कि तिथि-रेखा में स्थान और दिनांक ही लिखा जाता है वर्ष नहीं। दिनांक का उल्लेख करने से आमुख में यह लिखना आसान हो जाता है कि घटना आज, कल, परसों अथवा किस दिन-विशेष को घटी। तिथि-रेखा के ऊपर अथवा किसी-किसी समाचार-पत्र में तिथि-रेखा के बाद कोष्ठक में समाचार के स्रोत का उल्लेख किया जाता है।

पिछले कुछ वर्षों से अधिकतर समाचार-पत्रों ने तिथि-रेखा में से तिथि को हटा दिया है। किन्तु हिन्दी के प्रमुख समाचार-पत्रों में 'जनसत्ता' आज भी इसका अपवाद है। अब 'डेट लाइन' के रूप में केवल स्थान का उल्लेख किया जाता है। फिर भी मान्यताओं के अनुरूप ही इसका नाम 'डेट लाइन' चला आ रहा है। 'डेट लाइन' में से 'डेट' को हटाये जाने के पीछे पत्रकारों और सम्पादकों की यह मान्यता थी कि जब एक ही तिथि समाचार-पत्र में छपनेवाले सैकड़ों समाचारों में दिया जाता है तो बार-बार प्रत्येक समाचार में उसके उल्लेख की क्या आवश्यकता है।

समाचार-पत्र-प्रबन्धन ने इसे स्थान की बरबादी अथवा अपव्यय मानकर इसका उल्लेख बन्द कर दिया था, किन्तु अभी भी कुछ संचार-विशेषज्ञों की राय है कि 'डेट लाइन' में से तिथि को हटाया जाना युक्तिसंगत नहीं था। ऐसी मान्यता वाले संचार-विशेषज्ञों के अनुसार जब कोई व्यक्ति अपने उपयोगी समाचारों को काटकर संरक्षित करता है तो ऐसी स्थिति में समाचारों में उल्लिखित तिथि की प्रासंगिकता बढ़ जाती है। ऐसे विशेषज्ञों का दूसरा तर्क यह है कि '26 जून' अथवा '25 नवम्बर'

सैकड़ों समाचार में लिख देने मात्र से जगह की इतनी भी बरबादी नहीं होती है कि इसके लिए हाय-हाय किया जाये तथा तिथि लिखने की इस अच्छी परम्परा को बन्द कर दिया जाये।

समाचार के पहले भाग के रूप में आमुख पर बात करने के बाद दूसरे भाग के रूप में 'शेष कलेवर' की चर्चा करना समीचीन होगा। 'शेष कलेवर' के अन्तर्गत, अनेक अनुच्छेदों में समाचार के तत्त्वों का उल्लेख उसके महत्त्व के घटते हुए क्रम में किया जाता है। समाचार के 'शेष कलेवर' में प्राय: पाठक की कारण-जिज्ञासाओं की पूर्ति की जाती है। अर्थात् घटना-प्रसंग के सन्दर्भ में 'क्यों' और 'कैसे' का उल्लेख समाचार के 'शेष-कलेवर' में किया जाता है, जिससे पाठक को घटना-प्रसंग का सम्पूर्ण विवरण प्राप्त हो सके। यहाँ यह भी उल्लेखनीय है कि 'शेष कलेवर' में घटना-प्रसंग के तत्त्वों और तथ्यों को प्राय: घटते हुए महत्त्व के क्रम में लिखा जाता है, ताकि पृष्ठ-निर्माण करते समय उस पृष्ठ-विशेष का प्रभारी यदि नीचे से कुछ पंक्तियों को समाचार-प्रस्तुति के क्रम में हटा भी दे तो कोई विशेष अन्तर न पड़े।

3. पाठ्य-सामग्री की प्रस्तुति का सिद्धान्त

आधुनिक युग में प्रस्तुति का महत्त्व बढ़ गया है। आजकल यह कहावत बहुत प्रचलित है कि जो दिखता है वह बिकता है। यह फैशन और विज्ञापन का युग है। इसलिए प्रस्तुति पर विशेष बल दिया जाता है। पत्रकारिता के प्रारम्भिक दौर में भाषागत शुद्धता का विशेष महत्त्व था। तब आज की तरह समाचारों के साथ शीर्षक नहीं छपते थे। आज तो चुटीले, आकर्षक और सम्पूर्ण समाचार-कथा प्रतिनिधित्व करनेवाले शीर्षक के साथ-साथ उपशीर्षक, क्रॉसर, बुलेट, हाईलाइट, स्लग इत्यादि का प्रयोग बेहतर प्रस्तुति के लिए किया जाता है। ये सभी समाचार के प्रवेश बिन्दु (इंट्री प्वांइट) माने जाते हैं। क्या पता, कौन से बिन्दु पाठक के हित और स्वार्थ से सम्बद्ध हैं, और उसके मर्म को स्पर्श कर जायें तथा उसके कारण किसी समाचार-विशेष की पठनीयता बढ़ जाये। आजकल सुन्दर और कलात्मक प्रस्तुति के लिए विभिन्न प्रकार के टाइप फोंट का भी इस्तेमाल किया जाने लगा है। समाचार-पत्रों के पृष्ठ पर समाचारों को चक्षु-संचलन के सिद्धान्त के अनुसार विन्यस्त किया जाता है। पाठक को पहली नज़र में पृष्ठों की कलात्मकता ही समाचार-पत्र ख़रीदने के लिए बाध्य करती है। इसलिए आवश्यक है कि पाठ्य-सामग्री की सुन्दर और सुरुचिपूर्ण प्रस्तुति हो।

पाठ्य-सामग्री की प्रस्तुति के सिद्धान्त के अन्तर्गत वरिष्ठ पत्रकार श्री श्यामसुन्दर शर्मा ने अग्रलिखित पाँच नियमों का उल्लेख किया है–1. सन्तुलन अथवा बैलेंस,

2. फोकस, 3. विरोधाभास, 4. संगति अथवा हार्मोनी, 5. गति। उनके अनुसार, मोटे तौर पर यह सन्तुलन दो प्रकार का होता है–1. सम-सन्तुलन, जिसे अंग्रेज़ी में सिमेट्रिकल अथवा फॉर्मल बैलेंस कहते हैं और 2. असम-सन्तुलन, जिसे इन्फॉर्मल बैलेंस कहते हैं। सम-सन्तुलन पुराने मुद्रकों को बहुत प्रिय रहा है। इसके अनुसार पृष्ठ के बायें भाग में जो सामग्री जिस आकार-प्रकार में दी गयी है, उसी आकार-प्रकार में दाहिने भाग में भी दी जाती है। यदि काग़ज़ को बीच से मोड़कर दाहिने भाग को बायें भाग के ऊपर बैठाया जाये तो दोनों में कोई असमानता दृष्टिगत न हो, तभी पृष्ठ पूरी तरह सन्तुलित माना जाता है।

4. कतिपय सम्पादकों द्वारा दिये गये सिद्धान्त

भारत में भारतेन्दु हरिश्चन्द्र, आचार्य महावीर प्रसाद द्विवेदी, पण्डित माखनलाल चतुर्वेदी, आचार्य शिवपूजन सहाय और श्री गणेश शंकर विद्यार्थी जैसे सम्पादकों की समृद्ध तथा गौरवमयी परम्परा रही है। इनके सम्पादन-सिद्धान्त से हिन्दी पत्रकारिता की श्रीवृद्धि हुई है। इनके सम्पादन-कौशल से ही शब्दों का मानकीकरण और भाषा का परिमार्जन हुआ। पत्रकारिता के ये पुरोधा-पुरुष हिन्दी के ऐसे स्वनामधन्य सम्पादक थे, जिन्होंने लेखकों को संस्कारित कर उसकी पीढ़ी सँवारी। तब उस पीढ़ी के लिए तथ्यात्मक अशुद्धियों को दूर करना ही था। तब पृष्ठों पर पाठ्य-सामग्री की प्रस्तुति के मद्देनज़र अपेक्षाकृत कम ध्यान दिया जाता था। इसलिए सम्पादन-सम्बन्धी उनके सिद्धान्त प्रायः प्रस्तुतिगत अथवा दृश्यगत की जगह शिल्पगत और भाषागत संस्कार से ही सम्बद्ध हैं। यहाँ प्राचीन और अर्वाचीन कुछ सम्पादकों के सिद्धान्त दिये जा रहे हैं–

(i) मधुकरी वृत्ति का सिद्धान्त : इसका प्रतिपादन आचार्य शिवपूजन सहाय ने किया था। कोलकाता से प्रकाशित 'मतवाला', पटना से प्रकाशित 'साहित्य' और 'परिषद्-पत्रिका' सहित अनेक पत्र-पत्रिकाओं के वे सम्पादक रहे। वे उच्च कोटि के सम्पादक, अद्वितीय प्रूफ़-संशोधक, चर्चित निबन्धकार, प्रख्यात कहानीकार और भाषा के शिल्पी थे, किन्तु सम्पादक के रूप में उनका व्यक्तित्व शायद ज़्यादा निखरा हुआ था। भाषा परिमार्जक के रूप में वे सर्वाधिक ख्यातनाम थे। यही कारण है कि कथा-सम्राट मुंशी प्रेमचन्द की कालजयी रचना 'रंगभूमि' और 'छायावाद' के स्तम्भ जयशंकर प्रसाद की कालजयी कृति 'कामायनी' का उन्होंने सम्पादन किया। आचार्य शिवपूजन सहाय जी की मधुकारी वृत्ति का सिद्धान्त, यद्यपि समाचार सम्पादन की दृष्टि से प्रतिपादित नहीं किया गया है। फिर भी समाचार-सम्पादन के लिए इसकी उपयोगिता और उपादेयता अपरिहार्य है।

शिवपूजन सहाय जी कहते थे कि सम्पादक को मधुकरी वृत्ति का होना चाहिए। जिस प्रकार मधुमक्खी विभिन्न फूलों से रस लेकर अपने मधुचक्र में एकत्र करती है और वही रस प्रकृतिगत रासायनिक प्रक्रिया से सर्वहितकारी, मधुरूप रसायण में परिणत हो जाता है। उसी प्रकार सम्पादक विभिन्न सारस्वत स्रोतों से विचारों और तथ्यों का समाहरण कर उसे सारगभित रूप में प्रस्तुत करता है। लेखक के विषय में मौलिकता को अक्षुण्ण रखते हुए उसके लेख में चमत्कार पैदा कर देना आचार्य शिवपूजन सहाय की सम्पादन-कला की विशेषता थी। वे चालीस-चालीस पृष्ठों के लेखों को चार पृष्ठों में लिख देते थे। अनावश्यक विस्तार की जगह वह सारगर्भित तथ्यों का चयन सुदक्षता के साथ करते थे। यही मधुकरी वृत्ति का सिद्धान्त है।

(ii) मौलिकता के विसर्जन का सिद्धान्त : इस सिद्धान्त का प्रतिपादन बिहार राष्ट्रभाषा परिषद्, पटना की 'परिषद्-पत्रिका' के सम्पादक आचार्य (डॉ.) श्रीरंजन सूरिदेव ने किया है। वे साहित्यिक पत्रकारिता के पुरोधा-पुरुष थे। यद्यपि उन्होंने यह सिद्धान्त फ़ीचर, आलेख, रिपोर्ताज इत्यादि साहित्यिक रचनाओं के सन्दर्भ में दिया है, किन्तु यह समाचार-सम्पादन के लिए भी उपयोगी और महत्त्वपूर्ण है।

डॉ. सूरिदेव के अनुसार, लेखकों के संसार में सम्पादकों की मौलिक रचना-प्रतिभा का विलयन ही सम्पादन है। सम्पादन कार्य वस्तुतः लेखक की मौलिकता में सम्पादक की मौलिकता का विसर्जन ही है। सम्पादक लेखक के अनगढ़ निर्माण को फिर से गढ़ता है, उसकी अव्यवस्थित सृष्टि को फिर से व्यवस्थित करता है। इस गढ़ने और व्यवस्थित करने के कार्य में सम्पादक अपनी कारयित्री और भावयित्री, दोनों प्रकार की प्रतिभाओं का विनियोग करता है। इससे निखरी हुई रचना तो सँवरती ही है, सँवरी हुई रचना में भी अत्यधिक निखार आ जाता है। इस दृष्टि से सम्पादक माली के समान होता है, जो लेखक द्वारा लगाये गये रचनोद्यान के बेतरतीब और अनावश्यक उद्गम को छाँटकर उसे न केवल तरतीब से सजाता-सँवारता है, अपितु कतिपय नये पौधों को भी पुनर्विन्यास करके उसे और अधिक निखार देता है।

डॉ. सूरिदेव के अनुसार, सम्पादक लेखक की रचनात्मक प्रतिभा का 'प्रेक्षक' होता है और अपनी प्रतिभा-ऊर्जा के अकृपण वितरण से ही उसकी रचनागत अघनता को सघन और समृद्ध बनाता है। इतना ही नहीं, वह लेखक की रचना-शक्ति को अपनी सम्पादन-शक्ति से संवलित कर उसे पूर्वाधिक गतिशील कर देता है।

(iii) प्रक्षालन का त्रिस्तरीय सिद्धान्त : समाचार-सम्पादन के इस सिद्धान्त के प्रतिपादन का श्रेय 'दैनिक भास्कर', भोपाल के सलाहकार सम्पादक डॉ. ओम नागपाल को जाता है। 'दैनिक भास्कर' में उनके साथ उप-सम्पादक के रूप में मुझे काम करने का सौभाग्य प्राप्त हुआ था। वे अक्सर कहा करते थे कि समाचारों के

सम्पादन का तात्पर्य उन्हें संस्कारित करने, धोकर साफ़ करने, चमकाने और शुद्ध करने से है। इसे तीन चरणों में किया जाना चाहिए।

डॉ. नागपाल के अनुसार, समाचार अथवा फ़ीचर को सबसे पहले सरसरी तौर पर पढ़ लेना चाहिए। इससे महत्त्वपूर्ण तथ्य ध्यान में आ जाते हैं। यह तथ्य आमुख में है, तब तो ठीक है, अन्यथा आमुख का पुनर्लेखन करना चाहिए। आमुख में समाचार का सार-संक्षेप आ जाये, इस बात की चेष्टा करनी चाहिए। सम्पादन के द्वितीय चरण में तथ्यात्मक दोष, भाषा-सम्बन्धी अशुद्धियाँ, क़ानूनी उलझनों से बचाव तथा नैतिक मूल्यों और मर्यादाओं की अक्षुण्णताओं की ओर ध्यान देना चाहिए। सम्पादन के इसी चरण में शीर्षक, उपशीर्षक, क्रॉसर इत्यादि द्वारा समाचार को प्रस्तुत करना चाहिए।

डॉ. नागपाल के अनुसार, सम्पादन का तृतीय चरण सबसे अधिक महत्त्वपूर्ण है। समाचार को छपाई में भेजने से पहले मुख्य उप-सम्पादक, पृष्ठ प्रभारी, कार्यकारी सम्पादक या समाचार-सम्पादक द्वारा समाचार का एक बार निरीक्षण कर लिया जाना चाहिए। एक से अधिक नज़रों से गुज़रने पर अनेक अशुद्धियाँ निकल आती हैं। सम्पादन के इस त्रिस्तरीय सिद्धान्त में ग़लतियों की गुंजाइश काफ़ी कम हो जाती है।

(iv) तथ्यों के विश्लेषण का सिद्धान्त : 'दैनिक ट्रिब्यून' के सम्पादक एवं हिन्दी-पत्रकारिता के आलोक-स्तम्भ श्री राधेश्याम शर्मा के अनुसार, समाचार का सम्पादन करते समय इस बात का विशेष ध्यान देना चाहिए कि तथ्यों को हू-ब-हू रेखांकित करने के साथ-साथ उसका तटस्थ और सम्यक् विश्लेषण हो रहा है या नहीं। भारतीय जनमानस केवल तथ्यों की सपाट बयानी पसन्द नहीं करता है। वह तथ्य के साथ-साथ उसका तटस्थ विश्लेषण भी चाहता है। इसमें कठिनाई यह है कि सम्पादक का पूर्वग्रह कहीं शामिल न हो जाये।

वयोवृद्ध पत्रकार श्री शर्मा के अनुसार, कुछ पत्रकार राजनीतिक प्रतिबद्धता के कारण समाचार का मानो गला घोंट देते हैं। उनका पूर्वग्रह सिर चढ़कर बोलने लगता है। वे कहते हैं कि हम नेताओं का महज़ भाषण ही नहीं छापते, अपितु भाषण का आशय भी छापते हैं। भाषण के सारगर्भित और चुटीले वाक्य को लिखकर हम भाषण के निष्कर्ष को भी रेखांकित करते हैं। इलेक्ट्रॉनिक मीडिया की ख़बरों में वॉइस ओवर (voice over) लिखने का तात्पर्य पत्रकार द्वारा भाषणकर्ता के बयान (bite) के परिप्रेक्ष्य में उसकी व्याख्या या विश्लेषण करना ही है। उदाहरणस्वरूप इसे एक समाचार के निम्नलिखित आमुख से समझा जा सकता है–

नयी दिल्ली, 23 मार्च। *अयोध्या मामले को लेकर गोवर्धन पीठ के शंकराचार्य स्वामी निश्चलानन्द देव ने राजनीतिक दलों को आज यहाँ काफ़ी खरी-खोटी सुनायी।*

उन्होंने आरोप लगाते हुए कहा कि अयोध्या मामला सिर्फ़ राजनीतिक पार्टियों के कारण ही लटका हुआ है। स्वामी निश्चलानन्द ने सन्देह व्यक्त करते हुए कहा कि न्यायालय का फ़ैसला इसका पूर्ण समाधान नहीं कर सकता है। उन्होंने अदालती फ़ैसले से दोनों सम्प्रदायों में रंजिश बढ़ने की आशंका पर भी बल दिया।

समाचार-विशेष के उपर्युक्त आमुख के सभी चारों वाक्य विश्लेषणात्मक और व्याख्यात्मक हैं। पत्रकार ने निर्वैयक्तिक रूप से जैसा महसूस किया, वैसा लिखा। यहाँ भाषण की जगह उसके आशय अथवा निहितार्थ को भी रेखांकित किया गया है। पत्रकार के द्वारा अनुभव किया गया कि शंकराचार्य स्वामी निश्चलानन्द देव राजनीतिक दलों को खरी-खोटी सुना रहे हैं। अतएव, उपर्युक्त समाचार का पहला वाक्य विश्लेषणात्मक है। यहाँ संवाददाता ने न तो अपना विचार व्यक्त किया है और न ही निष्कर्ष सुनाया है। संवाददाता द्वारा अपने आमुख में लिखे गये पहले वाक्य को 'पर्सपेक्टिव' तो माना जा सकता है, किन्तु विचार या निष्कर्ष कदापि नहीं।

शंकराचार्य स्वामी निश्चलानन्द देव ने पत्रकारों से यह नहीं कहा होगा कि 'आज मैं राजनीतिक दलों को खरी-खोटी सुना रहा हूँ।' उन्होंने यह भी नहीं कहा होगा कि 'आज मैं राजनीतिक पार्टियों पर आरोप लगा रहा हूँ।' स्वामी निश्चलानन्द देव ने कहा कि 'न्यायालय का फ़ैसला इसका पूर्ण समाधान नहीं हो सकता है।' उनके इस वक्तव्य को लिखते समय संवाददाता ने उसका तटस्थ विश्लेषण करते हुए लिखा है, 'स्वामी निश्चलानन्द ने सन्देह व्यक्त करते हुए कहा।' यहाँ स्वामी निश्चलानन्द के वक्तव्य को लिखने से पूर्व संवाददाता अथवा सम्पादकीय टीम ने सम्पादन के क्रम में 'सन्देह व्यक्त करते हुए कहा' जैसे वाक्यांश को जोड़कर उनके वक्तव्य को प्रस्तुत किया है। कहने का तात्पर्य यह है कि पत्रकार 'न्यूज़ मेकर' का केवल वक्तव्य ही नहीं छापता, अपितु उसके वक्तव्य के आशय को भी रेखांकित करता है। 'न्यूज़ मेकर' के विश्लेषणात्मक वक्तव्य को प्राय: अग्रलिखित रूप में विश्लेषित कर लिखा जाता है–'आक्रोश व्यक्त करते हुए कहा,' 'पेशकश करते हुए कहा', 'कटाक्ष करते हुए कहा', 'वार-पलटवार करते हुए कहा', 'इशारा करते हुए कहा', 'दावा करते हुए कहा', 'प्रहार करते हुए कहा' इत्यादि।

उपर्युक्त आमुख का अन्तिम वाक्य भी विश्लेषणात्मक है, जिसमें पत्रकार ने लिखा है–'उन्होंने अदालती फ़ैसलों से दोनों सम्प्रदायों में रंजिश बढ़ने की आशंका पर बल दिया।' इस वाक्य में 'आशंका पर बल दिया' लिखकर पत्रकार ने 'न्यूज़ मेकर' के आशय को विश्लेषित किया है। कुल मिलाकर संवाददाता 'न्यूज़ मेकर' की सपाट बयानी को तो रेखांकित करता ही है, साथ ही उसके आशय को भी तटस्थ रूप से विश्लेषित करता है। इसे एक अन्य उदाहरण से और स्पष्ट किया जा सकता है।

*'**नयी दिल्ली, 20 नवम्बर।** प्रधानमन्त्री अटल बिहारी वाजपेयी ने आज फिर आतंकवाद का पोषण कर रहे पाकिस्तान पर परोक्ष तौर पर कड़ा प्रहार किया। उन्होंने अन्तरराष्ट्रीय समुदाय से यह सुनिश्चित करने की माँग की कि आतंकवादियों को धन उपलब्ध करानेवाले सभी स्रोतों तथा उन्हें पनाह देनेवाले स्थानों को पूरी तरह बन्द कर दिया जाये। उन्होंने आक्रोश व्यक्त करते हुए कहा कि आतंकवाद को किसी राजनीतिक, आर्थिक, वैचारिक अथवा मज़हबी आधार पर उचित नहीं ठहराया जा सकता।*

इस समाचार में भाषण के साथ-साथ ही उसकी तटस्थ व्याख्या भी हुई है। 'न्यूज़ मेकर' के कहने के आशय को रेखांकित किया गया है। समाचार के आमुख का पहला वाक्य भाषण का आशय ही है। अन्तिम वाक्य को सामान्य कथन के रूप में नहीं लिखकर पत्रकार ने 'आक्रोश व्यक्त करते हुए कहा' जैसे वाक्यांश के साथ लिखा है। पत्रकार पाठक को उन सारी परिस्थितियों से अवगत कराना चाहता है, जिस माहौल में ये बात कही गयी। उक्त बातों को कहते हुए प्रधानमन्त्री का मूड आक्रामक अथवा क्रोधित था, जिसे पत्रकार ने महसूस किया और उसे उन्होंने 'परोक्ष तौर पर कड़ा प्रहार किया' जैसे वाक्यांश के साथ अक्षरित किया।

इस प्रकार हम देखते हैं कि समाचार-सम्पादन के सिद्धान्त के अन्तर्गत समाचार चयन के सिद्धान्त के साथ-साथ समाचार-गठन और समाचार-प्रस्तुति के सिद्धान्त भी शामिल हैं। समाचार-सम्पादन हेतु हिन्दी-पत्रकारिता के आलोक-स्तम्भों द्वारा दिये गये ये चारों सिद्धान्त सम्पादन की समग्रता को समझने के लिए हैं। व्यावहारिक दृष्टिकोण से इन सिद्धान्तों का अक्षरशः पालन करना कठिन है। सम्पादकीय टीम का कोई भी पत्रकार इन सिद्धान्तों का हू-ब-हू पालन कर समाचार को सम्पादित नहीं करता है। सम्पादन के ये सभी सिद्धान्त वस्तुतः पत्रकारिता में सम्पादन की बारीकियों को समझने के लिए आवश्यक हैं।

यहाँ यह भी उल्लेखनीय है कि पत्रकारिता-जगत् के चार मनीषियों के जिन सिद्धान्तों का इस अध्याय में उल्लेख किया गया है, वे सभी उनके द्वारा न तो कभी लिखे गये और न ही कभी कहे गये। वास्तव में सम्पादन के सुदीर्घ अनुभव और उन लब्धप्रतिष्ठ सम्पादकों के सम्पर्क-सान्निध्य में रहने के कारण उनके विचारों को सिद्धान्त के रूप में अक्षरित करने का एक छोटा-सा प्रयास किया गया है, ताकि पत्रकारिता के क्षेत्र में क़दम रखनेवाले विद्यार्थियों में सम्पादन की समझ और बारीकियाँ विकसित की जा सकें।

इस प्रकार हम देखते हैं कि सम्पादन बड़ा जटिल और दुरूह कार्य है। इसका कोई एक सिद्धान्त और फार्मूला नहीं है। यह सम्पादकीय टीम की प्रतिभा, परिश्रम

और सुदीर्घ अनुभव का प्रतिफल होता है। सम्पादन की समझ को विकसित करने के लिए इस अध्याय में कुछ सिद्धान्तों का निरूपण किया गया है, जो सम्पादकीय टीम का सम्यक् मार्गदर्शन करेंगे, ऐसा हमारा दृढ़विश्वास है। सम्पादन के सिद्धान्त के अन्तर्गत पाठ्य-सामग्री के चयन का सिद्धान्त, पाठ्य-सामग्री के गठन का सिद्धान्त और पाठ्य-सामग्री की प्रस्तुति का सिद्धान्त आते हैं। इस अध्याय में सम्पादकों द्वारा दिये गये चार सिद्धान्तों का भी उल्लेख किया गया है। ये चार सिद्धान्त हैं मधुकरी वृत्ति का सिद्धान्त, मौलिकता के विसर्जन का सिद्धान्त, प्रक्षालन का त्रिस्तरीय सिद्धान्त और तथ्यों के विश्लेषण का सिद्धान्त। श्रेष्ठ सम्पादन के लिए इन चारों सिद्धान्तों की अपरिहार्यता स्वयंसिद्ध है।

सम्पादकीय विभाग का ढाँचागत स्वरूप

किसी समाचार-पत्र अथवा पत्रिका के कार्यालय में अनेक विभाग होते हैं, किन्तु सबसे महत्त्वपूर्ण सम्पादकीय विभाग होता है। इस विभाग की महत्ता के आलोक में ही इसे समाचार-पत्र का मस्तिष्क कहा गया है। सम्पादकीय विभाग को बड़ा कक्ष (Big Room) भी कहा जाता है। यहाँ समाचारों का चयन, गठन और प्रस्तुति के माध्यम से सम्पादन की प्रक्रिया पूर्ण होती है। समाचार-पत्र के कार्यालय में सम्पादकीय विभाग के अतिरिक्त प्रबन्धन-विभाग (प्रशासन), विज्ञापन-प्रभाग, छपाई विभाग, वितरण विभाग, लेखा विभाग इत्यादि होते हैं। ये सभी विभाग समन्वय के साथ काम करते हैं और इस प्रकार पत्र-पत्रिकाओं का प्रकाशन होता है। पत्र-पत्रिकाओं के कार्यालयों की किसी एक विभाग की सक्रियता अथवा शिथिलता का प्रभाव अन्य विभाग पर भी पड़ता है। उर्पयुक्त विभागों में से किसी एक की सबलता या दुर्बलता का प्रभाव अन्य विभागों पर अवश्यंभावी रूप से पड़ता है। इसलिए पत्र-पत्रिकाओं में टीम की भावना से काम करने की संस्कृति विकसित करने पर सदैव बल दिया जाता है।

सम्पादकीय विभाग में दिन-रात समाचार आते रहते हैं, इसमें देश के समाचार होते हैं तो विदेश के भी। समाचारों के प्रबन्धन, चयन और प्रस्तुति के लिए यही विभाग उत्तरदायी होता है। इस विभाग को अपने विभिन्न समाचार ब्यूरो के साथ-साथ न्यूज़-एजेंसी, फ्रीलांसर, लेखक, साहित्यकार इत्यादि से समाचार और विचार के रूप में विभिन्न विधाओं की पाठ्य-सामग्री प्राप्त होती है। ये सभी कच्चे माल की तरह होते हैं। इसका संशोधन-सम्पादन सम्पादकीय टीम द्वारा किया जाता है। मीडिया संस्थानों की रीतियों और नीतियों के आलोक में इस कच्चे माल को परिष्कृत-परिमार्जित किया जाता है। सम्पादकीय विभाग में अनेक संस्करणों के लिए काम किया जाता है। अब सम्पादकीय विभाग में दर्जनों पत्रकार सम्पादकीय टीम में काम करते हैं और फलतः अनेक संस्करणों का प्रकाशन समय पर होता है।

इलेक्ट्रॉनिक मीडिया के आगमन ने प्रिंट मीडिया के समय अनेक चुनौतियाँ खड़ी कीं। इसके परिणामस्वरूप अद्यतन समाचार देने और क्षेत्र विशेष की अधिक से अधिक ख़बरें विस्तार से देने की प्रतिस्पर्धा प्रिंट मीडिया में शुरू हो गयीं। अधिकाधिक ख़बर देने की होड़ में स्थानीय संस्करण प्रकाशित किये जाने लगे। इससे सम्पादकीय विभाग का ढाँचा विस्तृत होता चला गया। दैनिक जागरण, हिन्दुस्तान (दैनिक), दैनिक भास्कर इत्यादि बड़े समाचार-पत्र समूहों ने स्थानीय समाचारों के लिए चार से छह पृष्ठ तक निर्धारित किये। इसके लिए अनेक समाचार -पत्रों ने चार से छह पृष्ठों का 'पुल आउट' अलग से प्रकाशित कर मुख्य समाचार-पत्र के साथ पाठकों को वितरित करने की व्यवस्था प्रारम्भ की। दैनिक भास्कर और राजस्थान पत्रिका जैसे राष्ट्रीय समाचार-पत्र बड़ी संख्या में हाइपर लोकल समाचार प्रकाशित करने लगे। पाठकों को अपनी ओर आकर्षित करने के लिए अनेक उपक्रम अपनाये गये। इसके तहत अधिकाधिक समाचारों के साथ-साथ उसकी साज-सज्जा पर भी बल दिया गया।

पत्र-पत्रिकाओं के सम्पादकीय विभाग का ढाँचा विस्तृत होते हुए भी सुगठित होता है। सम्पादकीय विभाग मोटे तौर पर दो भागों में बँटा होता है–(i) रिपोर्टिंग (समाचार-संकलन), (ii) डेस्क (एडिटिंग : सम्पादन) इस कार्य विभाजन को दैनिक जागरण जैसे प्रमुख समाचार-पत्र ने इलेक्ट्रॉनिक मीडिया के तर्ज़ पर इनपुट और आउटपुट के रूप में विभक्त कर संज्ञापित-नामित किया है। रिपोर्टिंग के अन्तर्गत स्थानीय ब्यूरो, राज्य ब्यूरो और राष्ट्रीय ब्यूरो कार्य करते हैं। जबकि डेस्क के अन्तर्गत फ़ीचर डेस्क, जेनरल डेस्क, सिटी या मेट्रो डेस्क, एडिट पेज डेस्क, प्रोविंशियल डेस्क, स्पोर्ट्स डेस्क, बिज़नेस डेस्क इत्यादि कार्य करते हैं। उपर्युक्त वर्णित तीनों प्रकार के न्यूज़ ब्यूरो में स्ट्रिंगर, सुपर स्ट्रिंगर, फ्रीलांसर, रिटेनर, प्रशिक्षु संवाददाता, कार्यालय संवाददाता, वरिष्ठ संवाददाता, मुख्य संवाददाता इत्यादि से लेकर विशेष संवाददाता (स्पेशल कॉरस्पोंडेंट) जैसे अनेक पदों पर पत्रकार कार्य करते हैं और अपने मीडिया-संस्थान के लिए समाचार-संकलन करते हैं। डेस्क (एडिटिंग) लिए भी प्रशिक्षु और कनीय उप-सम्पादक से लेकर मुख्य उप-सम्पादक, समाचार-सम्पादक, सहायक सम्पादक इत्यादि पदों पर कार्यरत पत्रकारों की एक बहुत बड़ी टीम समाचार-पत्र से जुड़ी रहती है। इस प्रकार पत्र-पत्रिकाओं के सम्पादकीय ढाँचे से बड़ी संख्या में पत्रकार जुड़े होते हैं तथा अपने दायित्वों के साथ टीम भावना से कार्य करते हैं। इनके बीच कार्य विभाजन अवश्य होता है, किन्तु ये सभी पत्रकार टीम भावना की एकरूपता के साथ काम करते हैं।

1. पत्र-पत्रिकाओं के कार्यालयों का ढाँचा

पत्र-पत्रिकाओं की संरचना को समझना यहाँ अभीष्ट है। यह सच है कि सभी पत्र-पत्रिकाओं का ढाँचागत स्वरूप अथवा संरचना जैसा नहीं होता है। उसमें कुछ विभिन्नताएँ होती हैं। किन्तु मोटे तौर पर पत्र-पत्रिकाओं की संरचना एक जैसी होती है। सम्पादकीय विभाग के साथ-साथ अन्य विभागों जैसे प्रशासन, विज्ञापन, छपाई, वितरण, मार्केटिंग, लेखा विभाग इत्यादि के प्रमुख नियुक्त किये जाते हैं। इन सब की देख-रेख के लिए एक मैनेजिंग-एडिटर होता है। वह सभी विभागों के साथ सामंजस्य स्थापित करता है और कार्य विभाजन कर दायित्वों का निर्धारण करता है। सम्पादकीय विभाग प्राय: तीन पालियों में काम करता है, जबकि अन्य विभागों की कार्य प्रणाली पालियों में बँटी नहीं होती है। पत्र-पत्रिकाओं की संरचना को निम्नलिखित रूप में समझा जा सकता है।

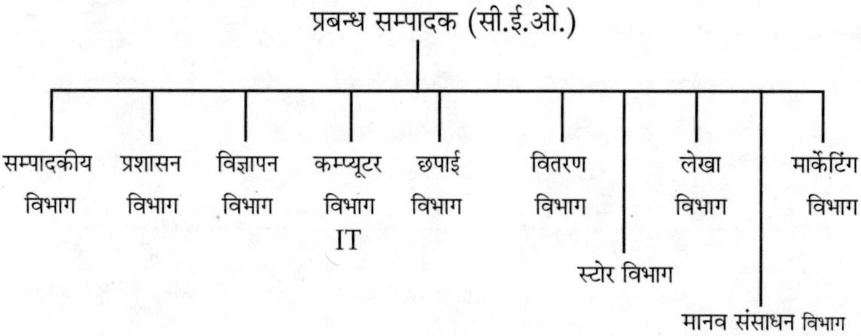

सभी विभागों के अन्तर्गत एक-एक प्रमुख अधिकारी होते हैं और उनके अधीन अनेक सहयोगी कार्य करते हैं। विभाग प्रमुख अपने सहयोगियों के बीच कार्य विभाजन करते हैं। दैनिक जागरण के सम्पादकीय सलाहकार श्री श्रीवत्स दिवाकर के अनुसार उनके संस्थान में सभी विभागों के प्रमुख सी.ई.ओ.(चीफ़ एक्जीक्यूटिव ऑफ़िसर) को रिपोर्ट करते हैं। कम्प्यूटर विभाग अब आई. टी. डिपार्टमेंट के रूप में परिवर्तित हो गया है, जबकि वितरण विभाग सेल्स एंड प्रमोशन विभाग के रूप में कार्य करता है। ये सभी विभाग सम्पादकीय विभाग से अप्रत्यक्ष रूप से जुड़े होते हैं। अमर उजाला के समाचार सम्पादक श्री प्रभात सुमन के अनुसार विभिन्न विभागों के प्रमुख प्रबन्ध निदेशक को रिपोर्ट करते हैं। सभी पत्र-पत्रिकाओं का ढाँचागत स्वरूप थोड़े बदलाव के साथ कमोबेश एक जैसा ही होता है।

2. सम्पादकीय विभाग की संरचना

सम्पादकीय विभाग पत्र-पत्रिकाओं का सबसे प्रमुख विभाग होता है। यह विभाग अहोरात्र काम करता रहता है। समाचारों के प्रबन्धन और चयन से लेकर प्रस्तुति तक के सभी कार्य इसी विभाग द्वारा संचालित होते हैं। इस विभाग के प्रमुख को कुछ समाचार-पत्रों और पत्रिकाओं में सम्पादक तो कुछ में प्रमुख सम्पादक और कुछ में समूह सम्पादक के नाम से जाना जाता है। इसके अधीन इनपुट और आउटपुट के साथ-साथ फ़ीचर एडिटर कार्य करते हैं। दैनिक जागरण के फ़ीचर एडिटर श्री अरुण श्रीवास्तव के अनुसार इनपुट के प्रमुख प्रायः एसोसिएट एडिटर स्तर के पत्रकार होते है। जबकि आउटपुट के प्रमुख समाचार सम्पादक स्तर के पत्रकार होते हैं। हिन्दुस्तान के चीफ़ कॉपी एडिटर श्री महेन्द्र परिहार के अनुसार प्रधान सम्पादक के अधीन कई एक्जीक्यूटिव एडिटर और रेसीडेंट एडिटर होते हैं। विभिन्न ब्यूरो के प्रमुख रेसीडेंट एडिटर को रिपोर्ट करते हैं, जबकि विभिन्न डेस्क पर न्यूज़ एडिटर स्तर के पत्रकार कार्य करते हैं। सेंट्रल डेस्क, जेनरल डेस्क, बिज़नेस डेस्क इत्यादि के प्रमुख प्रायः न्यूज़ एडिटर स्तर के वरिष्ठ पत्रकार होते हैं। कुल मिलाकर विभिन्न समाचार-पत्रों का ढाँचागत स्वरूप भिन्न-भिन्न होता है। फिर भी सुविधा के लिए सम्पादकीय विभाग के ढाँचे को निम्नलिखित रूप से दर्शाया जा सकता है–

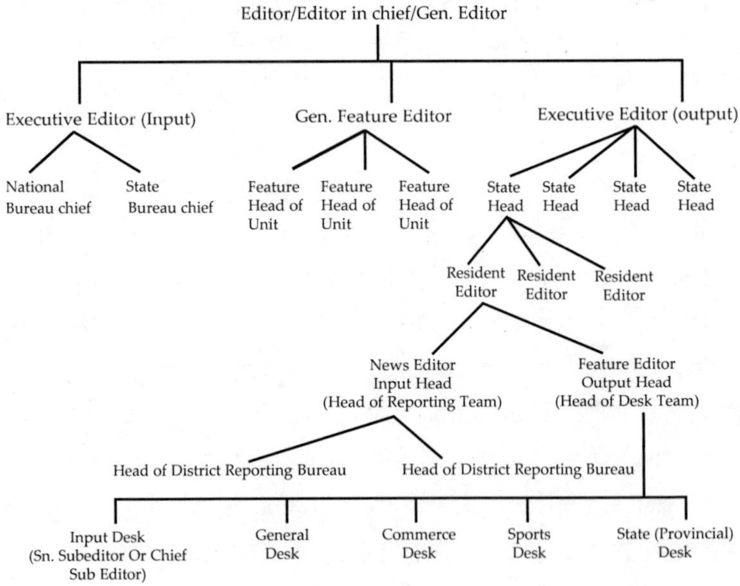

3. सम्पादकीय विभाग की कार्य-प्रणाली

समाचार-पत्रों में थोड़े-बहुत अन्तर के साथ सम्पादकीय विभाग का कार्य संचालित होता है। दैनिक जागरण का न्यूज़ रूम दो हिस्सों में बँटा होता है–(i) इनपुट (एसाइनमेंट और रिपोर्टिंग), (ii) आउटपुट (एडिटिंग)। दैनिक जागरण की कंटेंट मॉनिटरिंग टीम के प्रमुख श्री रामधनी द्विवेदी के अनुसार इनपुट डेस्क का काम दस बजे से साढ़े दस बजे के बीच प्रारम्भ हो जाता है। समाचारों की सूची ब्यूरो के द्वारा स्टेट हेड को सौंप दी जाती है। स्टेट हेड के साथ इनपुट के प्रमुख पत्रकारों की बैठक 12 बजे शुरू होती है। ये बैठक अब वीडियो कॉन्फ्रेंसिंग के द्वारा होती है। इसी बैठक में समाचारों की योजना बनायी जाती है और उसकी समीक्षा की जाती है। पूरे दिन की कार्य योजना बनाने के साथ-साथ प्रमुख समाचारों का एंगल और उसकी विशेषता निर्धारित की जाती है।

अमर उजाला के समाचार सम्पादक श्री प्रभात सुमन के अनुसार संस्थान के सभी 21 यूनिट के सम्पादक अपने-अपने ब्यूरो चीफ़ के साथ सुबह/दिन में 11 बजे बैठक करते हैं और प्रमुख समाचारों की सूची सेंट्रल डेस्क को भेजते हैं। यह डेस्क सभी यूनिटों के साथ कोऑर्डिनेशन करता है और सभी प्रमुख समाचारों की सूची तैयार करता है। अमर उजाला के सलाहकार सम्पादक श्री उदय सिन्हा के अनुसार सुबह/दिन में 12 बजे प्रमुख सम्पादकों के साथ सेंट्रल डेस्क की बैठक होती है। इस बैठक में विभिन्न यूनिट और ब्यूरो से आयी ख़बरों के साथ-साथ एजेंसियों से प्राप्त समाचारों की वरीयता पर चर्चा होती है तथा समाचार विशेष के सभी आयामों की योजना तैयार होती है। इस बैठक में राष्ट्रीय, अन्तरराष्ट्रीय, बिज़नेस, स्पोर्ट्स, कॉमर्स इत्यादि विषयक ख़बरों पर चर्चा होती है और प्रमुख समाचारों की सूची सभी यूनिट को भेज दी जाती है। मुख्यालय में शाम 5 बजे सम्पादकों की पुनः एक बैठक होती है, जिसमें समाचारों के विकास के आलोक में उसे अन्तिम रूप दिया जाता है। अमर उजाला में दैनिक जागरण की तरह इनपुट और आउटपुट की व्यवस्था नहीं होकर रिपोर्टिंग और डेस्क के अन्तर्गत समाचारों का संकलन और सम्पादन का कार्य निष्पादित होता है। अमर उजाला में रात के 1-2 बजे तक के प्रमुख समाचारों को प्रकाशित किया जाता है। सभी प्रमुख समाचार-पत्रों में थोड़े-बहुत अन्तर के साथ यही कार्यप्रणाली अपनायी जाती है।

4. सम्पादकीय कक्ष का ढाँचा

सम्पादकीय विभाग मोटे तौर पर दो भागों में बँटा होता है–(i) रिपोर्टिंग, (ii) डेस्क (एडिटिंग)। दैनिक जागरण को छोड़कर प्रायः सभी समाचार-पत्रों में इसी

नामकरण की व्यवस्था है। रिपोर्टिंग में स्ट्रिंगर, सुपर स्ट्रिंगर, फ्रीलांसर, रिटेनर, प्रशिक्षु संवाददाता, कार्यालय संवाददाता, वरिष्ठ संवाददाता, मुख्य संवाददाता इत्यादि से लेकर विशेष संवाददाता (स्पेशल कॉरेस्पोंडेंट) जैसे अनेक पदों पर पत्रकार कार्य करते हैं और अपने मीडिया संस्थान के लिए समाचार-संकलन करते हैं। डेस्क (एडिटिंग) के लिए भी प्रशिक्षु और कनीय उप-सम्पादक से लेकर मुख्य उप-सम्पादक, समाचार सम्पादक, सहायक सम्पादक इत्यादि पदों पर कार्यरत लोगों की एक बहुत बड़ी टीम समाचार-पत्र से जुड़ी रहती है। प्रत्येक समाचार-पत्र के लिए सम्पादकीय ढाँचा, उससे जुड़े हुए पत्रकारों के लिए कार्यों और दायित्वों का पदनाम तथा विभाजन अलग-अलग होता है, किन्तु मोटे तौर पर उसमें एकरूपता अवश्य होती है।

बड़े-बड़े पत्र-समूह का सम्पादकीय विभाग कई पालियों में काम करता है। स्थान-विशेष के संस्करण हेतु सम्पादकीय सहयोगियों का कार्य निर्धारित कर दिया जाता है। खेल-जगत, आर्थिक-जगत, देश-विदेश, राष्ट्रीय और आंचलिक समाचारों के लिए पृष्ठों का निर्धारण पहले से किया जाता है और उसके अनुरूप डेस्क पर कार्यरत सम्पादकीय सहयोगियों को ज़िम्मेदारी सौंपी जाती है। 'नवभारत टाइम्स', दिल्ली में तीन पालियों में काम होता है, जो दोपहर 12 बजे, 2:30 बजे और शाम 6 बजे से शुरू होता है। प्रत्येक संस्करण के लिए समाचार देने और पृष्ठ छोड़ने के लिए समय निर्धारित रहता है। उस समय सीमा के भीतर देश-विदेश की अद्यतन जानकारी देने का प्रयास किया जाता है।

समाचार-पत्रों के कार्यालयों में पहले टेलीप्रिंटर, फ़ैक्स, मॉडम और हॉटलाइन के माध्यम से समाचार प्राप्त होते थे, किन्तु आजकल इंटरनेट, ईमेल, वाट्सएप इत्यादि माध्यमों से समाचार आते हैं। अधिकतर समाचार-पत्रों में देश-विदेश के सर्वाधिक महत्त्वपूर्ण समाचार को जनरल डेस्क पर भेजने की व्यवस्था की जाती है। जनरल डेस्क के सम्पादकीय सहयोगी प्रथम पृष्ठ के लिए ख़बरों का चयन, उसके आकार का निर्धारण और सम्यक् प्रस्तुति के लिए यथा-अपेक्षित कार्य करते हैं। आंचलिक ख़बर डाक-डेस्क पर आती हैं। यदि इसमें से कुछ अधिक महत्त्व की ख़बर होती हैं तो मुख्य उप-सम्पादक अथवा समाचार सम्पादक के माध्यम से जनरल डेस्क पर भेज दी जाती हैं। कुछ समाचार-पत्रों में ख़बरों का चयन समाचार सम्पादक अथवा 'आउटपुट हेड' के द्वारा होता है तो कुछ में मुख्य उप-सम्पादक के द्वारा। कुछ पत्रों में अंचल के अपने संवाददाता और एजेंसी की ख़बर एक ही जगह एकत्र होती हैं और वहीं से विभिन्न डेस्कों को ख़बरों का वितरण होता है तो कुछ में अलग-अलग।

सम्पादक अपनी सुविधा और अनुकूलता के अनुसार सम्पादकीय विभाग का ढाँचा तैयार करता है। सभी समाचार-पत्र कार्यालयों में खेल डेस्क, आर्थिक डेस्क, सम्पादकीय डेस्क और फ़ीचर डेस्क अनिवार्य तौर पर होता है। नगर और महानगर जहाँ से समाचार-पत्र प्रकाशित होता है, के लिए भी अलग डेस्क होता है। जहाँ स्थानीय ख़बरों का चयन और सम्पादन होता है। इसके अतिरिक्त सभी समाचार-पत्रों में फ़ीचर डेस्क होता है। यहाँ रविवासरीय विशेषांक फ़ीचर पृष्ठ और अन्य परिशिष्ट के लिए फ़ीचर, लेख, कविता, कहानी, व्यंग्य, कार्टून इत्यादि का चयन और सम्पादन होता है।

पाठक के पास जब 14, 16, 18, 20, 22 अथवा इससे अधिक पृष्ठों का अख़बार पहुँचता है तो वह इस बात की सहज कल्पना नहीं कर सकता है कि कितने लोगों ने इसे लिखने, परिष्कृत करने और सँवारने में कितना परिश्रम किया है। सम्पादन की प्रक्रिया कितनी कठिन, श्रमसाध्य, सावधानता और सतर्कता की है। पाठकों को इस बात की भी कल्पना नहीं होती है कि सम्पादकीय टीम में भले ही दर्जनों पत्रकार अलग-अलग सोच-समझ के हैं, इसके बावजूद समाचार-पत्र में किस प्रकार एकरूपता स्थापित की जाती है। वस्तुतः प्रत्येक पत्र-पत्रिका के लिए उसकी नीतिगत, सिद्धान्तगत और व्यवहारगत एकरूपता के निमित्त शैली-पुस्तिका (स्टाइल बुक) बनायी जाती है, जो उसमें एकरूपता लाने के लिए मार्गदर्शक की भूमिका का निर्वहण करती है।

सम्पादकीय विभाग में कार्यों के निष्पादन, निरीक्षण और परीक्षण के लिए एक ढाँचा बना होता है। प्रधान सम्पादक अथवा सम्पादक के अधीन अनेक सहायक सम्पादक, समाचार सम्पादक और फ़ीचर सम्पादक होते हैं। समाचार सम्पादक या फ़ीचर सम्पादक के अधीन कई मुख्य उप-सम्पादक होते हैं। कुछ समाचार-पत्रों में शिफ्ट इंचार्ज भी होते हैं। मुख्य उप-सम्पादक के अधीन अनेक उप-सम्पादक, कनीय उप-सम्पादक और प्रशिक्षु उप-सम्पादक होते हैं। कुछ समाचार-पत्रों में मुख्य उप-सपादक तो कुछ में उप-सम्पादक पृष्ठ प्रभारी होते हैं। पृष्ठ प्रभारी के अधीन आवश्यकतानुसार दो-चार सहयोगी होते हैं, जो कनीय उप-सम्पादक या प्रशिक्षु उप-सम्पादक हो सकते हैं। इस विस्तृत और व्यवस्थित ढाँचे के अधीन नियमित रूप से अलग-अलग काम होता रहता है, इसके बावजूद उसमें एकरूपता बनी रहती है।

5. सम्पादकीय-कक्ष के कार्य और भूमिका

सम्पादकीय टीम के सदस्य कार्यालय के जिस हिस्से में बैठते हैं, वह सम्पादकीय-कक्ष कहलाता है। इसे समाचार-कक्ष भी कहते हैं। यहाँ विभिन्न स्त्रोतों से आये

समाचारों का सम्पादन, अनुवाद और उसके प्रकाशन अथवा प्रसारण को अन्तिम रूप दिया जाता है। यह कक्ष पत्र-पत्रिकाओं के लिए मस्तिष्क का काम करता है। इस कक्ष में संवाददाता, प्रधान संवाददाता, स्पेशल कॉरसपोंडेंट, उप-सम्पादक, वरिष्ठ उप-सम्पादक, मुख्य उप-सम्पादक, समाचार सम्पादक, स्थानीय सम्पादक, कला-सम्पादक, ग्राफ़िक-डिजाइनर, फ़ोटो सम्पादक इत्यादि के बैठने की व्यवस्था रहती है। इस कक्ष को समाचार-पत्र की आत्मा भी कहा जाता है। यहाँ दिन-रात सम्पादकीय सहयोगी कार्य करते रहते हैं।

सम्पादकीय-कक्ष में अहोरात्र समाचार आते रहते हैं, समाचार के आने का प्रवाह कभी रुकता नहीं है। स्ट्रिंगर, सुपर स्ट्रिंगर, फ्रीलांसर, संवाददाता, वरिष्ठ संवाददाता, मुख्य संवाददाता, स्पेशल कॉरसपोंडेंट इत्यादि के साथ-साथ न्यूज़ ऐजेंसियों से समाचारों का प्रवाह प्राप्त होता रहता है। सम्पादकीय-कक्ष में इन समाचारों का सम्पादन दो पालियों में संस्करण के अनुसार होता रहता है। कोऑर्डिनेशन टीम द्वारा न्यूज़ एजेंसी से प्राप्त समाचार को सम्बन्धित डेस्क पर निरन्तर भेजने की व्यवस्था रहती है। इस प्रकार सम्पादकीय कक्ष में निरन्तर समाचारों का प्रभाव बना रहता है।

सम्पादकीय विभाग की कार्यशैली चुस्त-दुरुस्त, व्यवस्थित और सुगठित होती है। पूर्व और पूर्ण योजना के अनुसार समाचार-पत्र का काम होता है। सम्पादकीय विभाग में सैकड़ों पत्रकार काम करते हैं। सबकी कार्य-क्षमता, गुणवत्ता, सर्जनात्मकता, सम्पादन-कौशल, सौन्दर्य-बोध इत्यादि अलग-अलग होते हैं। इस वैविध्य के बावजूद जब समाचार-पत्र छपकर आता है तो उसमें एक सामंजस्य, एक तारतम्य होता है और एकरूपता के दर्शन होते हैं। समाचारों के शिल्प, कथ्य, वैशिष्ट्य, प्रस्तुति की शैली, साज-सज्जा इत्यादि की दृष्टि से इसमें समानता पायी जाती है। किसी पृष्ठ से सम्बद्ध समाचार दूसरे पृष्ठ पर सामान्यत: नहीं छपता, उसकी पुनरावृत्ति भी नहीं होती है। इस तरह की कुव्यवस्था और विकृति समाचार-पत्र में सामान्यत: नहीं आती है। सम्पादकीय विभाग के सभी सहयोगी टीम की भावना से काम करते हैं। किसी एक की लापरवाही या आलस्य का प्रभाव पूरे सम्पादकीय विभाग के प्रदर्शन पर पड़ता है। यही कारण है कि गुणवत्ता और आकर्षक प्रस्तुति के लिए सभी मिल-जुलकर काम करते हैं।

सम्पादकीय विभाग का कार्य दिन के 10-12 बजे प्रारम्भ होता है, किन्तु कब समाप्त होगा, इसके विषय में निश्चित रूप से कुछ कहा नहीं जा सकता। हाँ, इतना अवश्य है कि सामान्यतः काम समाप्त करने के लिए एक समय-सीमा अवश्य

निर्धारित होती है। इसका अर्थ यह नहीं कि उस समय-सीमा को बढ़ाया-घटाया नहीं जा सकता है। कभी-कभी महत्त्वपूर्ण समाचार आ जाने अथवा किसी विशेष परिस्थिति में छपाई के लिए प्लेट बनाने के बाद भी इसे बदला जा सकता है। इस विभाग की विशेषता यह है कि यह दिन-रात सक्रिय, सजग और सतर्क रहता है। जब दुनिया सो रही होती है तो पत्रकार जाग रहा होता है। यह संसार-भर की ख़बर रखनेवाला विभाग है। इसे निम्नलिखित उदाहरण से समझा जा सकता है–

बात 1997 की है। रात के लगभग 2.30 बजे अन्तिम पाली के सभी सम्पादकीय सहयोगी काम समाप्त कर जानेवाले थे। अचानक टेलीप्रिंटर पर फ्लैश आया, जिसमें झाँसी की एक ट्रेन दुर्घटना में ग्यारह लोगों के मरने की ख़बर थी। छपाई के लिए प्लेट बन चुका था। अनेक संस्करण भी छप चुके थे। इस महत्त्वपूर्ण समाचार के आने पर प्रथम पृष्ठ को बदला गया। ट्रेन दुर्घटना का फ़ोटो भी आ गया था। उसे भी लगाया गया। रात के साढ़े चार बजे सभी सम्पादकीय सहयोगी काम से निवृत्त हो पाये। इस प्रकार के अनेक उदाहरण हैं, जिससे सम्पादकीय विभाग के कार्य-निष्पादन हेतु समय-सीमा की अनिश्चितता का बोध होता है। समाज क्या जानना चाहता है? समाज को कौन-सा समाचार किस रूप में, कितने विस्तार के साथ बताया जाना चाहिए? हज़ारों-लाखों समाचारों के ढेर में कौन-सा समाचार पाठक के लिए उपयोगी है, महत्त्वपूर्ण है? समाचार, फ़ीचर, प्रसंग-लेख इत्यादि किस अनुपात में पाठकों के समक्ष प्रस्तुत किये जायें? पाठक-वर्गों की मनोदशा क्या है? इन सब तथ्यों का निर्धारण सम्पादकीय विभाग करता है और उसी के अनुरूप वह सामग्री का प्रबन्धन, चयन और प्रस्तुति करता है। पाठकों के मनोनुकूल पाठ्य-सामग्री के चयन से लेकर प्रस्तुति तक का कौशल पत्रकार दिन-ब-दिन प्राप्त करता रहता है और उसकी यह परिपक्वता और अनुभव उसे एक श्रेष्ठ सम्पादकीय सहयोगी बनाता है।

'दैनिक जागरण', 'अमर उजाला', 'दैनिक भास्कर', 'नवभारत टाइम्स', 'हिन्दुस्तान' जैसे बड़े पत्र-समूह के दो से लेकर दस-पन्द्रह संस्करण अनेक प्रकाशन-स्थलों से छपते हैं। सम्पादकीय विभाग इन संस्करणों के लिए सामग्री तैयार करता है। सामान्यत: प्रात: चार बजे से छह बजे के बीच समाचार-पत्र का वितरण होता है। समाचार-पत्र के प्रकाशन-स्थल से संस्करण-विशेष के वितरण-स्थान तक वाहन द्वारा समाचार-पत्र भेजने में जितना समय लगता है, इसके अनुसार संस्करण-विशेष-हेतु पृष्ठ छोड़ने की समय-सीमा निर्धारित की जाती है। निर्धारित समय में सभी कार्य सम्पादित हो जायें, सम्पादकीय विभाग इसकी व्यवस्था करता है।

समाचार-पत्र की रूप-सज्जा का दायित्व भी सम्पादकीय विभाग पर होता है। आजकल इन कार्यों में सहयोग के लिए कला-निर्देशक भी रखे जा रहे हैं। समाचार-पत्रों के पृष्ठ पर कौन-कौन से समाचार कहाँ लगाये जायें, और उसे कितनी वरीयता दी जाये, इसका निर्धारण पृष्ठ-प्रभारी करते हैं। इसे 'पेज-मेक-अप' करना कहा जाता है। कम्प्यूटर के आविष्कार से पहले रांगा, सीसा और बिस्मथ को मिलाकर मिश्र धातु से टाइप फोंट बनाया जाता था तथा इस टाइप फोंट में कम्पोज की हुई सामग्री से पृष्ठ-निर्माण होता था।

कम्प्यूटर के आविष्कार के बाद कम्पोज की गयी सामग्री का प्रिंट निकाला जाता था और रूप-सज्जा के अनुसार उन्हें पृष्ठ पर चिपकाया जाता था। इस तरह 'पेज-मेक-अप' करने के बाद प्लेट बनाकर छपाई की जाती थी। अब यह काम 'क्वार्क एक्सप्रेस' और 'इन डिजाइन' नामक सॉफ्टवेयर की सहायता से कम्प्यूटर पर ही किया जाता है। कुछ समाचार-पत्रों में अब भी पृष्ठ-प्रभारी द्वारा दी गयी डमी के आधार पर कम्प्यूटर ऑपरेटर अथवा मेक-अप-मैन पृष्ठ तैयार करता है, जबकि कुछ समाचार-पत्रों में इस काम को स्वयं उप-सम्पादक करता है। इसे शिफ्ट-इंचार्ज, मुख्य उप-सम्पादक, समाचार सम्पादक अथवा सम्पादक देखकर 'ओ.के.' करता है और अपने हस्ताक्षर के द्वारा छपाई की अनुमति प्रदान करता है। इसी पृष्ठ पर कोने में हस्ताक्षर के बाद पृष्ठ छूटने का समय भी अंकित कर दिया जाता है।

समाचार-पत्र के कार्यालय में विभिन्न संस्करणों के लिए पृष्ठ छूटते समय भाग-दौड़, अस्त-व्यस्तता की स्थिति रहती है। अधिक-से-अधिक अद्यतन जानकारी कम-से-कम समय में देने की मानसिकता से उपजी हड़बड़ी के कारण यह स्थिति उत्पन्न होती है। सन् 1980-90 तक यथाशीघ्र कार्य-सम्पादित करने की चेष्टा के कारण समाचार-पत्र कार्यालयों में समाचार लिखनेवाले फटे हुए काग़ज़, बिखरी मेज़ और कुर्सियाँ दिखाई देती थीं। प्रातःकाल कार्यालय की सफ़ाई करनेवाले को लगता था कि रात में यहाँ अवश्य ही कुछ गहमागमी हुई होगी अथवा मल्लयुद्ध हुआ होगा। पूरे कमरे में छोटे-छोटे काग़ज़ इर्द-गिर्द बिखरे पड़े होते थे, किन्तु आज की तारीख़ में समाचार-पत्र-कार्यालय की यह स्थिति छोटी जगहों से प्रकाशित पत्र-पत्रिकाओं में ही देखी जा सकती है।

आजकल प्रायः सभी बड़े पत्र-समूह के आधुनिक समाचार-कक्ष में 'पेपर-लेस एडिटिंग' होता है। विभिन्न छोटे-बड़े स्थानों से समाचार मॉडेम, फ़ैक्स, इंटरनेट, ई-मेल, व्हाट्सएप्प इत्यादि के द्वारा समाचार-कक्ष तक पहुँचता है। उप-सम्पादक अथवा अन्य सहयोगी कम्प्यूटर पर ही उनका सम्पादन करता है और पृष्ठ-प्रभारी को फ़ाइल सौंप देता है। ऐसी व्यवस्था के अन्तर्गत संवाददाता द्वारा कम्पोज की

गयी सामग्री मॉडेम अथवा ई-मेल के माध्यम से सम्पादकीय विभाग को भेजी जाती है। अब तो व्हाट्सएप्प के द्वारा भी फ़ोटो और समाचार भेजने की व्यवस्था निर्मित हो गयी है।

बीसवीं शताब्दी के छठे दशक तक संवाददाता द्वारा हस्तलिखित समाचार 'कॉपी' को उप-सम्पादक द्वारा सम्पादित कर कम्पोजिंग विभाग में भेजा जाता था। वहाँ मिश्र धातु के बने टाइपों को लकड़ी के आयताकार छोटे-छोटे केस से उठाकर लोहे की बनी एक लम्बी ट्रे पर रखा जाता था। इन पंक्तियों को 'गेली' पर क्रमबद्ध सजाया जाता था और तब उसकी छपाई होती थी। यह कार्य तब बड़ा ही श्रम-साध्य था। बाद में मोनो और लाइनो टाइप सेटिंग की मशीन ने इसे आसान कर दिया। आजकल तो सारा काम कम्प्यूटर पर होता है। इसके कारण सम्पादकीय विभाग की गति तेज़ हो गयी है। अब वह इलेक्ट्रॉनिक मीडिया द्वारा उत्पन्न चुनौतियों का सामना करने के लिए अद्यतन समाचार देने के साथ-साथ सुन्दर प्रस्तुति में भी समर्थ हो गया है।

सम्पादकीय विभाग का कार्य सामान्यत: 10-12 बजे दिन से/सुबह से प्रारम्भ होता है। शिफ्ट इंचार्ज, समाचार सम्पादक, सहायक सम्पादक, स्थानीय सम्पादक और सम्पादक अपने अन्य वरिष्ठ सहयोगियों के साथ समीक्षा बैठक करते हैं, जिसमें प्रतिस्पर्धी समाचार-पत्रों की तुलना में उस दिन प्रकाशित समाचारों की कमियों और अच्छाइयों का आकलन किया जाता है और ग़लतियों के समाधान के लिए सम्पादक द्वारा हिदायत दी जाती है साथ ही खामियों को दूर करने के उपाय भी बताये जाते हैं। समाचार-पत्र की नीति के आलोक में सम्पादक द्वारा यह सब कार्य किया जाता है। अधिकतर समाचार-पत्रों के कार्यालयों में इस तरह की बैठक शाम के समय भी होती है, जिसमें कार्य-योजना तैयार की जाती है और सम्पादकीय विभाग के वरिष्ठ सहयोगियों को विशेष दायित्व सौंपा जाता है। यह बैठक सामान्यत: आधे घण्टे से एक घण्टे तक चलती है।

फ़ीचर पृष्ठ, सम्पादकीय पृष्ठ, रविवासरीय अथवा अन्य परिशिष्ट के लिए सम्पादकीय सहयोगियों का कार्य सामान्यत: दस-बारह बजे से छह-सात बजे तक होता है, किन्तु समाचार सम्पादन करनेवाले सहयोगियों का काम कई पालियों में होता है, जो प्राय: दो-ढाई बजे दिन और शाम छह बजे प्रारम्भ होता है। वेतन आयोग के अनुसार पत्रकारों से सामान्यत: छह घण्टा प्रतिदिन काम लिया जाना चाहिए, किन्तु आजकल उनसे आठ से नौ घण्टे तक काम लिया जाता है। यही कारण है कि अब पत्रकारों के काम करने की अवधि के सन्दर्भ में कहा जाने लगा है कि उसके कार्यालय जाने का समय तो निश्चित होता है, किन्तु लौटने का समय प्राय: निर्धारित

नहीं होता है। विभिन्न संस्करणों के लिए समाचार सम्पादन का कार्य सामान्यतः शिफ्टों में भी होता है।

समाचार-पत्रों के कार्यालयों में समाचारों के चयन और सम्पादन का कार्य निरन्तर चलता रहता है। समाचार पत्र-कार्यालयों में विभिन्न स्थानों से निरन्तर समाचार आते रहते हैं। शाम को चार-पाँच बजे के बाद नगरों के समाचार आने लगते हैं। अपराध-संवाददाता, स्वास्थ्य-संवाददाता, शिक्षा-संवाददाता, राजनीतिक दल-विशेष के संवाददाता इत्यादि अपने पृष्ठ-प्रभारी को अपनी बीट का समाचार भेजते हैं। पृष्ठ-प्रभारी अपने सहयोगियों के माध्यम से समाचारों का सम्पादन करवाते हैं। नगर अथवा महानगर-संस्करण का काम देर रात तक चलता रहता है।

संवाददाताओं के लिए समाचार देने की समय-सीमा निर्धारित होती है। इसे 'डेड लाइन' कहा जाता है। सामान्यतया उस निर्धारित समय-सीमा के बाद संवाददाता समाचार नहीं भेजते हैं, यद्यपि देश-समाज की कोई बहुत बड़ी घटना होने की स्थिति में कथित डेड लाइन के बाद भी संवाददाता द्वारा समाचार भेजा जाता है। इस तरह प्राप्त समाचार को सम्पादित कर पृष्ठ-निर्माण करने और उसे प्लेट निर्माण-विभाग को सौंपने के लिए डेड लाइन निर्धारित होती है। वह भी छपाई के लिए एक निर्धारित समय-सीमा के भीतर कार्यों का निष्पादन कर आगे प्रेषित कर देता है। इसी तरह विभागों के लिए कार्यों को सम्पादित करने की एक डेड लाइन निर्धारित होती है तथा सभी विभाग संस्थान के अनुशासन में रहकर कार्य करते हैं। इस प्रकार निर्धारित समय पर समाचार-पत्र पाठकों के हाथों में पहुँचता है।

सम्पादकीय विभाग में निम्नलिखित पदनाम से सम्बद्ध पत्रकार अपनी यथा-निर्धारित ज़िम्मेदारी और दायित्वों का निर्वहण करते हैं।

1. समूह सम्पादक/प्रधान सम्पादक : भारत के पत्रकारिता-व्यवसाय में अनेक बड़े समूह कार्यरत हैं, जो एक से अधिक स्थानों से पत्र-पत्रिकाओं का प्रकाशन करते हैं। 'दैनिक भास्कर', 'दैनिक जागरण', 'अमर उजाला', 'हिन्दुस्तान', 'नवभारत टाइम्स', 'पंजाब केसरी', 'राजस्थान पत्रिका' इत्यादि भारत के बड़े मीडिया-घराने के रूप में विख्यात हैं। इनमें से कुछ मीडिया-समूहों ने प्रधान सम्पादक तो कुछ ने समूह सम्पादक नामक पद सर्जित किया है। वह अपने पत्र-समूह द्वारा विभिन्न राज्यों के सभी संस्करणों के सम्पादकीय विभाग में कार्यरत सम्पादक, कार्यकारी सम्पादक, स्थानीय सम्पादक, संयुक्त सम्पादक इत्यादि के बीच समन्वय स्थापित करता है। वह मीडिया-समूह के स्वामी और सम्पादकीय विभाग के बीच मुख्यतः प्रबन्धकीय, व्यवस्थात्मक और निरीक्षणात्मक कार्यों को करने के लिए उत्तरदायी होता है।

समूह सम्पादक अथवा प्रधान सम्पादक को आजकल पत्र-समूह के लिए विज्ञापन इत्यादि की व्यवस्था की भी विशेष ज़िम्मेदारी सौंपी जाती है, जो उचित नहीं है। वह अपने पत्र-समूह के स्वामी के लिए सरकार और सत्ता से समन्वय भी स्थापित करता है तथा पत्र-समूह के हित में उसकी छवि और प्रगति के लिए यथा-अपेक्षित प्रयास करता है। वह सरकार के मन्त्रियों से लेकर विभिन्न राजनीतिक दलों के वरिष्ठ नेताओं, सरकार के वरिष्ठ प्रशासनिक अधिकारियों, देश के वरिष्ठ लेखकों, देश के वरिष्ठ समाजसेवियों तथा विभिन्न क्षेत्रों में राष्ट्रीय ख्याति समर्जित करनेवाली हस्तियों की छोटी-बड़ी समस्याओं को सुनने, उनसे मिलने-जुलने तथा विचार-विनिमय करने के लिए भी उपलब्ध रहता है। वह समाचार-पत्र की नीतियों के अनुरूप सम्पादकीय विभाग के अधीनस्थ वरिष्ठ पत्रकारों के माध्यम से कार्य-योजना तैयार करने के लिए मार्गदर्शन करता है तथा उसके सम्यक् क्रियान्वयन पर नज़र रखता है। वह पत्र-समूह द्वारा प्रकाशित पत्र-पत्रिकाओं के अतिरिक्त इलेक्ट्रॉनिक और न्यू मीडिया के बीच समन्वय तथा उसके सम्पादकीय विभाग के अधिकारियों के बीच तालमेल स्थापित करने जैसी महत्त्वपूर्ण ज़िम्मेदारियों का भी निर्वहण करता है।

2. सम्पादक : सम्पादकीय विभाग का जो पत्रकार समाचार-पत्र में प्रकाशित होनेवाली सामग्री का प्रबन्धन, चयन और सम्पादन को नियन्त्रित और निर्देशित करता है, उसे 'सम्पादक' कहते हैं। कुछ समाचार-पत्रों में यह काम प्रधान सम्पादक अथवा कार्यकारी सम्पादक करता है तो कुछ में स्थानीय सम्पादक। सम्पादक प्रशासकीय और व्यवस्थात्मक कार्यों का भी प्रमुख होता है। पत्र-पत्रिकाओं के लिए विधिक-अधिकारी के रूप में भी उसकी पहचान की जाती है। अतएव समाचारों के प्रकाशन से सम्बद्ध क़ानूनी उलझनों के सन्दर्भ में भी वह उत्तरदायी होता है।

प्रेस और पंजीकरण अधिनियम 1897 के अनुसार, सम्पादक उसे कहेंगे, जो समाचार-पत्र में प्रकाशित होनेवाली सामग्री के चयन को नियन्त्रित करे। इस अधिनियम की धारा 5(1) के अन्तर्गत समाचार-पत्र की प्रत्येक प्रति पर सम्पादक का नाम लिखना होगा। किसी भी क़ानूनी मामले में सम्पादक को ही ज़िम्मेदार ठहराया जाता है।

सम्पादक इस बात का भी निरीक्षण करता है कि समाचार-पत्र की नीति के अनुसार समाचार का प्रकाशन हो रहा है या नहीं। वह अपने वरिष्ठ सहयोगियों को बुलाकर प्रतिदिन समीक्षा करता है तथा यथा-अपेक्षित दिशा-निर्देश भी देता है। सम्पादक समाचार-पत्र की अच्छी छवि और उत्तरोत्तर प्रगति के लिए प्रयास करता है। समाचार-पत्र की वितरण-संख्या को बढ़ाने के लिए सम्पादक समाचार-पत्र की गुणवत्ता पर विशेष ध्यान देता है। वह सहायक सम्पादक, समाचार सम्पादक, मुख्य

उप-सम्पादक इत्यादि के साथ प्रतिदिन बैठक कर समाचार-पत्र की गुणवत्ता का आकलन करता है तथा यथा-अपेक्षित परामर्श देता है। वह यथा-अपेक्षित कार्य-योजना बनाने के लिए भी मार्गदर्शन देता है। वह स्वयं अथवा उनके द्वारा नियुक्त वरिष्ठ सम्पादकीय सहयोगियों को सम्पादकीय लिखने के लिए नियुक्त करता है, जो उनके निर्देश पर यथा-अपेक्षित विषय पर सम्पादकीय लिखता है।

सम्पादक की दृष्टि इस बात पर भी रहती है कि संस्थान की निर्धारित नीतियों अथवा उनके मार्गदर्शन के अनुरूप कार्य-योजना किस प्रकार बनायी जा रही है तथा लोकहित में उनका मीडिया संस्थान समस्याओं और अपेक्षाओं पर खरा उतरने की चेष्टा किस प्रकार करता है। उसे सम्पादकीय टीम का अगुआ और कप्तान भी कहा जाता है। वह सम्पादकीय टीम के प्रत्येक सदस्य का मार्गदर्शक ही नहीं, अपितु मित्र और सहयोगी भी होता है। पत्र-पत्रिकाओं के सम्पादकीय विभाग में पत्रकारों की नियुक्ति और निष्कासन भी उन्हीं की अनुशंसाओं के आलोक में होता है।

3. कार्यकारी सम्पादक : यह सम्पादक के कार्यों का क्रियान्वयन करता है। छोटे-बड़े समाचार-पत्र-समूह में मालिक के सम्पादक बनने की परम्परा जब से विकसित हुई है, तब से यह पद सर्जित होने लगा है। मालिक के सम्पादन-कौशल की अनभिज्ञता के साथ-साथ व्यवस्थात्मक और प्रशासनिक दायित्वों की व्यापकता के कारण इस पद की उपयोगिता अपरिहार्य होती जा रही है। इसका मुख्य कार्य सम्पादकीय विभाग की कार्य-दक्षता को बढ़ाना है।

वह सम्पादक अथवा प्रधान सम्पादक के प्रति जवाबदेह होता है तथा व्यवस्था-सम्बन्धी कार्यों में सम्पादक को सहयोग करता है। कुछ समाचार-पत्रों में कार्यकारी सम्पादक उसका विधिक अधिकारी भी होता है। समाचार-पत्र के स्वामी अथवा सम्पादक के परामर्श से वह यथा-अपेक्षित कार्य-योजना तैयार कर अपनी टीम की मदद से उसे क्रियान्वित करता है। वह स्वामी अथवा सम्पादक द्वारा सौंपे गये कार्य-विशेष के लिए भी उत्तरदायी होता है तथा समाचार-पत्र की उत्तरोत्तर प्रगति के लिए हर सम्भव प्रयास करता है। वह समाचार-पत्र के स्वामी अथवा सम्पादक द्वारा सौंपे गये समग्र कार्यों का निर्वहण करता है। उनकी अनुशंसा के आलोक में भी पत्रकारों की नियुक्ति होती है।

4. स्थानीय सम्पादक : अनेक पत्र-समूहों के संस्करण विभिन्न स्थानों से प्रकाशित होते हैं। 'दैनिक भास्कर', 'दैनिक जागरण', 'अमर उजाला', 'नवभारत टाइम्स', 'आज', 'हिन्दुस्तान' इत्यादि समाचार-पत्रों के अनेक संस्करण विभिन्न

स्थानों से प्रकाशित होते हैं। इसके लिए स्थानीय सम्पादक की नियुक्ति की जाती है। सम्पादकीय पृष्ठ, फ़ीचर, रविवासरीय परिशिष्ट इत्यादि की पाठ्य-सामग्री किसी समाचार-पत्र-विशेष हेतु सभी संस्करणों के लिए सामान्यतः एक जैसी होती हैं, किन्तु समाचारों में स्थान-विशेष की प्राथमिकता के मद्देनज़र अन्तर होता है। स्थान-विशेष के आधार पर किस ख़बर को कितनी प्रमुखता के साथ छापना है, इसका निर्धारण स्थानीय सम्पादक के मार्गदर्शन में होता है।

स्थानीय सम्पादक उस संस्करण-विशेष के लिए समाचारों के आयोजन से लेकर उसकी प्रस्तुति तक के लिए अपने सहयोगियों का मार्गदर्शन करता है। वह प्रधान सम्पादक अथवा समाचार-पत्र के स्वामी या प्रबन्धकों के मार्गदर्शन के अनुरूप कार्य-योजना तैयार करता है तथा अपने सहयोगियों के द्वारा उसे क्रियान्वित करवाता है। कुछ समाचार-पत्रों में तो आवश्यकतानुसार विभिन्न संस्करणों के लिए आलेख, सम्पादकीय इत्यादि भी अलग-अलग होते हैं, जिसके लिए स्थानीय सम्पादक अपने सहयोगियों को यथा-अपेक्षित निर्देश देते हैं। कुछ पत्र-समूह में वह विधिक अधिकारी भी होता है।

5. संयुक्त सम्पादक : सम्पादक द्वारा स्थायी अथवा अस्थायी रूप में सौंपे गये विशेष दायित्वों का निर्वहण संयुक्त सम्पादक करता है। इसके अतिरिक्त वह समय-समय पर सम्पादक द्वारा सौंपे गये अन्य कार्यों को भी करता है। वह सम्पादकीय सहयोगियों का ड्यूटी-चार्ट, अवकाश और सम्पादकीय विभाग का अन्य विभागों से सामंजस्य स्थापित करता है। वह शिफ्ट-इंचार्ज, मुख्य उप-सम्पादक, समाचार सम्पादक इत्यादि के साथ तालमेल स्थापित करता है। सम्पादक की अनुपस्थिति में वह यथा-निर्धारित अधिकारों और दायित्वों का निर्वहण करता है। वह सम्पादक के मार्गदर्शन में कार्य-योजना को क्रियान्वित करने के साथ-साथ सम्पादक द्वारा सौंपी गयी अन्य ज़िम्मेदारियों को भी निभाता है। समाचार-पत्र-विशेष में इस पद के लिए दायित्वों का विभाजन भी भिन्न-भिन्न हो सकता है।

6. सहायक सम्पादक : सहायक सम्पादक सम्पादकीय, अग्रलेख-वैचारिक लेख, फ़ीचर एवं अन्य स्तम्भों के लिए सामग्री का चयन, सम्पादन और प्रस्तुतीकरण करता है। पत्र-समूह की क्षमता के अनुसार दो-चार सहायक सम्पादक नियुक्त किये जाते हैं। वे मूलतः विचार-पक्ष से जुड़ी सामग्री का प्रबन्धन, चयन और लेखन करते हैं। वह देश के चर्चित और स्थापित विषय-विशेषज्ञों और रचनाकारों से सीधे सम्पर्क में रहता है और अवसर-विशेष पर प्रसंग-लेख, फ़ीचर इत्यादि लिखवाता है।

समाचार-सम्पादक की पदोन्नति के बाद वरिष्ठ पत्रकार को यह दायित्व सौंपा जाता है। सहायक सम्पादक अस्वीकृत लेखों की वापसी और पारिश्रमिक भुगतान इत्यादि के लिए भी उत्तरदायी होता है। वह प्रतिदिन प्रधान सम्पादक, समूह सम्पादक और अन्य वरिष्ठ सहयोगियों से विचार-विमर्श कर 'सम्पादकीय' का विषय निर्धारित करता है और पत्र की नीतियों के अनुरूप सम्पादकीय टिप्पणी लिखता है।

सहायक सम्पादक को समस्याओं की गहराई का ज्ञान होता है। वह सुविज्ञ, अध्येता और अनुभवी होता है। सहायक सम्पादक सम्पादकीय पृष्ठ, रविवासरीय और अन्य परिशिष्टों का प्रभारी होता है। प्रतिदिन उसके पास दर्जनों फ़ीचर, लेख-साक्षात्कार, कविता, कहानी, व्यंग्य इत्यादि सामग्री आती है, जिसे पढ़कर वह यह तय करता है कि समाचार-पत्र में क्या छपना है और क्या नहीं? इस दृष्टि से उनमें मूल्यांकन-क्षमता का होना आवश्यक है।

सहायक सम्पादक को सम-सामयिकता की गहरी समझ होती है। कौन-से विषय प्रासंगिक हैं अथवा एक-आध सप्ताह के भीतर प्रासंगिक होनेवाले हैं, इसका अनुमान उसे होता है और इसी के अनुकूल वह आलेख, प्रसंग-लेख इत्यादि का प्रबन्ध करता है। पृष्ठों की रूप-सज्जा में भी उसे महारत हासिल होती है। सहायक सम्पादक कल्पनाशील, सर्जनशील और कलात्मक व्यक्तित्व का होता है। सहायक सम्पादक को भाषा पर विशेष अधिकार प्राप्त होना चाहिए, ताकि वह आलेखों को सम्पादित करने के साथ-साथ आवश्यकतानुसार स्वयं भी अच्छा आलेख और सम्पादकीय लिख सके। सहायक सम्पादक में अभिव्यंजना और विश्लेषण-कौशल का होना ज़रूरी माना जाता है।

7. फ़ीचर सम्पादक : किसी भी समाचार-पत्र में प्रकाशित होनेवाली सम्पूर्ण सामग्री को मोटे तौर पर दो भागों में विभाजित किया जाता है–1. समाचार और 2. विचार। ऐसी मान्यता है कि इन दोनों के निमित्त पत्रकारों में अलग-अलग शिल्प, कौशल और समझ अपेक्षित है। यही कारण है कि समाचार-सम्पादक के समानान्तर फ़ीचर सम्पादक जैसे महत्त्वपूर्ण पद आजकल प्राय: सभी समाचार-पत्रों में सर्जित कर दिये गये हैं। 'हिन्दुस्तान' जैसे समाचार-पत्र में तो कुछ समय तक सम्पादक (समाचार) तथा सम्पादक (विचार) जैसे पद सर्जित किये गये थे, जिसमें क्रमश: श्री आलोक मेहता और श्रीमती मृणाल पाण्डे अपनी महत्त्वपूर्ण भूमिका का निर्वहण कर रही थीं।

यह ठीक है कि समाचार-पत्र में फ़ीचर अथवा विचार-खण्ड की अन्य सामग्री की तुलना में समाचार के लिए अधिक स्थान होता है। वह परिमाण में अधिक छपता है, किन्तु समाज-जीवन में बढ़ती आपाधापी, भागदौड़, कश्मकश से उपजे दबाव

तथा तनाव के बीच फ़ीचर की प्रासंगिकता तेज़ी से बढ़ रही है। समाज-जीवन में घटनेवाली नकारात्मक घटनाओं (हत्या, डकैती, अपहरण, बलात्कार, लूटपाट इत्यादि) के समाचार को पढ़ते हुए पाठक कई बार व्यथित, परेशान और कभी-कभी आक्रोशित हो उठता है। पाठकों में बढ़ते नैराश्य के लिए भी ऐसे नकारात्मक समाचार को कहीं-न-कहीं किसी-न-किसी रूप में दोषी अवश्य ठहराया जा सकता है। यही कारण है कि फ़ीचर की माँग निरन्तर बढ़ रही है, जो समाज-जीवन में प्राय: उल्लास और उमंग के वातावरण की सर्जना करने में समर्थ होता है।

'दैनिक भास्कर' और 'दैनिक जागरण' जैसे समाचार-पत्र ने तो नकारात्मक के साथ-साथ सकारात्मक समाचारों को देने के लिए 'फील गुड' के माध्यम से कुछ समाचारों को रेखांकित कर प्रमुखता देना शुरू कर दिया है। सचमुच हिन्दी-पत्रकारिता के लिए यह शुभ संकेत है। फ़ीचर सम्पादक पाठकों के लिए लगभग प्रतिदिन समाज-जीवन के विभिन्न विषयों पर अलग-अलग दिन एक अथवा उससे अधिक पृष्ठ पर फ़ीचर के रूप में विशेष सामग्री देता है तथा उसके लिए विशिष्ट कार्य-योजना का आयोजन करता है। वह कभी स्वास्थ्य, धर्म-अध्यात्म, जीवन-शैली तो कभी सिनेमा, स्त्री-विमर्श, यात्रा, सभ्यता-संस्कृति, साहित्य, खान-पान (व्यंजन) इत्यादि विषयों के लिए अलग-अलग दिन फ़ीचर के लिए पृष्ठों का निर्धारण तथा उसके लिए विशिष्ट फ़ीचर का प्रबन्धन, चयन, सम्पादन और सम्यक् प्रस्तुति करता है।

8. समाचार-सम्पादक : देश के विभिन्न हिस्सों से प्राप्त समाचारों, आंचलिक ख़बरों और विदेश से प्राप्त ख़बरों का प्रबन्धन और चयन के लिए मुख्य रूप से समाचार सम्पादक ही उत्तरदायी होता है। उसकी कार्य-कुशलता, नेतृत्व-क्षमता, प्रबन्धन, कार्य-शक्ति और निरीक्षणात्मक कौशल तथा संकल्पना पर ही समाचार-पत्र की प्रतिष्ठा और विश्वसनीयता निर्भर करती है। इसीलिए इसे 'समाचार-पत्र का प्राण', 'रीढ़ की हड्डी', 'आधार-स्तम्भ' इत्यादि संज्ञाओं से विभूषित किया जाता है।

समाचार सम्पादक के अधीन अनेक मुख्य उप-सम्पादक होते हैं, जिनके बीच वह कार्यों और दायित्वों का विभाजन करता है। समाचार-पत्र का प्रकाशन यथा-निर्धारित समय पर हो, ख़बरों की पुनरावृत्ति नहीं हो, वह इसकी व्यवस्था करता है। उप-सम्पादकों और मुख्य उप-सम्पादकों के बीच सामंजस्य स्थापित करना, ड्यूटी-चार्ट तैयार करना तथा विभिन्न संस्करणों के लिए शिफ्ट-इंचार्ज को लीड, मुख्य समाचार इत्यादि के सम्बन्ध में परामर्श देना समाचार सम्पादक के मुख्य कार्य हैं।

समाचार सम्पादक देश-विदेश में फैले संवाददाताओं से सम्पर्क बनाये रहता है और समाचारों के सम्बन्ध में उसे निर्देश देता है। वह 'फॉलो-अप समाचार' के लिए संवाददाता को निर्देश देता है। संवाददाताओं की कमज़ोरियों अथवा विशेषताओं और कार्य-कौशल की वह क्रमशः भर्त्सना और प्रशंसा भी करता है। वह प्रतिदिन संवाददाताओं के कार्यों का मूल्यांकन करता है और पदोन्नति इत्यादि के लिए प्रबन्धन को लिखता है। वह समाचार-पत्र में छपनेवाली तस्वीर, ग्राफ़िक्स, कार्टून इत्यादि के सम्बन्ध में मुख्य उप-सम्पादक और पृष्ठ-प्रभारी को निर्देश देता है। पृष्ठ-प्रभारी समाचार सम्पादक से परामर्श कर 'डमी' अथवा 'ले-आउट' तैयार करता है। वह उप-सम्पादकों और मुख्य उप-सम्पादकों के कार्यों का भी मूल्यांकन करता है और उनकी पदोन्नति के लिए प्रबन्धन को संस्तुति भेजता है।

9. मुख्य उप-सम्पादक : मुख्य उप-सम्पादक सामान्यतः पृष्ठ-प्रभारी अथवा शिफ्ट-इंचार्ज का दायित्व सँभालता है। ख़बरों का चयन, वर्गीकरण और उसके आकार का निर्धारण मुख्य उप-सम्पादक ही करता है। उप-सम्पादकों अथवा कनीय उप-सम्पादकों द्वारा सम्पादित समाचार का वह परीक्षण करता है। शीर्षक, उप-शीर्षक, स्लग, क्रॉसर, रिफ्लेक्टर, आमुख इत्यादि की जाँच वह विशेष तौर पर करता है और इस सन्दर्भ में अपने अधीनस्थ सम्पादकीय सहयोगियों को परामर्श देता है। समाचार-पत्र की नीतियों और 'शैली-पुस्तक' के अनुरूप समाचारों का सम्पादन हो रहा है या नहीं, इसके लिए वह विशेष रूप से उत्तरदायी होता है।

समाचार-पत्र की एकरूपता को बनाये रखने के लिए वह मानक पृष्ठ-विन्यास, यथा-निर्धारित शैली और रूप-सज्जा हेतु ज़िम्मेदार होता है। इसके अधीन अनेक उप-सम्पादक, कनीय उप-सम्पादक और प्रशिक्षु उप-सम्पादक होते हैं, जिनके बीच वह कार्यों का विभाजन करता है। उप-सम्पादकों की रुचि-विशेष के अनुसार उसे वह सम्बद्ध काम सौंपता है। आवश्यकता पड़ने पर वह समाचारों का सम्पादन और अनुवाद करता है तथा शीर्षक, उप-शीर्षक, आमुख इत्यादि स्वयं बनाता है। इस दृष्टि से मुख्य उप-सम्पादक सम्पादकीय विभाग की एक ऐसी कड़ी है, जो सम्पादन और निरीक्षण-परीक्षण का कार्य समान अनुपात में करता है।

10. उप-सम्पादक/कनीय उप-सम्पादक/प्रशिक्षु : समाचार, फ़ीचर, प्रसंग-लेख, साक्षात्कार, व्यंग्य, कविता, कहानी इत्यादि सभी प्रकार की सामग्री का संशोधन, परिष्करण, भाषा-संस्कार अथवा व्यापक सन्दर्भ में कहें तो सम्पादन का समग्र कार्य उप-सम्पादक, कनीय उप-सम्पादक, प्रशिक्षु ही करते हैं। इनकी कार्य-कुशलता, योग्यता और सक्रियता पर ही समाचार-पत्र की गुणवत्ता निर्भर

करती है। किसी एक उप-सम्पादक के श्रेष्ठ होने से समाचार पत्र की प्रतिष्ठा नहीं बढ़ सकती। टीम-भावना की तरह प्रत्येक उप-सम्पादक को सुतीक्ष्ण, प्रतिभाशाली और दक्षशिल्पी होना चाहिए। उप-सम्पादकों की महत्ता के कारण ही उन्हें 'अनाम योद्धा', 'अज्ञात सैनिक', 'समाचार-सर्जक', 'दक्ष-शिल्पी', 'संस्कारी' इत्यादि अनेक संज्ञाओं से विभूषित किया जाता है। उप-सम्पादक वर्तनी की एकरूपता और भाषा के मानकीकरण के लिए उत्तरदायी होता है। वह समाचार के तथ्यों की जाँच-पड़ताल करता है और विवरणों की सम्यक् प्रस्तुति के लिए ज़िम्मेदार होता है। वह भाषा-सम्बन्धी ग़लतियों को संशोधित करता है और उसे 'शैली-पुस्तिका' के अनुरूप बनाता है। वह पृष्ठ-प्रभारी के निर्देश पर पी.टी.आई. और यू.एन.आई. जैसी न्यूज़ एजेंसी से प्राप्त समाचारों का अनुवाद करता है। उप-सम्पादक समाचारों और समाचार-पत्रों की माँग के अनुसार समाचारों का शीर्षक, उप-शीर्षक, क्रॉसर, बुलेट, हाईलाइट इत्यादि लगाता है तथा आवश्यकता पड़ने पर आमुख का पुनर्लेखन भी करता है। सही मायने में समाचार को गढ़ने और बुनने का काम उप-सम्पादक ही करता है। आवश्यकता पड़ने पर वह समाचारों में सन्दर्भ-सामग्री और अद्यतन जानकारी जोड़कर उसे समग्रता प्रदान करता है। कनीय उप-सम्पादक या प्रशिक्षु सहयोगी वस्तुतः सम्पादकीय कार्य ही करते हैं या फिर सम्पादन में सहायता करते हैं या जैसा मुख्य उप-सम्पादक निर्देश देते हैं, वे काम करते हैं।

11. प्रति-संशोधक या प्रूफ़-रीडर : कम्पोज की गयी सामग्री को मूल प्रति से मिलाकर वर्तनी इत्यादि को शुद्ध करने का काम प्रूफ़-रीडर करता है। समाचार-पत्र में कोई ग़लती न रहने पाये, उसके लिए वह पूरी तरह से ज़िम्मेदार होता है। उसे उप-सम्पादकों का ही दर्जा और वेतनमान प्राप्त होता है। भारत का समाचार-पत्र-कार्यालय नब्बे के दशक के बाद जब से पूरी तरह कम्प्यूटरीकृत हो गया, तब से प्रायः सभी समाचार-पत्रों में प्रति-संशोधक का कार्य भी उप-सम्पादकों को ही करना पड़ता है। अधिकतर समाचार-पत्रों में अब यह पद समाप्त कर दिया गया है। नब्बे के दशक तक प्रायः सभी प्रमुख पत्र-पत्रिकाओं में प्रति-संशोधक होते थे। उस समय कार्यों की शीघ्रता के कारण उप-सम्पादकों से ग़लतियाँ यदि छूट जाती थीं तो प्रति-संशोधक आवश्यकतानुसार उप-सम्पादक से पूछकर उसे ठीक करता था।

इस प्रकार सम्पादकीय विभाग का ढाँचागत स्वरूप सभी मीडिया संस्थानों में थोड़े-बहुत अन्तर के साथ अस्तित्व में अवश्य होता है, किन्तु मोटे तौर पर उसकी कार्य-संस्कृति में एकरूपता पायी जाती है। समाचारों और विचारों अर्थात्

कच्चा माल के रूप में प्राप्त पाठ्य-सामग्री के प्रबन्धन, चयन और प्रस्तुति के लिए सम्पादकीय विभाग ही ज़िम्मेदार होता है। इस अध्याय में पत्र-पत्रिकाओं का ढाँचा, सम्पादकीय विभाग की संरचना, सम्पादकीय विभाग की कार्यप्रणाली, सम्पादकीय-कक्ष का ढाँचा तथा सम्पादकीय-कक्ष के कार्य और भूमिका का उल्लेख किया गया है। इस अध्याय में सम्पादकीय विभाग के अन्तर्गत समूह सम्पादक, प्रधान सम्पादक, सम्पादक, कार्यकारी सम्पादक, स्थानीय सम्पादक, संयुक्त सम्पादक, सहायक सम्पादक, फ़ीचर सम्पादक, समाचार सम्पादक, मुख्य उप-सम्पादक, उप-सम्पादक, कनीय उप-सम्पादक, प्रशिक्षु उप-सम्पादक इत्यादि की ज़िम्मेदारियों और दायित्वों का उल्लेख किया गया है।

शीर्षक लेखन का शिल्प और सौन्दर्य

पत्र-पत्रिकाओं में समाचार, समाचार-विश्लेषण, फ़ीचर, आलेख इत्यादि के ऊपर उसके भाव या कथ्य को प्रदर्शित-विज्ञापित करनेवाले वाक्य या वाक्यांश को शीर्षक कहा जाता है। समाचार-पत्रों और पत्रिकाओं के शीर्षक दूर से ही दिखाई देते हैं; क्योंकि इसके टाइप फोंट का आकार अपेक्षाकृत बड़ा होता है। शीर्षक वस्तुतः समाचार, फ़ीचर, आलेख इत्यादि का सार-संक्षेप और मुख्य तत्त्व को संकेतित करता है। यह पाठक को समाचार से जोड़ता है। इसे समाचार, फ़ीचर इत्यादि का मस्तिष्क भी कहा जाता है। समाचार के साथ-साथ विचार की विविध-विधाओं के प्राणतत्त्व शीर्षक में ही प्रतिष्ठापित होते हैं। इसी के कारण समाचार, फ़ीचर इत्यादि में सजीवता आती है। यह आकर्षण का केन्द्र भी होता है। इससे पत्र-पत्रिकाओं के पृष्ठ की साज-सज्जा तो निखरती ही है, जो चित्ताकर्षक होता है साथ ही साथ इसका भावतत्त्व भी पाठकों का ध्यानाकर्षण करता है। प्रायः सम्पादकीय टीम द्वारा शीर्षक लिखा जाता है।

'शीर्षक' शब्द 'शीर्ष' से बना है। 'शीर्ष' शब्द में कन् प्रत्यय के योग से 'शीर्षक' बना है। श्री वामन शिवराम आप्टे के संस्कृत-हिन्दी शब्दकोश के अनुसार शीर्षक का अर्थ होता है सिर, खोपड़ी, लोहे का टोप, सिर का वस्त्र (टोपी, टोप इत्यादि), व्यवस्था, निर्णय, न्यायालय का निर्णय इत्यादि। कन् प्रत्यय 'की तरह' के अर्थ में प्रयुक्त होता है। बृहत् हिन्दी कोश के अनुसार शीर्ष का अर्थ होता है सिर, मस्तक, माथा, ललाट, किसी वस्तु का सिरा, सबसे-ऊपरी हिस्सा इत्यादि। जबकि इसी कोश में शीर्षक का अर्थ है सिर, मस्तक, सिरा, सिर की रक्षा करनेवाली वस्तु, सिर की हड्डी, सिरोस्थि, निर्णय, फ़ैसला, पगड़ी, टोपी, साफा आदि सिर पर देने की वस्तु, सिर पर लपेटने की माला, किसी निबन्ध, ग्रन्थ आदि के विषय में परिचयात्मक शब्द, शब्द समूह, जो निबन्ध, ग्रन्थ आदि के ऊपर रखा जाता है इत्यादि। पत्रकारिता में शीर्षक को शीर्ष पंक्ति भी कहा जाता है। इसे अंग्रेज़ी में हेडिंग (Heading) और हेडलाइंस (Headlines) कहते हैं।

शीर्षक लेखन एक कला है। इसलिए इसे सर्जनात्मक कार्य माना गया है। कम से कम शब्दों में अधिक से अधिक जानकारी देने का कौशल ही इसे कला की श्रेणी में ला देता है। सम्पादकीय टीम की प्रतिभा के साथ-साथ उनके अनुभव और अभ्यास पर भी एक अच्छा शीर्षक लिखा जाता है। घटना के महत्त्व के अनुसार शीर्षक का आकार छोटा या बड़ा हो सकता है, किन्तु यह प्रायः सम्पूर्ण पाठ्य-सामग्री के सार-संक्षेप को संसूचित करता है। इसमें पूरी पाठ्य-सामग्री को बाँधने की शक्ति होती है।

प्रो. कमल दीक्षित ने ठीक ही लिखा है–'शीर्षक समाचार का मुकुट है। वह कसौटी मानी जाने लगी है उप-सम्पादक के पत्रकारिता कौशल की। शीर्षक अब एक कथ्य-बोध तक ही सीमित नहीं रह गये हैं। उनका कला-विज्ञान पाठक के मनोविज्ञान तक जा पहुँचा है।' शीर्षक का वैशिष्ट्य इसी में है कि वह पाठ्य-सामग्री को पढ़ने के लिए बाध्य कर दे अथवा पढ़ने के लिए उत्सुकता पैदा कर दे। इसका अर्थ यह कदापि नहीं कि शीर्षक को रोचक बनाने के लिए, उसमें आकर्षण पैदा करने के लिए उसे विश्वसनीयता के धरातल से विमुक्त कर दिया जाये। यह कहने में कोई अतिशयोक्ति नहीं होनी चाहिए कि अच्छे शीर्षक ही बिकते हैं। पाठक आकर्षक और उत्प्रेरक शीर्षक देखकर ही पत्र-पत्रिकाएँ ख़रीदता है।

1. शीर्षक लेखन के उद्देश्य

समाचार, फ़ीचर, आलेख इत्यादि पाठ्य-सामग्री में अनेक उद्देश्य से शीर्षक दिये जाते हैं। इससे विभिन्न रुचि के पाठकों को सुविधा होती है और वह अपने मनोनुकूल समाचार को पढ़ पाता है। वस्तुतः अधिकतर पाठक 14 या 16 पृष्ठों के समाचार-पत्र अथवा 70-80 पृष्ठों की पत्रिकाओं को पूरी तरह से नहीं पढ़ता है। वह अपनी रुचि, रुझान, ज़रूरत और हित के आलोक में समाचार, फ़ीचर इत्यादि को पढ़ता है। पत्र-पत्रिकाओं के पृष्ठों पर विन्यस्त, समाचार, फ़ीचर सहित अन्य पाठ्य-सामग्रियों के शीर्षक, उपशीर्षक, स्लग, हाईलाइटर, फ़ोटो इत्यादि पाठकों को अपनी ओर आकर्षित करते हैं। पाठ्य-सामग्रियों की भीड़ में से कोई पाठक अपनी ज़रूरतों के अनुसार समाचार, फ़ीचर इत्यादि की खोज इसलिए कर पाता है कि उसमें शीर्षक, उपशीर्षक इत्यादि दिये जाते हैं। पाठ्य-सामग्रियों में शीर्षक, उपशीर्षक इत्यादि इंट्री पॉइंट अधिक से अधिक दिये जाने की व्यवस्था इसलिए शुरू की गयी; क्योंकि इसके माध्यम से पाठ्य-सामग्रियों की महत्त्वपूर्ण सूचनाएँ उभरकर सामने आ सकें। शीर्षक देने के निम्नलिखित उद्देश्य होते हैं।

(i) पाठ्य-सामग्री के विषय को संसूचित करना।

(ii) पाठ्य-सामग्री के महत्त्व को रेखांकित करना।

(iii) पाठ्य-सामग्री के महत्त्वपूर्ण अंश के सार तत्त्व को प्रकट करना।

(iv) पाठक और पाठ्य-सामग्री को एक-दूसरे से जोड़ना।

(v) पाठ्य-सामग्री की ओर पाठकों का ध्यान आकर्षित करना।

(vi) पत्र-पत्रिकाओं की साज-सज्जा को सुन्दर और मनभावन बनाना।

(vii) त्वरित गति से पाठ्य-सामग्री को पढ़ने में मदद करना।

2. शीर्षक की परिभाषा

पत्र-पत्रिकाओं में चुटीले और आकर्षक शीर्षक देना अपेक्षाकृत नयी अवधारणा है। पत्रकारिता की जब शुरुआत हुई थी उन दिनों इस तरह के शीर्षक नहीं दिये जाते थे। केवल कुछ सूचनात्मक जानकारी देकर ही शीर्षक की इतिश्री मान ली जाती थी। आजकल सटीक और पैने शीर्षक दिये जाते हैं, जो लम्बे समय की विकास प्रक्रिया का परिणाम है। शीर्षक न केवल पाठ्य-सामग्री के महत्त्व को रेखांकित करता है अपितु, यह पाठ्य-सामग्री को विज्ञापित भी करता है। पत्र-पत्रिकाओं की साज-सज्जा को आकर्षक, मनभावन और सुष्ठु बनाने के लिए भी शीर्षक का उपयोग किया जाता है। पाठ्य-सामग्री का मन-प्राण शीर्षक में ही निवास करता है। अनेक सम्पादकों और संचार विशेषज्ञों ने इसे परिभाषित किया है। अनेक मीडिया कोश ने भी शीर्षक को परिभाषित किया है, जो इस प्रकार है।

(i) पत्रकारिता ज्ञानकोश (श्री शिव अनुराग पटैरिया) के अनुसार समाचार-पत्रों एवं पत्रिकाओं में प्रत्येक समाचार और आलेख के ऊपर समाचार/कथा से सम्बन्धित भाव या तथ्य को प्रदर्शित करने वाले एक छोटे से वाक्यांश का उपयोग किया जाता है। इसे शीर्षक कहते हैं। शीर्षक को समाचार-पत्र का प्रदर्शन वातायन (Display Windows) कहा जाता है।

(ii) पत्रकारिता सन्दर्भ कोश (डॉ. रामप्रकाश एवं डॉ. सुधीन्द्र कुमार) के अनुसार, समाचार/सम्पादकीय/लेख अथवा किसी भी रचना की विषयवस्तु का सूचक वह पद/पदांश/वाक्य/वाक्यांश जो प्राय: रचना के ऊपर दिया जाता है। सबसे ऊपर स्थित होने के कारण ही शीर्षक कहलाता है। पत्र-पत्रिका में शीर्षक समाचार अथवा रचना का दर्पण है। इसे समाचार-पत्र का वह वातायन कहा गया है, जिससे उसके भीतर की स्पष्ट झलक मिल जाती है।

(iii) सामयिक मीडिया शब्दकोश के अनुसार, समाचार-कथा या लेख का सारांश, जो बड़े या मोटे टाइप में सबसे ऊपर दिया जाता है। इस शीर्षक को सुर्ख़ी भी कहते हैं।

(iv) प्रसिद्ध पत्रकार श्री इन्द्र विद्यावाचस्पति के अनुसार, सम्पादकीय विचारों के प्रकट करने का एक उपाय शीर्षक है। शीर्षक का प्रारम्भ तो केवल, लेख का विषय सूचित करने के लिए हुआ था परन्तु धीरे-धीरे पाठकों का ध्यान आकृष्ट करने, रुचि बढ़ाने और सम्मति द्वारा परोक्ष रूप से लोकमत को प्रभावित करने के काम में आने लगे हैं। अब तो शीर्षक बनाना स्वयं एक अलग हुनर बन गया है।

(v) प्रसिद्ध संचार विशेषज्ञ रोलैंड ई. बुल्सले के अनुसार अख़बार के लिए शीर्षक पंक्तियाँ शीशा लगी उन खिड़कियों का काम देती हैं, जिनके भीतर सजाकर रखा हुआ बिक्री का माल देखकर दर्शक का मन ललचा जाता है और उसे ख़रीदने के लिए उत्सुक हो जाता है।

3. शीर्षक की विशेषताएँ

शीर्षक किसी भी समाचार, फ़ीचर इत्यादि पाठ्य-सामग्री का प्राण-तत्त्व होता है। जिस तरह से मस्तिष्क का महत्त्व मनुष्य के लिए सर्वाधिक है, उसी तरह किसी पाठ्य-सामग्री के लिए शीर्षक सबसे महत्त्वपूर्ण है। इसी से पाठ्य-सामग्री में प्राणवत्ता का संचार होता है। किसी भी पाठ्य-सामग्री के कथ्य का आभास शीर्षक से ही प्राप्त होता है। एक अच्छा शीर्षक सपूर्ण पाठ्य-सामग्री के सार-तत्त्व को संकेतित करता है। शीर्षक को पढ़ कर ही पाठक यह निर्धारित करता है कि समाचार को पढ़ा जाये या छोड़ दिया जाये। इसलिए इसे आकर्षण का केन्द्र भी माना गया है। यह पाठ्य-सामग्री को पाठक से जोड़ता है। एक अच्छे शीर्षक की कसौटी यही है कि वह पाठ्य-सामग्री को पढ़ने के लिए बाध्य करे। शीर्षक की सफलता इसी में है कि उसमें पूरी पाठ्य-सामग्री को बाँधने की शक्ति हो।

शीर्षक की निम्नलिखित विशेषताएँ होती हैं–

(i) प्रामाणिकता और विश्वसनीयता : पाठ्य-सामग्री के सम्पूर्ण कथ्य में महत्त्वपूर्ण अंग को शीर्षक के रूप में लिखे जाने का विधान है। इसे सत्य और यथार्थ होना चाहिए। कल्पना के आधार पर कभी भी शीर्षक नहीं लिखा जाता है। यहीं यह भी उल्लेखनीय है कि शीर्षक कदापि द्विअर्थी न हो। इसे बड़बोला और खोखला भी नहीं होना चाहिए। कहने का तात्पर्य यह कि समाचार, फ़ीचर इत्यादि के महत्त्वपूर्ण अंश का मुख्य भाव शीर्षक के माध्यम से परिलक्षित हो तथा शीर्षक को पढ़ कर पाठ्य-सामग्री के आधे से अधिक अंश का आभास हो सके।

(ii) परिशुद्धता : शीर्षक को परिशुद्ध भी होना चाहिए। यदि कोई आँकड़े या तथ्य हो तो उसे हू-ब-हू उसी रूप में शीर्षक के अन्तर्गत डालना चाहिए। शीर्षक में लगभग, क़रीब-क़रीब, अधिकतर, प्रायः, कमोबेश, तक़रीबन, न्यूनाधिक, सन्निकट

इत्यादि शब्दों का प्रयोग नहीं करना चाहिए। इन्हीं अर्थों में परिशुद्धता को समझने की आवश्यकता है। बहुत बड़े हादसे, दुर्घटना, जल-प्रलय, भूकम्प, चक्रवाती तूफ़ान इत्यादि से सम्बन्धित समाचारों में मरनेवाले और हताहत लोगों की संख्या के मामले में प्राय: ऐसी स्थिति आती है। ऐसे में प्रशासन द्वारा दिये गये आँकड़ों के आधार पर ही समाचार का शीर्षक बनाना चाहिए।

(iii) सारगर्भिता : यह शीर्षक की अन्यतम विशेषता है। शीर्षक ऐसा होना चाहिए जो कम से कम शब्दों में अधिक-से-अधिक कथ्य को प्रस्तुत कर सके। इसके लिए अनुकूल भाव और प्रभाव पैदा करनेवाला शब्द सामर्थ्य भी शीर्षक लेखक में होना चाहिए। सारगर्भिता को समग्रता और संक्षिप्तता के अर्थों में भी समझना चाहिए। सम्पूर्ण पाठ्य-सामग्री में से सार-संक्षेप को कम-से-कम शब्दों में अभिव्यंजित करने का कौशल शीर्षक लेखक में होना चाहिए।

(iv) स्पष्टता : शीर्षक को स्पष्ट होना चाहिए अर्थात् उसे उलझन पैदा करनेवाला नहीं होना चाहिए। स्पष्टता का आशय अगुप्तता और सन्दिग्धता से है। स्पष्टता को भ्रान्तिहीनता के रूप में भी देखा जा सकता है। शीर्षक पढ़ते ही सम्पूर्ण समाचार-कथा का सार-संक्षेप समझ में आ जाना चाहिए। भ्रान्तिपूर्ण शीर्षक होने से सन्दिग्धता उत्पन्न होती है, जो श्रेष्ठ शीर्षक की कसौटी नहीं हो सकती है। शीर्षक यदि समाचार-कथा के आधे-से-अधिक कथ्य को अनावृत कर दे, अभिव्यक्त कर दे तो उसे अच्छे शीर्षक की कसौटी माना जाता है। शीर्षक की इस विशेषता को सुदृश्यता के अर्थ में भी समझा जा सकता है। जो शीर्षक कम से कम शब्दों में समाचार-कथा के मर्म को सहजतापूर्वक प्रकट कर दे, उसे ही अच्छा शीर्षक माना जाना चाहिए।

(v) बोधगम्यता : बोधगम्यता का अर्थ ज्ञेयता और सहज अवबोधन से है। जो शीर्षक सरल हो तथा आसानी से समझ में आ जाये उसे ही बोधगम्य शीर्षक कहा जाता है। ऐसे शीर्षक की ग्राह्यता सर्वाधिक होती है। कहने का तात्पर्य यह कि ऐसे शीर्षक पाठकों के मन-मस्तिष्क में अनुकूल भाव और प्रभाव पैदा करते हैं। शीर्षक के रूप में सहज और सरल शब्दों तथा वाक्यों का प्रयोग अपेक्षित माना जाता है। बोधगम्यता को सर्वज्ञता, बहुज्ञता और सर्वविधितता के अर्थ में भी समझा जा सकता है। कहने का आशय यह कि शीर्षक को आसानी से समझ में आ जाना चाहिए।

(vi) मर्यादित और शालीनता : शीर्षक के मर्यादित और शालीन होने का अर्थ सामाजिक मर्यादा के अतिक्रमण से है। शीर्षक संयमित और आत्मनियन्त्रित होना चाहिए। शीर्षक को सामाजिक मर्यादा की लक्ष्मण रेखा का उल्लंघन नहीं करना चाहिए। कहने का तात्पर्य यह शीर्षक में अपशब्द नहीं हो और वह लोकमर्यादा तथा

सदाचार का पालन करे। शालीनता का अर्थ शिष्टता से है। अतः शीर्षक को सलीके से अपना अर्थ अभिव्यंजित करना चाहिए। इसे सम्यक् रूप से अर्थ अभिव्यंजित करनेवाला भी कहा जाना समीचीन होगा।

(vii) आकर्षक : आकर्षक का अर्थ अपनी ओर खींचनेवाले से है। इसलिए शीर्षक को रोचक, सम्मोहकपूर्ण और सुन्दर होना चाहिए। कहने का तात्पर्य यह कि शीर्षक को दिलचस्प, चटपटा, मनमोहक और मनोरंजक भी होना चाहिए। तभी वह पाठक को अपनी ओर आकर्षित कर सकेगा। शीर्षक वस्तुतः पाठक और समाचार के बीच की कड़ी होती है। यह पाठक को समाचार से जोड़ने का काम करता है। शीर्षक समाचार-पत्र को रोचक बनाता है और आकर्षण का केन्द्र बना रहता है। समाचार की पठनीयता इसी से प्रभावित होती है।

(viii) सटीक शब्द : शीर्षक लिखते समय यह चुनौती बनी रहती है कि सटीक शब्दों का प्रयोग किया जाये। सटीक शब्दों के प्रयोग का अर्थ लक्षानुगामी होता है। इसे लक्ष्यवेधी या लक्षाभिमुख भी कह सकते हैं। शीर्षक को ठीक-ठीक और सही अर्थ अभिव्यंजित करनेवाला होना चाहिए। शीर्षक को बिना किसी चूक के भ्रमहीन होकर अपने अर्थ विज्ञापित करने चाहिए। सम्पूर्ण समाचार-कथा के सार-संक्षेप को अभिव्यक्त करनेवाला संगत और उपयुक्त शीर्षक ही अच्छा माना जाता है। शीर्षक को सम्यक्, समुचित और समीचीन होना चाहिए। उसे अर्थों की अभिव्यंजना में अनिवार्य रूप से सार्थक और सुसंगत होना चाहिए।

(ix) भावपूर्ण और ओजस्विता : शीर्षक को सम्पूर्ण समाचार-कथा के भाव को समग्रतापूर्वक प्रदीप्त करना चाहिए। समाचार, फ़ीचर, आलेख इत्यादि के सम्पूर्ण भाव को अभिव्यक्त करनेवाला शीर्षक ही अच्छा माना जाता है। शीर्षक को तेजस्वी और प्रखर भी होना चाहिए। ओज और स्फूर्ति के साथ उसे अपने भाव प्रकट करने चाहिए। शीर्षक की दीप्ति और प्राखर्य से उसमें सम्यक् और सटीक अर्थवत्ता का संचार होता है। तेजस्विता को ऊर्जस्वी और ऊर्जावान के रूप में भी देखने की आवश्यकता है।

(x) मुहावरेदार : मुहावरेदार शीर्षक अच्छे माने जाते हैं। इसके कारण शीर्षक व्यंजनार्थक हो जाता है। शीर्षक विशेष अर्थ देने लगता है। इसे कुछ उदाहरणों से समझा जा सकता है। जैसे–कांग्रेस ने सात महीने बाद फिर घोषित की शिव जी की बारात; आरक्षण : डॉक्टर दो-दो हाथ को तैयार; तिलक में पड़ा रंग में भंग, वर और वधू पक्ष में हो गयी जंग; लो, छू लिया आसमान; मुशर्रफ़ ने बांग्लादेश में भारत के ख़िलाफ़ ज़हर उगला इत्यादि। शीर्षक के उपयुक्त उदाहरण में शिव जी की बारात, दो-दो हाथ करना, रंग में भंग पड़ना, आसमान छूना और ज़हर उगलना मुहावरा है। शीर्षक में इन मुहावरों के उपयोग से वह विशेष अर्थ देने लग जाता है।

(xi) तुकान्त : शीर्षक तुकान्त होने से उसकी पठनीयता बढ़ जाती है। ऐसे शीर्षक लम्बे समय तक पाठकों को याद भी रहते हैं। जैसे–नन्दा पर फन्दा; योजनाएँ चुस्त अमल में सुस्त; लम्बी खिंची जंग तो जेब होगी तंग; जलवे नारी के, भाभी बेचारी के; आफत और राहत; गांधीगीरी फेल, मुन्नाभाई गये जेल; सचिन-सौरभ बेमिसाल, धोनी करेंगे धमाल; अभिनेता को बेल, मन्त्रीजी को जेल; गरम लालू बने नरम आलू; भय का रावण भागा, रात भर पटना जागा–इत्यादि शीर्षक के उपर्युक्त उदाहरणों में नन्दा का फन्दा से, चुस्त का सुस्त से, जंग का तंग से, नारी से बेचारी के, आफत का राहत से, फेल का जेल से, बेमिसाल का धमाल से, बेल का जेल से, लालू का आलू से, भागा का जागा से तुक मिलता है।

4. शीर्षक लेखन के शिल्प

शिल्प का शाब्दिक अर्थ होता है कला-कर्म, हुनर, कारीगरी, दक्षता, हस्तकर्म, रूप, आकृति, निर्माण, सृष्टि इत्यादि। बृहत् हिन्दी कोश के अनुसार शैली से ज़्यादा व्यापक वह उपादान जिसके द्वारा रचनाकार अपनी भावनाओं को किसी विशेष ढंग से ही व्यक्त कर पाता है। शिल्प की उपयुक्त व्याख्या के आलोक में शीर्षक का शिल्प वास्तव में शीर्षक निर्माण का हुनर है, दक्षता है। शीर्षक लेखन चूँकि कला है। इसलिए इसके निर्माण का हुनर एक विशेष दक्षता की माँग करता है। अतएव यह शीर्षक लेखक की प्रतिभा और सतत अभ्यास पर निर्भर करता है। समाचार, फ़ीचर, आलेख इत्यादि पाठ्य-सामग्री यदि शरीर है तो शीर्षक उसका मस्तिष्क है, इसलिए उसका प्राणतत्त्व इसी में निहित होता है और इसी के कारण उसमें जीवन्तता का संचार होता है। ज़ाहिर है, उसका निर्माण विशेष कौशल की माँग करेगा। अतएव शीर्षक लेखन के शिल्प को निम्नलिखित रूप में विश्लेषित करना समीचीन होगा।

(i) शीर्षक लेखन में लचक उत्पन्न करना : शीर्षक लेखन सामान्य वाक्य रचना नहीं है। यह सम्पूर्ण पाठ्य-सामग्री का सार-संक्षेप होता है। इसे सामाजिक शैली में लोच के साथ अभिव्यक्त किया जाता है। कहने का तात्पर्य यह कि सामान्य वाक्य रचना की तरह क्रियापद अन्त में न होकर बीच में होता है। इससे एकतरह का बलाघात उत्पन्न होता है, जिसे शीर्षक लेखन के लिए अपरिहार्य माना जाता है। इसे कुछ उदाहरणों से समझा जा सकता है:–

(i) *बढ़ते अपराध के ख़िलाफ़*
भाजपा ने (दिया) धरना

(ii) *उपभोक्ताओं को सता*
रहा (है) बीएसएनएल

(iii) *नाला अवरुद्ध, सड़कों*
पर जमा (हुआ) गन्दा पानी
(iv) *कार्डधारक किसानों को*
नहीं मिल (रहा) ऋण
(v) *अब तक शहरों में गर्म (है)*
अफ़वाहों का बाज़ार
(vi) *हटाने के आदेश, फिर भी*
चल (रहा है) मुर्गी फार्म
(vii) *लोगों पर फिर कार*
(चढ़ा दी) मनचलों ने

उपर्युक्त उदाहरणों में क्रिया पद अन्त में नहीं देकर बीच में दिया गया है। इससे क्रमशः धरना, बीएसएनएल, गन्दा पानी, ऋण, अफ़वाहों का बाज़ार, मुर्गी फार्म और मनचलों ने पर बलाघात उत्पन्न होता है, जो शीर्षक को प्रभावी बनाता है। यहाँ यह भी उल्लेखनीय है कि सामान्य वाक्य रचना की तरह शीर्षक में अर्द्धविराम, अल्पविराम, प्रश्नवाचक चिह्न, विस्मयादिबोधक चिह्न इत्यादि का इस्तेमाल ही किया जाता है, किन्तु पूर्णविराम का प्रयोग कदापि नहीं किया जाता। सम्पूर्ण पाठ्य-सामग्री का सार-संक्षेप या महत्त्वपूर्ण तथ्य शीर्षक के माध्यम से उभरकर सामने आता है, जिससे पाठ्य-सामग्री का अधिकतर भेद खुल जाता है अथवा उसका मर्म स्पष्ट हो जाता है और पाठक अपनी जिज्ञासा के आलोक में समाचार विशेष को पढ़ता है। शीर्षक पाठ्य-सामग्री के महत्त्वपूर्ण तथ्य को अनावृत कर देता है। इन्हीं अर्थों में उसकी विशिष्ट पहचान भी सुनिश्चित हो पाती है।

(ii) शीर्षक में सर्जनात्मकता उत्पन्न करना : कभी-कभी शीर्षक में सर्जनात्मकता के भी दर्शन होते हैं। कभी लक्षणा और व्यंजना शब्द शक्ति के माध्यम से तो कभी बिम्बात्मकता के द्वारा शीर्षक को सर्जनात्मक बनाया जाता है। शीर्षक को प्रतीकात्मक बनाकर भी उसमें सर्जनात्मकता पैदा की जाती है। यह सच है कि पाठ्य-सामग्री के अन्दर से ही कथ्य लिए जाते हैं, किन्तु सम्पादकीय टीम उसे व्यंजनार्थक बनाकर उसमें सर्जनात्मकता पैदा कर देती है। शीर्षक को व्यंग्यात्मक बनाकर भी उसे रचना की श्रेणी में ले आया जाता है। इसलिए शीर्षक लिखना केवल रुटीन का घिसा-पिटा कार्य नहीं है। उसमें भी सर्जनात्मकता का संचार किया जा सकता है और जब-तब उसे तुकान्त बनाकर चिरस्मरणीय भी बनाया जा सकता है। एक उदाहरण से शीर्षक की रचनात्मकता को समझा जाता है। हिन्दी दैनिक 'अमर-उजाला' ने 2 दिसम्बर 2003 को एक्ज़िट पोल के समाचार को सात कॉलम में फर्स्ट

लीड के रूप में प्रकाशित किया। चार राज्यों के विधानसभा चुनाव के समाचार का शीर्षक आज भी स्मरणीय है, जो इस प्रकार था–दिल्ली में फिर शीला, बाकी जगह हाथ ढीला। 'अमर उजाला' के 2 फ़रवरी 2007 का एक शीर्षक भी उल्लेखनीय है : कोहरे की चादर ओढ़े आया नया साल। 'अमर उजाला' का ही एक और शीर्षक यहाँ उल्लेखनीय है : जनजीवन ठहरा और खेल मुस्कराये। 'दैनिक जागरण' के 2 अक्टूबर 2007 का एक समाचार शीर्षक भी इस सन्दर्भ में उल्लेखनीय है, जो बिम्बात्मक है : प्याज को लगा तेज़ी का तड़का। शीर्षक में सर्जनात्मकता को दो अन्य उदाहरण से भी समझा जा सकता है : पहाड़ों पर धूप, मैदान काँपे; कोहरे के कर्फ़्यू में कुछ देर की ढील।

5. प्रभावी शीर्षक लेखन और उसकी विशेषताएँ

शीर्षक लेखन एक कला है। यह रुटीन का काम तो है, किन्तु अच्छे उप-सम्पादक इसमें चमत्कार पैदा कर देते हैं। उसे कलात्मक बनाकर प्रस्तुत करते हैं। चूँकि शीर्षक पाठक और समाचार को जोड़ता है। इसलिए इसे आकर्षण का केन्द्र बनाये जाने पर ही उसकी सार्थकता है और इसी में सम्पादकीय टीम का वैशिष्ट्य है। प्रो. चन्द्रदेव यादव ने ठीक ही लिखा है कि रचना की सफलता का आधा श्रेय शीर्षक को ही जाता है। यह पाठ्य-सामग्री के सार-संक्षेप को प्रकट करता है। प्रभावी शीर्षक लेखन के लिए उसे जीवन्त और सजीव बनाये जाने की आवश्यकता होती है। जीवन की आपा-धापी, भाग-दौड़ और कशमकश के बीच भी अच्छी और आकर्षक सुर्ख़ियाँ दूर से ही पाठक को अपनी ओर आकर्षित करती हैं। ठीक ही कहा गया है जो दिखता है वही बिकता है। यहाँ इसका अर्थ यह नहीं कि शीर्षक को दिखने मात्र के लिए बेवजह चटपटा बनाया जाये। विश्वसनीयता की डोर से उसे बाँधे रखने की आवश्यकता होती है, ताकि पाठ्य-सामग्री का सही चित्रण सार्थक और स्पष्ट प्रतिबिम्ब शीर्षक के रूप में दृष्टिगोचर हो सके। प्रभावी शीर्षक लेखन की निम्नलिखित विशेषताएँ होती हैं :

(i) प्रभावी शीर्षक लेखन के लिए उसे मुहावरेदार बनाया जाना चाहिए।

(ii) शीर्षक में यदि बिम्बात्मकता का संचार हो जाये तब भी वह प्रभावी बन जाता है।

(iii) शीर्षक को प्रभावी बनाने के लिए कई बार उसे सम्बोधन शैली में भी लिखा जाता है।

(iv) परामर्श देने वाला शीर्षक भी प्रभावी माना जाता है।

(v) पाठ्य-सामग्री के कथ्य के आलोक में शीर्षक के रूप में कहावतों का प्रयोग कर भी उसे प्रभावी बनाया जाता है।

(vi) कवि सम्मेलनों के समाचारों का शीर्षक यदि कविता की कोई मर्मस्पर्शी पंक्ति के रूप में दिया जाये तो वह प्रभावी हो जाता है।

(vii) शीर्षक को तुकान्त बनाकर भी जब-तब उसे प्रभावी बनाया जाता है।

(viii) शीर्षक को प्रश्नवाचक बनाकर भी प्रभावी बनाने का प्रचलन है।

(ix) विस्मयादिबोधक शीर्षक भी प्रभाव पैदा करता है और इससे शीर्षक की पठनीयता बढ़ जाती है।

(x) पाठक को सावधान करता हुआ शीर्षक भी प्रभावी होता है।

(xi) शीर्षक को व्यंग्यात्मक बनाकर भी प्रभाव पैदा किया जा सकता है।

(xii) रहस्यात्मक शीर्षक बनाने से भी पाठक पर गहरा प्रभाव पड़ता है।

(xiii) गीत, संगीत और गाने के बोल को शीर्षक बनाकर प्रभाव पैदा करने का प्रचलन है।

(xiv) अजीबो ग़रीब शीर्षक भी प्रभाव पैदा करता है।

(xv) शीर्षक में नवीन प्रयोग के तहत आजकल उसे खण्डित शैली में बनाकर प्रस्तुत किये जाने से भी प्रवाह प्रभाव पैदा होता है।

(xvi) क्षेत्रीय बोलियों में भी शीर्षक देकर उसे प्रभावी बनाया जाने लगा है।

इस प्रकार शीर्षक को प्रभावी बनाने के लिए एक से एक उपक्रम किये जाते हैं। विभिन्न तरीक़ों का प्रयोग किया जाता है। सम्पादकीय टीम की यह कोशिश होती है कि वह शीर्षक को सार्थक, सारगर्भित, सुन्दर, सुसंगत, सटीक और सजीव बनाये। शीर्षक को ऐसा होना चाहिए जो सम्पूर्ण पाठ्य-सामग्री के मर्म को उद्‌घाटित कर सके। शीर्षक को यदि नीरस बना दिया जाये तो अच्छी से अच्छी गुणवत्तापूर्ण पाठ्य-सामग्री का भी कोई औचित्य नहीं रह जाता है। शीर्षक को प्रभावी बनाने के लिए उसे चटपटा बनाने का प्रचलन है, किन्तु इस सन्दर्भ में यह ध्यातव्य है कि एक बिना वजह के चटपटा बनाने के चक्कर में समाचार के साथ खिलवाड़ न किया जाये।

6. प्रभावी शीर्षक लेखन की तकनीक

पत्र-पत्रिकाओं की पाठ्य-सामग्री का प्रतिबिम्ब शीर्षक के माध्यम से ही विज्ञापित होता है। शीर्षक पढ़ कर ही पत्र-पत्रिकाओं के मनोभाव को भी आँका-परखा जाता है। कई बार शीर्षक के साथ-साथ उपशीर्षक स्लग, क्रॉसर, हाईलाइटर इत्यादि का प्रयोग कर के भी पाठ्य-सामग्री के मुख्य बिन्दु अथवा भाव को दर्शाया जाता है। समाचार-पत्र की नीति, नीयत और विचारधारा की झाँकी भी शीर्षक के माध्यम से

मिल जाती है। शीर्षक से समय की बचत भी होती है और कम-से-कम समय में समाचार-पत्र को पढ़ने का यह एक सशक्त माध्यम है। पाठक शीर्षक को पढ़कर ही यह निर्धारित करता है कि उसे पाठ्य-सामग्री पढ़नी है या नहीं। इसलिए शीर्षक को प्रभावी बनाने की हर सम्भव कोशिश की जाती है। इस सन्दर्भ में निम्नलिखित तकनीक का प्रयोग कर प्रभावी शीर्षक लेखन किया जा सकता है।

(i) शीर्षक के लिए कर्तृवाच्य का प्रयोग करना चाहिए।

(ii) हेतु और द्वारा के प्रयोग से बचना चाहिए।

(iii) सरल वाक्य की जगह क्रिया पद को बीच में रखकर बलाघात उत्पन्न करना चाहिए। जैसे : मेले का लुत्फ़ लेकर लोगों ने उठाया मतदान अवकाश का लाभ।

(iv) कम-से-कम राब्दों में अधिक से अधिक व्यंजना हो सके, ऐसा शीर्षक लिखना चाहिए। अर्थात् शीर्षक को सारगर्भित बनाना चाहिए।

(v) शीर्षक लिखते समय डेटलाइन को ध्यान में रखना चाहिए। जैसे : उमा आज अयोध्या आयेंगी/जायेंगी।

(vi) पाठ्य-सामग्री को ध्यान से पढ़कर शीर्षक लेखन करना चाहिए।

(vii) द्विअर्थी शीर्षक का प्रयोग नहीं करना चाहिए।

(viii) शीर्षक लिखते समय व्याकरण सम्बन्धी नियम का ध्यान रखना चाहिए।

7. शीर्षक के प्रकार

शीर्षक वस्तुतः समाचार, आलेख, फ़ीचर इत्यादि को विज्ञापित करने वाला ऐसा उपक्रम होता है, जिसके माध्यम से पाठ्य-सामग्री का सार-संक्षेप प्रकाश में आता है। शीर्षक को पढ़कर समाचार-पत्र की नीति और रीति का भी पता चलता है। यह पत्र-पत्रिकाओं के आचार-विचार को प्रदर्शित भी करता है। शीर्षक को पढ़कर ही पाठक पत्र-पत्रिकाओं की ओर आकर्षित होता है। इसलिए शीर्षक को जीवन्त और सार्थक होना चाहिए। पाठ्य-सामग्री के मूल-भाव को अभिव्यंजित करने वाला सारगर्भित शीर्षक ही सार्थक और जीवन्त माना जाता है। इसलिए शीर्षक बड़बोला और खोखला न होकर यथार्थता पर आधारित होना चाहिए। शीर्षक की अन्यतम विशेषताओं में उसे सटीक और पैना भी होना चाहिए। शीर्षक के महत्त्व, आकार और कथन के आधार पर उन्हें विभिन्न प्रकारों में वर्गीकृत तथा विभाजित किया जा सकता है। शीर्षक के महत्त्व के आधार पर उसे निम्नलिखित 10 प्रकारों में विभक्त किया जा सकता है।

(i) गगनरेखा शीर्षक (Skyline Heading) : गगनरेखा शीर्षक उस अत्यधिक महत्त्व के शीर्षक को कहा जाता है, जो समाचार-पत्र के मास्टहेड या नामशीर्ष के ऊपर दिया जाता है। ऐसे शीर्षक दो-चार वर्षों में कभी एक-दो बार ही दिये जाते हैं। जब कभी कोई अतिमहत्त्वपूर्ण और अभूतपूर्व महत्त्व की घटना घटती है तो सम्पादकीय टीम द्वारा समाचार-पत्र के मास्टहेड के ऊपर सर्वाधिक मोटे टाइपफोंट में गगनरेखा शीर्षक दिया जाता है। छह-सात दशक पहले ऐसे शीर्षक की परम्परा अधिक थी, किन्तु आजकल ऐसे शीर्षक बिरले ही दिये जाते हैं। असाधारण महत्त्व के राष्ट्रीय और अन्तरराष्ट्रीय समाचार के शीर्षक प्रायः इसी कोटि के होते थे। सार्वभौमिक महत्त्व के समाचार के शीर्षक ही प्रायः समाचार-पत्र की नामपट्टिका के ऊपर दिये जाते थे। अब ऐसे शीर्षक प्रायः देखने को नहीं मिलते हैं।

(ii) पताका शीर्षक (Banner Heading) : ऐसा महत्त्वपूर्ण समाचार का शीर्षक जो समाचार के प्रथम पृष्ठ पर छह से आठ कॉलम तक मोटे टाइपफोंट में विस्तारित होता है, उसे पताका शीर्षक कहा जाता है। बड़े समाचार-पत्र इस तरह के शीर्षक का प्रयोग कभी-कभार किया करते हैं। समाचार-पत्र के नामशीर्ष के ठीक नीचे इस तरह के शीर्षक दिये जाते हैं। राष्ट्रीय महत्त्व के किसी समाचार का शीर्षक ही पताका शीर्षक बनता है। 'हिन्दुस्तान', 'दैनिक भास्कर' और 'प्रभात ख़बर' ने 10 नवम्बर 2019 को क्रमशः 'राम मन्दिर का रास्ता साफ़', 'रामलला ही विराजमान', 'अयोध्या राम की' शीर्षक से पताका शीर्षक का प्रकाशन किया था।

(iii) महाकाय शीर्षक (Big Body Heading) : इसे भीमकाय शीर्षक भी कहा जाता है। जब एक या दो शब्द को ही मोटे अक्षरों में दो से चार कॉलम तक विस्तारित कर दिया जाता है तब उसे महाकाय शीर्षक कहते हैं। 'अमर उजाला' दिल्ली के 6 नवम्बर 2006 को इराक़ के पूर्व राष्ट्रपति, सद्दाम हुसैन को फाँसी की सज़ा सुनाये जाने का समाचार का शीर्षक 'सज़ा-ए-मौत' महाकाय शीर्षक का ही उदाहरण था। 'दैनिक जागरण' के 10 नवम्बर 2019 के सुप्रीम कोर्ट के फ़ैसले को 'श्रीराम' शीर्षक से प्रकाशित किया है, जो महाकाय शीर्षक का उदाहरण है। 'हिन्दुस्तान' में 18 मई 2010 को दंतेवाड़ा में नक्सली हमला में मारे गये 36 जवानों की ख़बर को 'ख़ूनीवाड़ा' शीर्षक के अन्तर्गत कई कॉलम में प्रकाशित किया गया था। यह भी महाकाय शीर्षक का उदाहरण है। उसी दिन 'दैनिक जागरण' का शीर्षक 'फिर लाल हुई तारीख़' भी भीमकाय शीर्षक का उदाहरण है।

(iv) कपाली शीर्षक (Slug Heading) : मुख्य शीर्षक के ऊपर के ऐसे शीर्षक जो अपेक्षाकृत छोटे अक्षर में और कम शब्दों में होते हैं, उसे कपाली

शीर्षक कहा जाता है। प्रो. कमल दीक्षित ने ठीक ही लिखा है कि 'यह मुख्य शीर्षक से जुड़ा हुआ, अथवा उसका परिचय देता है। इसके नीचे प्राय: रेखा खींची जाती है। इसे मस्तक रेखा भी कहा जाता है।' कपाली शीर्षक मुख्य शीर्षक के ऊपर तो होता है, किन्तु यह मुख्य शीर्षक से अलग भी हो सकता है। कपाली शीर्षक को कुछ उदाहरणों से समझा जा सकता है। 'दैनिक भास्कर' के 29 जनवरी 2023 का कपाली शीर्षक द्रष्टव्य है।

(क) डी. एम. पुत्र की मौत का मामला
मानस अस्पताल की वैधता की होगी जाँच

(ख) वृन्दावन कोरिडोर का विरोध बढ़ा
कोर्ट की शरण में बाँके बिहारी,
अर्ज़ी में कहा, उन्हें सुना जाये

(v) उपशीर्षक (Sub-Heading) : मुख्य शीर्षक के नीचे के ऐसे शीर्षक जो अपेक्षाकृत छोटे अक्षरों में होते हैं, उसे उपशीर्षक कहा जाता है। यह जब-तब मुख्य शीर्षक को सहयोग प्रदान करनेवाला होता है तो कभी-कभी समाचार के अन्य महत्त्वपूर्ण तथ्य के रूप में उपशीर्षक लगाये जाते हैं। यह मुख्य शीर्षक से कम महत्त्व का होता है। इसे कुछ उदाहरणों से समझा जा सकता है। 'दैनिक जागरण' के 2 फ़रवरी 2023 के प्रकाशित उपशीर्षक इस प्रकार हैं :

(क) *विकास और समृद्धि का बजट*
मोदी सरकार के दूसरे कार्यकाल का अन्तिम पूर्ण बजट पेश

(ख) *सात लाख तक आय पर कोई टैक्स नहीं*
नयी टैक्स प्रणाली को ही दी जायेगी प्राथमिकता, लेकिन पुरानी टैक्स व्यवस्था भी रहेगी जारी

(vi) एक-कॉलम शीर्षक (Single-column Heading) : ऐसे शीर्षक जिसका विस्तार एक कॉलम तक हो, उसे एक-कॉलम शीर्षक कहा जाता है। ऐसे शीर्षक प्राय: एक पंक्ति से लेकर तीन पंक्तियों तक के होते हैं। यह सबसे कम महत्त्व का समाचार होता है, किन्तु पृष्ठों के आधार पर इसका महत्त्व कम या अधिक हो सकता है। पृष्ठ सं. तीन पर एक कॉलम के समाचार का महत्त्व पृष्ठ सं. एक के एक-कॉलम के समाचार से कम होता है। कुछ उदाहरण से इसे समझा जा सकता है। 'दैनिक जागरण' के 2 फ़रवरी 2023 के एक-कॉलम के समाचार को देखा जा सकता है।

(क) *मनरेगा बजट में तीस*
प्रतिशत की कटौती

(ख) *इनफ्रा विकास के लिए*
राज्यों को मिलेगी मदद

(vii) दो-कॉलम शीर्षक (Double-Column Heading) : ऐसे शीर्षक जिसका विस्तार दो-कॉलम तक होता है, उसे दो-कॉलम शीर्षक कहा जाता है। दो-कॉलम के शीर्षक एक पंक्ति से लेकर प्रायः तीन पंक्तियों तक होते हैं। एक से अधिक पंक्तियों के शीर्षक होने पर यह विभिन्न आकार ले लेता है, जिसकी चर्चा बाद में की जायेगी। दो-कॉलम के शीर्षक को कुछ उदाहरणों से समझा जा सकता है। दैनिक जागरण के 2 फ़रवरी 2023 के कुछ समाचारों को देखा जा सकता है।

(क) *भारत जल्द ही 'श्री अन्न'*
का वैश्विक केन्द्र बनेगा

(ख) *प्रोपर्टी में निवेश पर कैपिटल*
गेन की सीमा अब 10 करोड़

(viii) तीन या चार कॉलम शीर्षक (Three or four Column Heading) : ऐसे शीर्षक जिसका विस्तार तीन या चार कॉलम तक हो, उसे क्रमशः तीन या चार कॉलम शीर्षक कहा जाता है। महत्त्वपूर्ण समाचार के शीर्षक को ही तीन या चार कॉलम तक का विस्तार दिया जाता है। कई बार किसी पृष्ठ विशेष के लीड या सेकेंड लीड के विशेष समाचार तीन या चार कॉलम में दिये जाते हैं। 'दैनिक जागरण' के 2 फ़रवरी 2023 के कुछ समाचारों के उदाहरणों से इसे समझा जा सकता है।

(क) *विकसित भारत के निर्माण को गति देने वाला बजट*

(ख) *अदाणी एंटरप्राइजेज ने वापस लिया 20 हज़ार करोड़ रुपये का एफपीओ*

(2) आकार के आधार पर शीर्षकों के प्रकार

एक कॉलम से लेकर तीन-चार कॉलम तक के समाचार को यदि दो या दो से अधिक पंक्तियों में विस्तारित किया जाता है तो वह विभिन्न आकार का हो जाता है। जैसे–स्तूपी, विलोम स्तूपी, सोपानी, विलोम सोपानी, आयताकार और कटि शीर्षक। इन विभिन्न आकारों के शीर्षकों का प्रयोग अब नहीं के बराबर होता है, किन्तु जानकारी की दृष्टि से यह महत्त्वपूर्ण है। आकार की दृष्टि से सबसे अधिक प्रयोग आजकल वर्गाकार शीर्षक का होता है। विभिन्न उदाहरणों के माध्यमों से इन शीर्षकों को समझा जा सकता है।

(i) स्तूपी शीर्षक : जिस शीर्षक का आकार स्तूप की तरह हो उसे स्तूपी शीर्षक कहते हैं। इस तरह के शीर्षक अब देखने को कम ही मिलते हैं, फिर भी स्तूपी शीर्षक को इस प्रकार लिखा जा सकता है–

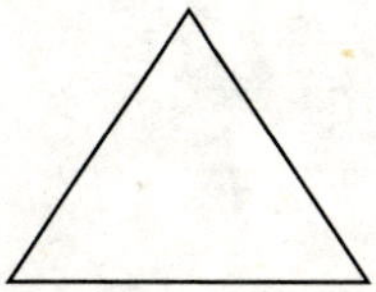

न्याय
प्रक्रिया में
कर्मचारी निभाते
हैं महत्त्वपूर्ण भूमिका

(ii) विलोम स्तूपी शीर्षक : इस प्रकार के शीर्षक का आकार विलोम स्तूप जैसा होता है, किन्तु व्यवहार में इस तरह के शीर्षक कम ही देखने को मिलते हैं। विलोम स्तूपी शीर्षक का एक उदाहरण यहाँ द्रष्टव्य है–

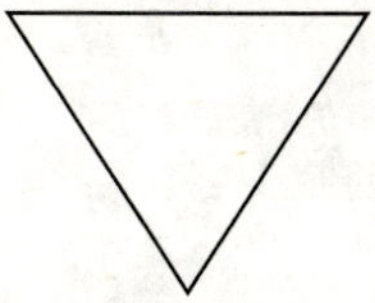

चार नम्बर वाले
नौ नम्बर वाले
के प्रशंसक
होते हैं

(iii) सोपानी शीर्षक : ऐसा शीर्षक जिसका आकार सोपान जैसा हो, उसे सोपानी शीर्षक कहते हैं। ऐसे शीर्षक प्रायः देखने को नहीं मिलते हैं, फिर भी निम्नलिखित उदाहरण से इसे समझा जा सकता है–

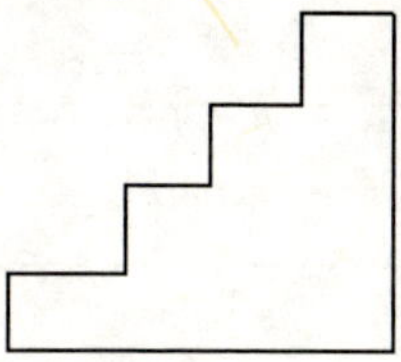

बीस
से ज़्यादा हैं
शिक्षक तो त्यागना
होगा गृह जनपद, घेरे
में बनारस मण्डल भी

(iv) विलोम सोपानी शीर्षक : ऐसा शीर्षक जिसका आकार सोपान के ठीक उल्टा हो, उसे विलोम सोपानी शीर्षक कहते हैं। व्यवहार में ऐसे शीर्षक देखने को नहीं मिलते हैं, फिर भी एक उदाहरण से इसे समझाया जा सकता है।

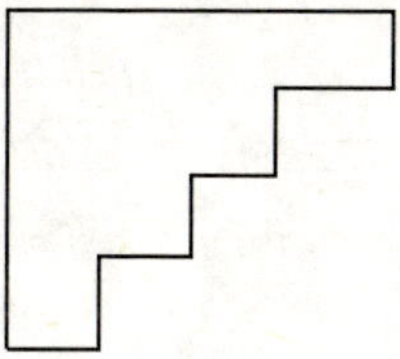

पटना, गया और दिल्ली
एयरपोर्ट पर तैनात
होंगे प्रोटोकॉल
अफ़सर

(v) आयताकार शीर्षक : जिस शीर्षक का आकार आयताकार हो, उसे आयताकार शीर्षक के नाम से जाना जाता है। इस तरह के शीर्षक जब-तब देखने को मिलते हैं। निम्नलिखित उदाहरण से इसे समझा जा सकता है–

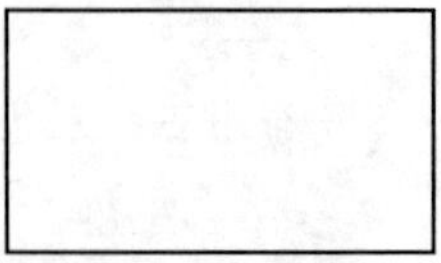

अनुदान सूची में
लाये जायें बीएड
और अन्य कोर्स

(vi) वर्गाकार शीर्षक : जिस शीर्षक का आकार वर्ग जैसा हो, उसे वर्गाकार शीर्षक कहते हैं। इस प्रकार के शीर्षक प्रायः देखने को नहीं मिलते हैं–

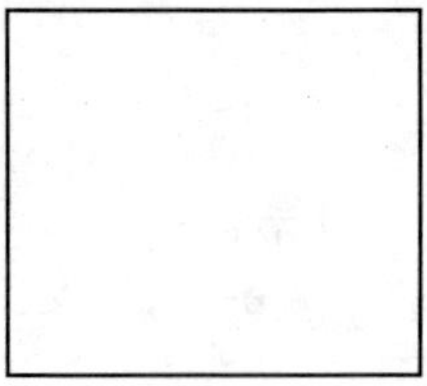

रिफाइन व धागा
गोदाम में भीषण
आग, तीन करोड़
का हुआ नुक़सान

(vii) कटि शीर्षक : ऐसा शीर्षक जिसका आकार कटि अर्थात् कमर जैसा हो, उसे कटि शीर्षक कहते हैं। इस शीर्षक में बीच का हिस्सा पतला और ऊपर तथा नीचे का हिस्सा अपेक्षाकृत चौड़ा होता है। इस तरह के शीर्षक प्रायः देखने को नहीं मिलते हैं, फिर भी निम्नलिखित उदाहरण से इसे समझा जा सकता है।

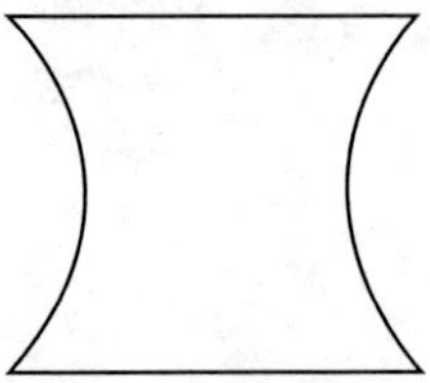

केन्द्रीय विद्यालयों में नामांकन
के लिए
निकाली जायेगी लॉटरी

(viii) बेलनाकार शीर्षक : जिस शीर्षक का आकार बेलन जैसा हो, उसे बेलनाकार शीर्षक कहा जाता है। इस प्रकार के शीर्षक व्यवहार में अब नहीं देखे जाते हैं, फिर भी निम्नलिखित उदाहरण से इसे समझा जा सकता है–

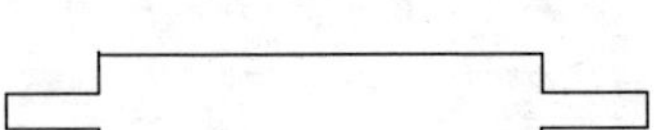

दरभंगा में एम्स
का सपना हो रहा साकार, दूर हुईं
निर्माण की बाधाएँ

(3) कथन के आधार पर शीर्षक के प्रकार

शीर्षक का कथन भी महत्त्वपूर्ण होता है। इसके आधार पर भी शीर्षकों को अनेक भागों में बाँटा जा सकता है। शीर्षकों के कथन कुछ-न-कुछ अवश्य होते हैं। शीर्षक को गम्भीरतापूर्वक पढ़ने से ही कथन का आशय स्पष्ट हो पाता है। ये निम्नलिखित प्रकार के हो सकते हैं।

(i) प्रश्नवाचक शीर्षक : जिस शीर्षक का कथन प्रश्नवाचक हो, उसे प्रश्नवाचक शीर्षक कहते हैं। इस तरह के शीर्षक आजकल बहुतायत में लिखे जा रहे हैं। कुछ उदाहरण यहाँ द्रष्टव्य हैं–

(क) क्या मोनिंदर पेशेवर हत्यारा है?
(ख) 'रंग दे दिल्ली' का हिस्सा बनेंगे आप?
(ग) होली फीकी रही और वैलेनटाइन?
(घ) ऐसी पुलिस कैसे करे आपकी सुरक्षा?

(ii) सम्बोधन शीर्षक : ऐसा शीर्षक जिसके कथन में सम्बोधन हो, उसे सम्बोधन शीर्षक कहते हैं। इस तरह के शीर्षक जब-तब देखने को मिलते हैं–

(क) उठिए जी! आज स्कूल वैन नहीं आयेगी
(ख) देर से आये हो, बाहर खड़े रहो!
(ग) जी हाँ! स्टेशन के वेटिंग रूम में बैठा व्यक्ति उठाईगीर भी हो सकता है
(घ) वाह री आंटी! माँग रहे हैं पानी, नहला रही हो शराब से...!
(ङ) भैया...! दूसरी बार राष्ट्रपति मत बनना
(च) माँ...! मैं अभागी या तू?
(छ) ऐश्वर्या राय नहीं, अब ऐश्वर्या बच्चन बोलिए!

(iii) विस्मयादिबोधक शीर्षक : जो शीर्षक में विस्मय का बोध कराये, उसे विस्मयादिबोधक शीर्षक कहते हैं। विस्मयादिबोधक से तात्पर्य है आश्चर्य, खेद, दुःख, प्रसन्नता, आदि व्यक्त करनेवाला अव्यय। जैसे–वाह, ओह, हाय। इसे विस्मयादि बोधक चिह्न (!) से सूचित किया जाता है। पत्रकारिता में विशेषकर मुद्रित माध्यम में इस तरह के शीर्षक का बहुत प्रयोग किया जाता है। कुछ उदाहरणों से इसे समझा जा सकता है–

(क) अरे वाह! कपिल दा का जवाब नहीं
(ख) अरे! रोको करार वरना जायेगी सरकार
(ग) हाय! न आना इस देश में लाडो

(घ) हाय! मुझे मेरी बीवी से बचाओ

(ङ) वाह! शाबाश शाहनवाज

(च) वाह! शाबाश बच्चो, श्लोकों का इतना शुद्ध उच्चारण

(छ) वाह रे दरोगा जी! कमाल कर दिया

(iv) सलाह देता शीर्षक : जिस शीर्षक में सलाह या परामर्श दिया गया हो, उसे सलाह देता शीर्षक कहते हैं। आजकल इस तरह के शीर्षक, काफ़ी दिये जा रहे हैं। कुछ उदाहरणों से इसे समझा जा सकता है–

(क) आज निकलेगा ताजिया, जाम से बच कर चलें

(ख) केवल बन्दूक से नहीं होगा, नक्सलवाद का सफाया

(ग) ऐसे नहीं रुक पायेगी महँगाई

(घ) मौसम बदल रहा है, सावधानी बरतें

(v) बिम्बात्मक शीर्षक : ऐसा शीर्षक जिसमें प्रतीक के माध्यम से बिम्ब उपस्थापित किया जाता हो, उसे बिम्बात्मक शीर्षक कहते हैं। इसमें प्रतीक के माध्यम से भावों की अभिव्यंजना की जाती है। इस शीर्षक को कुछ उदाहरणों से स्पष्ट किया जा सकता है।

(क) कोहरे की चादर ओढ़े आया नया साल

(ख) जनजीवन ठहरा और खेत मुस्कराये

(ग) मैदानों ने ओढ़ी बर्फ़ की चादर

(घ) ममता गरजीं, मानसून सत्र में संकट के बादल

(ङ) आनन्द शतरंज के विश्वनाथन

(च) कोहली ने किया विराट धमाका

(छ) आलू नरम पड़ा तो घिया, तोरई इतराई

(ज) डॉन ब्रैडमैन शतक से चूके, जीवन की पारी 92 पर ही समाप्त

(झ) कोहरे के कर्फ़्यू में कुछ देर की ढ़ील

(vi) वर्णानुप्रास शीर्षक : जब शीर्षक में एक ही वर्ण वाले शब्दों की बार-बार पुनरावृत्ति हो, उसे वर्णानुप्रास शीर्षक कहते हैं। इसे कुछ उदाहरणों से समझा जा सकता है–

(क) मेरठ में मौत का मेला

(ख) लाल मस्जिद लहू से लाल

(ग) मुलायम के लिए नयी मुश्किल

(घ) कठघरे में कैप्टन (पंजाब के पूर्व मुख्यमन्त्री अमरेन्द्र सिंह के सन्दर्भ में)

(ङ) मुश्किल में महारानी (राजस्थान की पूर्व मुख्यमन्त्री श्रीमती वसुन्धरा के सन्दर्भ में)

(च) क़ानून के कठघरे में क़ानून

(छ) पर्थ से पहले पंगा

(ज) दीदी से दंगा

(झ) पाकिस्तान का पलटवार

(ञ) मौत को मात न दे सके महाजन

(vii) मुहावरेदार शीर्षक : शीर्षक में यदि मुहावरे का प्रयोग किया जाता है तब उसे मुहावरेदार शीर्षक कहा जाता है। शीर्षक में मुहावरे के प्रयोग से आकर्षण पैदा होता है और पाठक के लिए शीर्षक विशेष चिरस्मरणीय हो जाता है। मुहावरेदार शीर्षक के कुछ उदाहरण इस प्रकार हैं–

(क) राठौर की चाँदी

(ख) कांग्रेस ने सात महीने बाद फिर घोषित की 'शिव जी' की बारात

(ग) आरक्षण : डॉक्टर दो-दो हाथ को तैयार

(घ) लो, छू लिया आसमान (सचिन तेन्दुलकर के सन्दर्भ में)

(ङ) हवा हुई हेकड़ी (ऑस्ट्रेलियाई टीम को उसकी ज़मीन पर पटखनी देने के सन्दर्भ में)

(च) दमकल का निकला दम

(छ) मुशर्रफ ने बांग्लादेश में भारत के ख़िलाफ़ ज़हर उगला

(viii) व्यंग्यात्मक शीर्षक : जिस शीर्षक में व्यंग्य हो, उसे व्यंग्यात्मक शीर्षक कहते हैं। इस तरह के शीर्षक कम ही देखने को मिलते हैं। कुछ उदाहरणों से व्यंग्यात्मक शीर्षक को समझा जा सकता है।

(क) आई.ए.एस. बनने आये हो, अंग्रेज़ी बोलकर तो दिखाओ

(ख) उड़ाई थी मारुति, तीन दिन मस्ती के बाद धरे गये

(ix) सावधान करता शीर्षक : पाठक, देश या समाज को जब सावधान करता हुआ शीर्षक लिखा जाता है, तब उसे सावधान करता शीर्षक कहा जाता है। सावधान करता शीर्षक के कुछ उदाहरण द्रष्टव्य हैं–

(क) सावधान! स्टेशनों पर झूठी व्यथा सुना ठग सकती हैं अधेड़ औरत

(ख) फूँक-फूँककर रखेंगे दोस्ती के क़दम (चीन के सन्दर्भ में)

(x) वक्तव्य शीर्षक : जब किसी राजनेता अथवा अन्य मीडिया पर्सनेलिटी वक्तव्य को उनके नाम के साथ उद्धृत किया जाता है तो उसे वक्तव्य शीर्षक कहा जाता है। कुछ उदाहरण से इसे समझा जा सकता है–

(क) केन्द्र सरकार धर्मान्तरण को संगीन अपराध घोषित करे : जोशी
(ख) कश्मीर में उग्रवाद कम, फारूक का दावा
(ग) बीना बोली, गवाह हूँ अभियुक्त नहीं
(घ) सरकार से निभा पाना मुश्किल : ममता
(ङ) सोनिया मुझे गिरफ़्तार कराएँ : मुलायम सिंह

(xi) तुकान्त शीर्षक : ऐसे शीर्षक जिसके तुक मिलते हों, उसे तुकान्त शीर्षक कहते हैं। ऐसे शीर्षक लम्बे समय तक याद रखे जाने योग्य होते हैं। ऐसे शीर्षक पत्र-पत्रिकाओं को प्रभावशाली बनाते हैं और उसमें आकर्षण पैदा करते हैं। इसे कुछ उदाहरणों से समझा जा सकता है।

(क) दिल्ली में फिर शीला, बाकी जगह हाथ ढीला
(ख) लम्बी खींची जंग तो जेब होगी तंग
(ग) गांधीगीरी फेल, मुन्नाभाई गये जेल
(घ) थमी नहीं महँगाई, सरकार आगे आई
(ङ) जनता महँगाई से त्रस्त, कांग्रेसी वोट बटोरने में मस्त
(च) दिनभर चली बयार, सोनिया की जय जयकार
(छ) आदेश कुछ, असलियत कुछ
(ज) अभिनेता को बेल, मन्त्रीजी को जेल
(झ) गरम लालू बने नरम आलू
(ञ) भय का 'रावण' भागा, रात भर पटना जागा
(ट) नज़ीर बन गयी बेनज़ीर
(ठ) हर दिन घटता जाये पानी, बढ़ी सरकार की परेशानी
(ड) योजनाएँ चुस्त, अमल में सुस्त

(xii) विरोधाभाषी शीर्षक : ऐसा शीर्षक जिसके कथ्य में विरोधाभाष हो, उसे विरोधाभाषी शीर्षक कहा जाता है। इस तरह के शीर्षक कम लिखे जाते हैं, परन्तु प्रभाव की दृष्टि से महत्त्वपूर्ण माने जाते हैं। कुछ उदाहरणों से इसे समझा जा सकता है–

(क) सूखे की घटा घुमड़ने से चिन्ता
(ख) प्रतिमा ने गिराई देश की गरिमा
(ग) मौत के आँगन में ज़िन्दगी का गीत
(घ) 'बेइज़्ज़ती' के लिए बातचीत को राज़ी
(ङ) राबड़ी सरकार पर लालू ने ही लगाये नाकामी के आरोप
(च) योजनाएँ चुस्त, अमल में सुस्त

(xiii) खण्डित शैली शीर्षक : जब शीर्षक एक वाक्य में न होकर कई खण्डों में बँटा हो, तो उसे खण्डित शैली शीर्षक कहते हैं। इस तरह के शीर्षक प्रभावशाली और आकर्षक होते है तथा खण्डित शैली में होकर भी अनुकूल भाव और प्रभाव सम्प्रेषित करते हैं। कुछ उदाहरणों से इसे समझा जा सकता है–

(क) आबादी 20 लाख, सर्जन एक;
वह भी वीआईपी ड्यूटी में

(ख) खाकी छोड़ी, रेहड़ी पकड़ी
तब पहुँचे क़ातिल तक

(ग) हटाने के आदेश, फिर भी
चल रहा है मुर्गी फार्म

(xiv) भाषाई शीर्षक : ऐसा शीर्षक जो हिन्दी में न होकर क्षेत्र-विशेष की भाषा में हो, उसे भाषाई शीर्षक कहते हैं। इस तरह के शीर्षक की भी पठनीयता काफ़ी होती है, किन्तु ऐसे शीर्षक बहुत ही कम प्रयोग में लाये जाते हैं। क्षेत्र-विशेष की भाषा में दिये गये कुछ शीर्षक यहाँ उल्लेखनीय हैं।

(क) मजो आ ग्यो, बटन दबायो, वोट पड़ ग्यो (राजस्थानी)

(ख) गट्ठी नी धेला, चढ़ना रेला, सैह भी सवेला (पहाड़ी)

(ग) डूब गयील चंदवा के चाँद (भोजपुरी)

(xv) शीर्षक में नवाचार : पत्रकारिता में शीर्षक की महत्ता सर्वाधिक मानी जाती है। शीर्षक देखकर ही अख़बार ख़रीदे जाते हैं। स्वाभाविक तौर पर शीर्षक की जब इतनी महत्ता होगी तो इसे आकर्षक बनाने का हर सम्भव प्रयास किया जायेगा। इसी उपक्रम के आलोक में शीर्षक को गणित के रूप में लिखने का प्रयास किया गया है। इसे निम्नलिखित उदाहरणों से समझा जा सकता है।

(क) ट्यूशन छोड़ी + गुरुजी नाराज़ = छात्र पिटा

(ख) एक डीसीपी + एक एमएस = ख़ौफ़ में जनता

(ग) आठ माह + आठ अफ़सर = नतीजा 0

(xvi) गाने के बोल/कविता की पंक्तियाँ वाले शीर्षक : शीर्षक को पठनीय और आकर्षक बनाने की हर सम्भव कोशिश की जाती रही है। इसी क्रम में कभी गाने के बोल तो कभी कविताओं की पंक्तियों को शीर्षक बनाया जाता है। कभी-कभी लोकोक्ति का भी प्रयोग कर शीर्षक को आकर्षक बनाने की कोशिश की जाती है। इसे कुछ उदाहरणों से समझा जा सकता है–

(क) झूमेंगे, नाचेंगे, गाएँगे, ऐश करेंगे और क्या ...

(ख) सुगवा के मारबो धेनुष से, सुग्गा गिरी मुरूछाए

(ग) लौट के आजा मेरे...

(घ) जीने के हैं चार दिन, बाक़ी सब...

(ङ) किससे अपना दर्द कहें, किसको पीर सुनाएँ

8. शीर्षक लिखते समय ध्यान देने योग्य बातें

शीर्षक लेखन को सम्पादन की सबसे बड़ी कसौटी के रूप में देखा जाता है। इसलिए शीर्षक लेखन करते समय सम्पादकीय टीम से सावधानता की अपेक्षा की जाती है। शीर्षक में थोड़ी-सी भी चूक से कई बार स्थितियाँ हास्यास्पद हो जाती हैं। शीर्षक लेखन ही एक ऐसा उपक्रम है जिसकी सफलता और असफलता पर सम्पूर्ण समाचार-पत्र की पठनीयता प्रभावित होती है। एक अच्छा शीर्षक देना गागर में सागर भरने जैसा होता है। शीर्षक ही पाठक और समाचार के बीच पुल का काम करता है। शीर्षक को पढ़कर ही पाठक तय करता है कि उसे समाचार पढ़ना चाहिए या नहीं। अतः शीर्षक लिखते समय सम्पादकीय टीम को बहुत सतर्क रहने की आवश्यकता होती है। शीर्षक लिखते समय निम्नलिखित बातों का विशेष ध्यान देना चाहिए।

(i) समाचार अथवा पाठ्य-सामग्री के सार-संक्षेप को ही शीर्षक बनाना चाहिए। बड़बोला शीर्षक समाचार पढ़ने के लिए पाठक को आकर्षित तो करता है, किन्तु समाचार पढ़ने के बाद पाठक को निराशा ही हाथ लगती है और वह ठगा हुआ महसूस करता है।

(ii) शीर्षक सदैव कर्तृवाच्य (Active Voice) में ही होना चाहिए। इसके कारण 'द्वारा' जैसे शब्दों का प्रयोग प्रायः शीर्षक में नहीं किया जाता है।

(iii) शीर्षक में 'हेतु' को प्रयोग करने से बचना चाहिए।

(iv) दो अर्थ देने वाले शीर्षक का प्रयोग कदापि नहीं करना चाहिए।

(v) शीर्षक की शुरुआत अंक से नहीं करनी चाहिए।

(vi) शीर्षक में प्रचलित संक्षिप्त रूप का ही प्रयोग करना चाहिए जैसे–भाजपा, सपा, विहिप इत्यादि।

(vii) अप्रचलित संक्षिप्त रूप का प्रयोग कदापि नहीं करना चाहिए जैसे–नगर पालिका के लिए नपा।

(viii) शीर्षक में सरल, सहज और सुगम शब्दों का ही प्रयोग करना चाहिए। जटिल और दुरूह शब्दों का प्रयोग कदापि नहीं करना चाहिए।

(ix) शीर्षक की भाषा शालीन और मर्यादित होनी चाहिए। उसे उलझन पैदा करनेवाला कदापि नहीं होना चाहिए।

(x) शीर्षक भूतकाल में देना चाहिए।

इस प्रकार शीर्षक लेखन की महत्ता को देखते हुए इसे पत्रकारिता में महत्त्वपूर्ण उपक्रम के रूप में देखा जाता है। शीर्षक लेखक प्रतिभाशाली तो होना ही चाहिए, अनुभव और अभ्यास से भी अच्छे शीर्षक लिखे जा सकते हैं। शीर्षक में रचनात्मकता होती है और यह विशेष कौशल की माँग करता है। शीर्षक के उद्देश्य, विशेषताएँ और शिल्प की समझ विकसित करने के लिए निरन्तर अभ्यास आवश्यक है। इस क्षेत्र में हो रहे नये-नये प्रयोगों पर नज़र रखनी चाहिए और शीर्षक लिखते समय अपनी सर्जनात्मक क्षमता का परिचय देना चाहिए।

सम्पादन का शिल्प-विधान

किसी समाचार-पत्र, पत्रिका, पुस्तक इत्यादि में प्रकाशित होनेवाली सामग्रियों के सम्यक् संशोधन, परिमार्जन और परिवर्तन की सम्पूर्ण क्रिया, जिससे उसमें समग्रता आती है, 'सम्पादन' कहलाती है। इसके अन्तर्गत पाठ्य-सामग्री के प्रकाशन से पूर्व उसमें भाषा संशोधन, तथ्यात्मक परिमार्जन, सन्दर्भ सामग्री का परिवर्द्धन, शिल्पगत संशोधन, शीर्षक, उपशीर्षक लगाना, आमुख बनाना इत्यादि कार्य किये जाते हैं। इन सभी कार्यों को समग्र रूप से 'सम्पादन' कहा जाता है। पाठ्य-सामग्री के प्रूफ़-संशोधन तथा पत्र-पत्रिकाओं के पृष्ठों की साज-सज्जा को भी सम्पादन में सम्मिलित किया जाता है। इसके अन्तर्गत प्रकाशित होनेवाली सामग्री को सुरुचिपूर्ण ढंग से सजाया-सँवारा जाता है, ताकि उसकी पठनीयता और सम्प्रेषणीयता बढ़ सके। समग्रता के साथ कहें तो सम्पादन का अर्थ प्रकाशित होने वाली सामग्री के प्रबन्धन, चयन और प्रस्तुतीकरण तीनों से है।

सामान्य तौर पर सम्पादन का अर्थ यह समझा जाता है कि किसी भी पाठ्य-सामग्री (समाचार, फ़ीचर, आलेख इत्यादि) को छोटा करने के साथ-साथ उसे चुस्त-दुरुस्त करना। सामान्य बोलाचाल की भाषा में कहा जाता है कि किसी समाचार-विशेष को 'एडिट करके छोटा' कर दिया गया, जबकि वास्तव में 'सम्पादन' व्यापक शब्द है। इसका अर्थ केवल काटना-छाँटना अथवा छोटा करना ही नहीं, अपितु सम्पादन का अर्थ उसमें महत्त्वपूर्ण सन्दर्भ सामग्री जोड़ना एवं 'वैल्यू एडिशन' करना भी होता है। अतः सम्पादन को संक्षेपण के साथ-साथ पल्लवन के रूप में भी देखा जाना चाहिए। सम्पादन का तात्पर्य पाठ्य-सामग्री को केवल छोटा करना वस्तुतः उसकी अर्थ-अभिव्यंजना को एकांगी बनाना है।

पत्र-पत्रिकाओं में सम्पादकीय डेस्क पर समाचार अथवा अन्य पाठ्य-सामग्री की महत्ता की दृष्टि से उसे छोटा या बड़ा किया जाता है और इसके लिए पाठ्य-सामग्री को आवश्यकतानुसार न केवल काटा-छाँटा जाता है, अपितु ज़रूरत पड़ने

पर सन्दर्भ सामग्री तथा समाचार से सम्बद्ध अन्य स्रोतों से प्राप्त समाचार-तत्त्व को जोड़ा भी जाता है। सम्पादन के अन्तर्गत ही कई बार समान प्रकृति के एक से अधिक समाचारों को जोड़कर उसे बड़ा भी किया जाता है। सम्पादकीय डेस्क कई बार समाचार, लेख, फ़ीचर, रिपोर्ताज इत्यादि को आवश्यकतानुसार विश्लेषित-व्याख्यायित करने के क्रम में भी उसे बड़ा कर देती है। कुल मिलाकर सम्पादन का अर्थ केवल काटना-छाँटना ही नहीं, पाठ्य-सामग्री को आवश्यकतानुसार बड़ा करना अर्थात् पल्लवित करना भी है।

सम्पादन का कार्य श्रम-साध्य होता है। पाठ्य-सामग्री को तराशकर प्रकाशित करने योग्य बनाना अथवा संस्कारित करना, उसे जीवन प्रदान करने-जैसा है। सर्जना का अमूल्य श्रम ही सम्पादक और प्रकारान्तर से सम्पादकीय टीम को समाज में समादृत करता है। सम्पादन में रचनात्मक से लेकर प्रबन्धन तक का कार्य शामिल है। सम्पादन की रचनात्मकता ने ही वस्तुत: इसे कला के रूप में मर्यादित किया है। अत: सम्पादन के बहुआयामी कार्य को किसी निर्धारित फ्रेम अथवा परिभाषा में बाँधना कठिन है।

1. सम्पादन का शिल्प और सौन्दर्य

समाचार को सम्पादित करने की दक्षता अथवा कला को शिल्प कहते हैं। यह समाचार को संस्कारित करने का ऐसा कार्य है, जिससे समाचार में पठनीयता पैदा होती है। इससे सौन्दर्य की सृष्टि भी होती है। समाचार का सम्पादन विलोम पिरामिड नामक शिल्प के अनुरूप किया जाता है। इसके अन्तर्गत मानवीय जिज्ञासा के आलोक में समाचारों की संरचना की जाती है। समाचारों का सम्पादन करते समय सबसे पहले इस बात की जाँच की जाती है कि समाचार-विशेष का गठन विलोम पिरामिड शैली में हुआ है या नहीं। इस शैली में समाचार के सबसे महत्त्वपूर्ण तथ्य को सबसे ऊपर 'आमुख' में स्थान मिलता है। 'शेष कलेवर' में समाचार के घटते हुए महत्त्व के क्रम में तथ्यों को लिखा जाता है। सम्पादन का शिल्प का अर्थ वस्तुत: एक निर्धारित शैली में (विलोम पिरामिड) पाठ्य-सामग्री को काट-छाँट कर सजाना-सँवारना है। इससे पाठ्य-सामग्री में निखार पैदा होता है।

शिल्प का शब्दकोशीय अर्थ होता है–कला आदि कर्म, हुनर, कारीगरी, स्रुवा, दक्षता, हस्तकर्म, रूप आकृति, निर्माण-सृष्टि इत्यादि। शैली वस्तुत: एक उपादान है, जिसके द्वारा रचनाकार अपनी भावनाओं को किसी विशेष ढंग से व्यक्त करता है। इस कौशल से सौन्दर्य की सृष्टि होती है और समाचार विशेष की पठनीयता बढ़ जाती है। सम्पादन के शिल्प का तात्पर्य समाचार-विशेष को तराशकर प्रकाशित

करने योग्य बनाना अथवा संस्कारित करना उसे जीवन प्रदान करने जैसा है। जिस प्रकार एक मूर्तिकार किसी अनगढ़, बेडौल अथवा टेढ़े-मेढ़े पत्थर को छेनी से काट-छाँटकर सुगढ़ बना देता है और उसे कोई रूप प्रदान कर देता है, उसी प्रकार सम्पादकीय डेस्क समाचार, लेख इत्यादि के अवांछनीय तत्त्वों को काट-छाँटकर पठनीय बनाने का हर सम्भव प्रयास करता है। उसके पश्चात् शीर्षक, उपशीर्षक इत्यादि देकर उसकी सम्यक् प्रस्तुति करता है। इस दृष्टि से सम्पादक द्रष्टा और स्रष्टा की भूमिका से साक्षात् ब्रह्मा, विष्णु और महेश से कम नहीं है। सम्पादन का शिल्प किसी समाचार विशेष को अनगढ़ से सुगढ़ बना देता है। भाषा और भाव की दृष्टि से वह सुन्दर, सुष्ठु और सार्थक बन जाता है। उसमें पठनीयता का संचार हो जाता है। सम्पादन के शिल्प के कारण समाचार-विशेष में सर्जनात्मकता का संचार हो जाता है। इसी के कारण अनगढ़ समचारों में भी प्राणों का सहज स्पन्दन होने लगता है। सम्पादन का शिल्प ही समाचार को प्राणवन्त और जीवन्त बना देता है। इसी के परिणामस्वरूप सौन्दर्य जाग्रत होता है। कला जिस प्रकार जीवन को संस्कारित करती है, उसी प्रकार सम्पादन का शिल्प समाचार-विशेष को पठनीयता की दृष्टि से चित्ताकर्षक और मोहक बना देता है। भाषा और भाव की दृष्टि से सुस्त और ढीला समाचार भी रुचिकर और सम्प्रेषणीय बन जाता है। सम्पादन के शिल्प के अन्तर्गत समाचार-विशेष को विलोम पिरामिड शैली में गढ़ने के साथ-साथ भाषा की शुद्धता, तथ्यात्मक परिमार्जन, सजीव और जीवन्त शीर्षक-उपशीर्षक लगाना इत्यादि आते हैं।

2. सम्पादन-विधान

सम्पादन-विधान के अन्तर्गत समाचार विशेष को जटिल और दुरूह प्रक्रिया से गुज़रना होता है। वस्तुतः सम्पादन की यह जटिल प्रक्रिया ही सम्पादन-विधान है। इसके अन्तर्गत समाचार को रोचक और पठनीय बनाया जाता है। पत्रकारिता की दृष्टि ये यदि विचार किया जाये तो सम्पादन-विधान के अन्तर्गत रचनात्मक से लेकर प्रबन्धन तक के कार्य शामिल हैं। इसमें निरीक्षणात्मक और व्यवस्थात्मक कार्य भी शामिल हैं। सम्पादन-विधान के अन्तर्गत एक ओर जहाँ यह कला की मर्यादा से संवलित है वहीं दूसरी ओर प्रबन्धन का कौशल भी उसमें निहित है। यों तो सम्पादन-विधान में पाठ्य-सामग्री विधान के प्रबन्धन से लेकर चयन और प्रस्तुतीकरण तीनों सम्मलित हैं, किन्तु प्रस्तुतीकरण के विभिन्न आयामों को ही मुख्यतः सम्पादन-विधान में शामिल किया जाता है। सम्पादन-विधान के अन्तर्गत मुख्यतः निम्नलिखित उपक्रम किये जाते हैं।

(i) समाचार को विलोम पिरामिड शैली में गढ़ना : इसके अन्तर्गत समाचार के तथ्यों और तत्त्वों को उसके महत्त्व के घटते हुए क्रम में व्यवस्थित किया जाता है। समाचार विशेष के तथ्यों को मुख्यतः दो हिस्से में संयोजित किया जाता है। (क) आमुख, (ख) शेष कलेवर। समाचार के सन्दर्भ में मूलभूत जिज्ञासाओं की पूर्ति आमुख से ही हो जाती है जबकि शेष कलेवर में कारण जिज्ञासाओं की पूर्ति होती है। कहने का तात्पर्य यह कि समाचार की जिज्ञासा के छह ककार की जाँच इसी के तहत की जाती है।

(ii) समाचार को रोचक और पठनीय बनाना : इसके अन्तर्गत पूरे समाचार-प्रसंग का कथाक्रम ठीक किया जाता है। अधूरे तथ्यों को जोड़कर सम्पूर्ण समाचार के सन्दर्भ को पुष्ट किया जाता है। समाचार से सम्बद्ध नाम, पदनाम, आँकड़े इत्यादि को ठीक कर उसमें कसावट लायी जाती है। इस बात पर विशेष बल दिया जाता है कि समाचार-विशेष में जो कुछ भी कहा गया है, वह पूरी तरह से सम्प्रेषणीय हो।

(iii) समाचार को शैली-पुस्तिका के अनुरूप बनाना : प्रत्येक समाचार-पत्र की अपनी-अपनी शैली-पुस्तिका होती है। इसमें भाषा, अनुवाद, श्रेयपंक्ति, शीर्षक, उपशीर्षक, लेआउट और डिजाइन, चित्र, आदरसूचक शब्द इत्यादि के विषय में निर्देश दिये होते हैं। शैली-पुस्तिका में वर्तनी की एकरूपता, विशिष्ट शब्दों का प्रयोग, शब्दों का मानकीकरण, साज-सज्जा इत्यादि के सन्दर्भ में भी दिशा-निर्देश दिये जाते हैं। शैली-पुस्तिका के कारण ही अलग-अलग लोगों द्वारा समाचार-पत्रों में काम करने के बाबजूद उसमें एकरूपता बनी रहती है। सभी पृष्ठों का ले-आउट और डिजाइन एक जैसा रहता है।

(iv) पाठ्य-सामग्री में पक्ष और विपक्ष को समान महत्त्व देना : प्रत्येक समाचार के अन्तर्गत पक्ष और विपक्ष होता है। इसे एक उदाहरण से समझा जा सकता है। किसी अस्पताल की दुर्व्यवस्था से सम्बन्धित समाचार जनता का पक्ष और अस्पताल प्रशासन दोनों के पक्ष को समान महत्त्व दिया जाना चाहिए। समाचार लेखन के इस मूलभूत सिद्धान्त का पालन करके ही एक सन्तुलित समाचार लिखा जा सकता है। पाठ्य-सामग्री को निष्पक्ष बनाने के इस उपक्रम को आत्मसात् किये बिना निष्पक्ष समाचार नहीं लिखा जा सकता है।

(v) क़ानूनी उलझन से बचना : कभी-कभी किसी समाचार-विशेष से पत्रकार क़ानूनी उलझनों में फँस सकता है। किसी समाचार-विशेष से किसी की मानहानि हो सकती है। किसी समाचार-विशेष से देश की एकता और अखण्डता प्रभावित हो सकती है। इसके अतिरिक्त न्यायालय की अवमानना भी हो सकती है, इसलिए क़ानूनी उलझनों से बचाव के साथ समाचार प्रकाशित करना चाहिए।

(vi) भाषा को सहज और सरल बनाना : समाचार जानने के लिए सामान्य साक्षर से लेकर विद्वत्जन तक अख़बार पढ़ते हैं। ऐसे में ज़रूरी हो जाता है कि समाचार-पत्र की भाषा सहज, सरल और बोधगम्य हो। दुरूह और अपरिचित शब्द से यथासम्भव बचना चाहिए। मिश्र वाक्य की जगह सरल वाक्य का प्रयोग करना चाहिए।

(vii) संस्थान की नीतियों के अनुसार समाचार बनाना : प्रत्येक समाचार-पत्र अथवा मीडिया संस्थान की अपनी एक नीति होती है। कोई समाचार-पत्र राजनीतिक समाचारों को महत्त्व देता है तो कोई सामाजिक, कोई आर्थिक समाचारों को महत्त्व देता है तो कोई खेल की ख़बरों को प्रमुखता से प्रकाशित करना चाहता है। कोई संस्थान राष्ट्रीय चेतना से सम्बद्ध समाचारों को प्रमुखता प्रदान करना चाहता है तो कोई साम्प्रदायिक सौहार्द को महत्त्व देता है। इस प्रकार संस्थान की नीतियों के आलोक में ही समाचारों का सम्पादन किया जाता है और उसका प्रस्तुतीकरण किया जाता है।

(viii) तथ्यात्मक दोष दूर करना : समाचार में न्यूज़ मेकर के नाम, पदनाम, आँकड़े इत्यादि में ग़लतियाँ रहने की सम्भावना होती हैं। कई बार गाँव, शहर के नाम में भी चूक हो सकती है। ऐसे में सम्पादकीय डेस्क का ये काम होता है कि उसे सुधार कर प्रकाशित करे।

(ix) सम्यक् प्रस्तुति : पत्र-पत्रिकाओं में सम्यक् प्रस्तुति का भी विशेष महत्त्व है। गुणवत्तापूर्ण सामग्री होने के बावजूद कई बार सम्यक् प्रस्तुति नहीं होने से पत्र-पत्रिकाएँ बाज़ार में पिट जाती हैं। इसलिए लेआउट और डिजाइन पर विशेष ध्यान दिये जाने की आवश्यकता महसूस होती है। सम्यक् प्रस्तुति की ज़िम्मेदारी सम्पादकीय टीम पर ही होती है। इसलिए यह भी सम्पादन-विधान का महत्त्वपूर्ण अंग है।

3. शैली-पुस्तिका की रचना और उपयोग

शैली-पुस्तिका पत्र-पत्रिकाओं के लिए एक मार्गदर्शक पुस्तिका होती है, जिसमें पाठ्य-सामग्री (समाचार और विचार) की भाषा-शैली और उसके प्रस्तुतीकरण के तरीक़ों का उल्लेख किया जाता है। भाषा सम्बन्धी निर्देश के अन्तर्गत वर्तनी की एकरूपता, शब्दों का मानकीकरण, शब्दों का संक्षिप्तीकरण इत्यादि का उल्लेख किया जाता है। इसके अतिरिक्त इसमें अनुवाद, श्रेयपंक्ति, शीर्षक, ले-आउट और डिजाइन, चित्र, आदरसूचक शब्द इत्यादि के विषय में निर्देश दिये जाते हैं। वास्तव

में शैली-पुस्तिका की आवश्यकता इसलिए महसूस होती है कि पत्र-पत्रिकाओं के अलग-अलग संस्करणों के लिए सैकड़ों पत्रकार काम करते हैं; जिसकी वर्तनी भिन्न-भिन्न हो सकती है। ऐसे में पत्र-पत्रिकाओं में एकरूपता बनाये रखने के लिए शैली-पुस्तिका की आवश्यकता होती है।

समाचारों के लेखन, सम्पादन और प्रस्तुतीकरण में एकरूपता प्रदर्शित करने के लिए उसे शैली-पुस्तिका के अनुरूप तैयार किया जाता है। उदाहरण के लिए कोई समाचार-पत्र या पत्रिका दिन को नाम गुरुवार को बृहस्पतिवार लिखता है तो कोई वीरवार। एक ही समाचार-पत्र अथवा पत्रिका दिन विशेष के लिए एक ही नाम श्रेयस्कर है। किसी तरह कुछ समाचार-पत्र अथवा पत्रिका 'वृक्षारोपण' लिखते हैं तो कुछ 'पौधारोपण'। 'सम्बन्ध' शब्द का भी चार तरीक़ों से लिखे जाने का प्रचलन है–सम्बन्ध, संबंध, संबन्ध, सम्बंध। इसलिए पत्र-पत्रिकाओं में एकरूपता बनाये रखने के लिए शैली-पुस्तिका की आवश्यकता होती है। किसी पत्र-पत्रिका में संस्कृतनिष्ठ (तत्सम्) शब्दों का प्रयोग अधिक होता है तो कहीं अंग्रेज़ी और अरबी-फ़ारसी के शब्दों की भरमार रहती है। इससे सम्बन्धित नीतिगत निर्धारण शैली-पुस्तिका में की जाती है। शैली-पुस्तिका में निम्नलिखित निर्देश दिये जाते हैं–

(i) भाषा-सम्बन्धी निर्देश : इसके अन्तर्गत वर्तनी की एकरूपता और शब्दों के मानकीकरण का विशेष निर्देश दिया जाता है। शब्दों के संक्षिप्तीकरण के निर्देश भी दिये जाते हैं। उदाहरण के लिए कुछ पत्र-पत्रिकाओं में 'नगर परिषद्' के लिए संक्षेप में 'नप' का प्रयोग किया जाता है, जबकि कुछ पत्र-पत्रिकाओं का मानना है कि यह संक्षिप्तीकरण हिन्दी की प्रकृति के अनुरूप नहीं है। इसलिए नगर परिषद् को संक्षिप्त करके 'नप' लिखने की जगह, पूरा नगर परिषद् ही लिखा जाना चाहिए। कुछ समाचार-पत्रों और पत्रिकाओं में प्रचलित संक्षिप्त रूप को शैली-पुस्तिका में शामिल कर लिया गया है। तो शेष को छोड़ दिया गया है, जैसे भारतीय जनता पार्टी के लिए भाजपा प्रचलन में है इसलिए इसे तो शामिल कर लिया गया है, किन्तु नप को छोड़ दिया गया, क्योंकि वह प्रचलन में नहीं है। शब्दों के मानकीकरण को एक उदाहरण से समझा जा सकता है। अमेरिका को तीन रूपों में लिखे जाने का प्रचलन है–अमेरिका, अमरीका और एमरीका।

(ii) अनुवाद-सम्बन्धी निर्देश : हिन्दी पत्रकारिता में विदेश के अधिकांश समाचार अनुवाद करके प्रकाशित किये जाते हैं। ऐसे में अनुवाद करते समय विशेष सावधानी बरतने की आवश्यकता होती है। किसी भी समाचार का शब्दानुवाद करने की जगह भावानुवाद को ही श्रेयस्कर माना जाता है। हिन्दी की प्रकृति के अनुरूप ही अनुवाद किया जाना चाहिए। भावानुवाद में इसमें इस बात पर बल दिया जाता है

कि मूल पाठ का रसास्वादन पाठक लक्ष्यवाद में कर सके। इसमें मूल पाठ मूल की भाषा पर विशेष ध्यान की जगह मूल पाठ के भाव पर ध्यान केन्द्रित करना चाहिए।

(iii) श्रेयपंक्ति और डेटलाइन सम्बन्धी निर्देश : पत्र-पत्रिकाएँ संवाददाता को श्रेय देने के नाम पर सावधानी बरतते हैं। इसके लिए उनकी अपनी नीति होती है। श्रेयपंक्ति किस संवाददाता को उनके किस समाचार पर दिया जाये, इसका निर्धारण कुछ पत्र-पत्रिकाओं में डेस्क पर किया जाता है तो कुछ पत्र-पत्रिकाओं में ब्यूरो के द्वारा। कुछ पत्र-पत्रिकाएँ श्रेयपंक्ति के रूप में केवल संवाददाता का नाम लिख कर इतिश्री समझ लेती हैं, जबकि कुछ पत्र-पत्रिकाएँ संवाददाता का फ़ोटो भी प्रकाशित करती हैं। आजकल हिन्दी के प्राय: सभी पत्र-पत्रिकाओं में डेटलाइन में से तारीख़ को हटा दिया है। अब उसकी जगह घटना के स्थान और समाचार के स्रोत (संवाददाता, समाचार, एजेंसी इत्यादि) का उल्लेख किया जाता है। इसके लिखने की शैली विभिन्न समाचार-पत्रों और पत्रिकाओं में भिन्न-भिन्न होती है।

(iv) शीर्षक सम्बन्धी निर्देश : पत्र-पत्रिकाओं में एक कॉलम से लेकर सात-आठ कॉलमों के समाचार शीर्षक हेतु उसके पॉइंट साइज़ का निर्धारण पहले से कर दिया जाता है। शीर्षक के साथ उपशीर्षक, स्लग, फ्लायर, हाईलाइटर इत्यादि का प्रयोग किस प्रकार और कितना करना है, यह भिन्न-भिन्न पत्र-पत्रिकाओं के लिए पहले से निर्धारित होता है। शीर्षक की भाषा के सन्दर्भ में भी भिन्न-भिन्न पत्रिकाएँ अपना निर्देश जारी करती हैं। कुछ समाचार-पत्र शीर्षक में रोमन लिपि का भी प्रयोग करते हैं, जबकि अधिकतर में देवनागरी लिपि का प्रयोग होता है।

(v) पृष्ठ साज-सज्जा सम्बन्धी निर्देश : आधुनिक युग में पृष्ठ साज-सज्जा का महत्त्व बढ़ गया है। कम गुणवत्तापूर्ण पाठ्य-सामग्री भी अच्छी साज-सज्जा के बल पर बिक जाती है। इसलिए सभी पत्र-पत्रिकाएँ पृष्ठों के ले-आउट और डिजाइन अर्थात् साज-सज्जा पर विशेष बल देती हैं। साज-सज्जा के सन्दर्भ में सभी पत्र-पत्रिकाएँ अलग-अलग शैली अपनाती हैं। कुछ पत्र-पत्रिकाएँ मॉडलर ले-आउट के अनुरूप अपने पृष्ठों की साज-सज्जा करती हैं तो कुछ मॉडर्न ले-आउट को आत्मसात करती हैं। कुछ समाचार-पत्र क्वार्क एक्सप्रेस नामक सॉफ्टवेयर पर अपने पृष्ठों का निर्माण करते हैं तो कुछ इनडिजाइन पर।

(vi) चित्र-सम्बन्धी निर्देश : पत्र-पत्रिकाओं के लिए चित्र का काफ़ी महत्त्व है। कहा जाता है कि एक चित्र एक हज़ार शब्दों के बराबर होता है। चित्रों के माध्यम से समाचारों की सजीव प्रस्तुति होती है। इन तथ्यों के आलोक में विभिन्न पत्र-पत्रिकाएँ चित्रों के सन्दर्भ में अलग-अलग दिशा-निर्देश जारी करती हैं। चित्रों

के आकार, उसकी गुणवत्ता इत्यादि को लेकर भिन्न-भिन्न पत्र-पत्रिकाओं के द्वारा अलग-अलग दिशा-निर्देश जारी किये जाते हैं।

4. शैली-पुस्तिका का महत्त्व

शैली-पुस्तिका का महत्त्व दिनों-दिन बढ़ता जा रहा है। यह एक तरह से सम्पादन-विधान ही है, जिसमें सम्पादक द्वारा पत्र-पत्रिकाओं के सन्दर्भ में दिशानिर्देश को लिपिबद्ध कर दिया जाता है। इसलिए सम्पादकीय विभाग के नये पत्रकारों से अपेक्षा की जाती है कि वे शैली-पुस्तिका को पढ़ें और उसका अनुपालन करें। इससे पत्र-पत्रिकाओं के लिए भिन्न-भिन्न पत्रकारों द्वारा काम करने के बावजूद पत्र-पत्रिका विशेष में एकरूपता बनी रहेगी। विभिन्न पत्र-पत्रिकाओं के द्वारा शैली-पुस्तिका को अपनाने के निम्नलिखित महत्त्व हैं–

(i) शैली-पुस्तिका अपनाने से विभिन्न पत्र-पत्रिकाओं में वर्तनी की एकरूपता बनी रहती है।

(ii) विशिष्ट शब्दों के प्रयोग के सन्दर्भ में भ्रम की स्थिति दूर हो जाती है।

(iii) शब्दों के संक्षिप्तीकरण, आदरसूचक शब्द और विरामचिह्न के विषय में स्पष्ट दिशा-निर्देश प्राप्त होता है।

(iv) शैली-पुस्तिका से शब्दों का मानकीकरण सम्भव हो पाता है और पाठकों में भ्रम की स्थिति दूर हो जाती है।

(v) भाषा-सम्बन्धी कठिन समस्याओं का हल शैली-पुस्तिका से निकाला जा सकता है।

(vi) इससे पत्र-पत्रिकाओं की साज-सज्जा का वैशिष्ट्य निर्मित होता है।

(vii) श्रेयपंक्ति और तिथिरेखा के विषय में सम्यक् जानकारी प्राप्त होती है।

(viii) अंकों को शब्दों में लिखने के तरीक़े के बारे में जानकारी प्राप्त होती है।

5. पत्र-पत्रिकाओं की भाषा-शैली और महत्त्व

पत्र-पत्रिकाओं की भाषा सहज, सरल और सुग्राही होनी चाहिए। समाचार की भाषा प्रभावमयी और रमणीय हो न कि क्लिष्ट और जटिल। इससे भाषा की सम्प्रेषणीयता खण्डित होती है। यह ठीक है कि भाषा की दृष्टि से प्रायोगिक अभिनवता के प्रति आग्रहशील रहना पत्रकार के साथ-साथ उन्नत समाज का दायित्व है। किन्तु इसका अर्थ यह भी नहीं कि तत्सम् प्रधान संस्कृति संपोषित दुरूह और अपरिचित शब्दों के आधिक्य से हिन्दी पत्रकारिता को बोझिल बना दिया जाये। भाषा की सरलता और

उसे जनसंचार की भाषा बनाने के नाम पर आजकल अरबी-फ़ारसी के शब्दों का प्रयोग बहुतायत में किया जाने लगा है, जो युक्ति-संगत नहीं है। इसी तरह अंग्रेज़ी के शब्दों की संख्या भी पत्रकारिता में तेज़ी से बढ़ी है। अब तो देवनागरी लिपि के बीच रोमन लिपि के शब्द भी हिन्दी पत्रकारिता में दिखने लगे हैं। अन्य समाचार-पत्र भी इसका गतानुगतिक प्रयोग करने लगे हैं, जो दुर्भाग्यपूर्ण है।

हिन्दी को अधिकाधिक वैज्ञानिक और विश्वभाषा बनाने के लिए उसमें परिनिष्ठित एकरूपता का समावेश आवश्यक है। हिन्दी के प्रयोग में होनेवाली अराजकता और स्वच्छन्दता या सरलता के नाम पर होनेवाले अत्याचार या शिथिलाचार पर अंकुश लगाना आवश्यक है। हिन्दी में वर्तनी की एकरूपता तो अनिवार्य है ही। आज अंग्रेज़ी के आक्रमण से हिन्दी को बचाने के प्रयास को प्राथमिकता भी दी जानी चाहिए। अंग्रेज़ी से आयातित शब्दों से हिन्दी का मूल रूप विखण्डित हो रहा है। हिन्दी की जननी भाषा संस्कृत है और उसकी सखी-भाषाएँ हैं समस्त क्षेत्रीय उपभाषाएँ। इससे बनी हिन्दी ही अधिक वैज्ञानिक होगी और तभी उसे विश्वभाषा के रूप में आदर मिल सकेगा।

भारत में हिन्दी पत्रकारिता का इतिहास लगभग 200 वर्ष पुराना है। इन वर्षों में हिन्दी की पत्रकारिता का विकास-विस्तार हुआ है। हिन्दी परिष्कृत हुई है। भारत के अनेक लब्धप्रतिष्ठ साहित्यकारों और पत्रकारों ने इसे पल्लवित और पुष्पित करने में उल्लेखनीय भूमिका का निर्वहण किया है। उनकी साधना से ही आज की हिन्दी पत्रकारिता समृद्ध और श्रीसम्पन्न हुई है। किन्तु वर्तमान समय में एक षड्यंत्र के तहत हिन्दी पत्रकारिता को भाषा के स्तर पर खण्डित करने की चेष्टा की जा रही है। इसे समझने के साथ-साथ हमें सतर्क और सावधान होने की भी ज़रूरत है। पत्रकारिता में मिशन की जगह अब व्यावसायिकता इस पर इस तरह हावी होती जा रही है कि इसके अस्तित्व और सत्त्व पर ही संकट के बादल मँडराने लगे हैं। अगर यही स्थिति रही तो वह दिन दूर नहीं, जब देवनागरी लिपि की जगह रोमन लिपि के अक्षरों और शब्दों का प्रयोग धड़ल्ले से हो रहा होगा। यह शुभ संकेत नहीं है।

आज हिन्दी पत्रकारिता की भाषा अनेक कारणों से ख़राब हो रही है। यह स्खलन कुछ हद तक तो अज्ञान के कारण और कुछ जल्दबाज़ी के कारण भी हो रहा है। आज हिन्दी पत्रकारिता में हिन्दी साहित्य के ही विद्यार्थी नहीं आते हैं, अपितु विभिन्न अनुशासन, जैसे–इतिहास, भूगोल, अर्थशास्त्र, कॉमर्स, विज्ञान इत्यादि के विद्यार्थी भी बड़ी संख्या में आ रहे हैं। पत्रकारिता की प्राथमिकताएँ आज बदली हैं। पाठकों की माँग के नाम पर आज पत्रकारिता में राजनीतिक, आर्थिक, खेलकूद, मनोरंजन, सेक्स, अपराध, जीवन-शैली इत्यादि से सम्बद्ध समाचारों और विचारों

को प्रकाशित करने पर अधिक बल दिया जा रहा है। यह ठीक है कि इन विषयों की प्रासंगिकता और अपरिहार्यता स्वयंसिद्ध है, किन्तु इसका यह अर्थ भी नहीं कि हिन्दी पत्रकारिता से हिन्दी साहित्य ग़ायब हो जाये, गौण हो जाये। आज अधिकतर समाचार-पत्रों में अशुद्धियों की भरमार दिखाई दे रही हैं। अलबत्ता यह कि सम्पादक या सम्पादकीय विभाग को इसका अपराध-बोध भी नाममात्र नहीं होता है।

बोलचाल की भाषा के नाम पर अंग्रेज़ी के शब्दों का प्रचलन पत्र-पत्रिकाओं में बढ़ गया है। विद्यार्थी की जगह स्टूडेंट का प्रयोग धड़ल्ले से हो रहा है और विश्वविद्यालय की जगह यूनिवर्सिटी का प्रयोग किया जा रहा है। स्थिति तो तब और हास्यास्पद हो जाती है जब देवनागरी लिपि में प्रकाशित समाचार-पत्रों में रोमन लिपि में अक्षर और शब्द लिखे जाते हैं। इस तरह के प्रयोग करने में 'नवभारत टाइम्स' सहित अनेक समाचार-पत्रों के नाम उल्लेखनीय हैं।

हिन्दी की पत्रकारिता का स्खलन इस दृष्टि से भी हुआ है कि अरबी-फ़ारसी के शब्दों का प्रयोग षड्यंत्र के तहत अधिक किया जाने लगा है। विधिवत् योजना बनाकर हिन्दी के शब्दों को सरलीकरण के नाम पर हटाया जा रहा है। इस षड्यंत्र को इस तथ्य से समझा जा सकता है कि हिन्दी के शब्द 'अनुसार' को हटाकर 'मुताबिक़' क्यों किया जा रहा है? 'देश', 'राजनीति', 'समाचार', 'विशेष अवसर' आदि शब्दों को हटाकर मुल्क, सियासत, ख़बर, ख़ास मौक़ा आदि क्यों लिखा जा रहा है? इस सम्बन्ध में कुछ लोग बताते हैं कि सेकुलर बनने की होड़ में कुछ पत्रकार और सम्पादक ऐसा कर रहे हैं। कुछ पत्रकारों पर वामपन्थ का भूत अभी भी सवार है। इसलिए वे हिन्दी पत्रकारिता के साथ खेल रहे हैं। प्रसार संख्या की दृष्टि से कमज़ोर होता 'जनसत्ता' आज भी अरबी-फ़ारसी शब्दों के प्रयोग के मामले में अग्रणी समाचार-पत्र है। जल्दी से जल्दी समाचार देने की होड़ ने भी हिन्दी में न केवल संकर प्रयोग को बढ़ाया है अपितु अशुद्धियाँ छोड़ने को विवश किया है। अब प्रायः सभी प्रमुख समाचार-पत्रों में प्रूफ़-रीडर का काम भी उप-सम्पादक से ही कराया जाने लगा है। काम के बोझ के कारण अंग्रेज़ी के शब्दों को हिन्दी के शब्दों द्वारा प्रतिस्थापित करने का समय उप-सम्पादक के पास नहीं है। हिन्दी के प्रति लगाव की कमी और कई बार अज्ञान तथा लापरवाही के कारण भी श्रेष्ठ सम्पादन नहीं हो पा रहा है। हिन्दी की जगह अंग्रेज़ी के शब्दों का प्रयोग तक ही सम्पादन सीमित नहीं है। व्याकरण की दृष्टि से भी अशुद्ध वाक्य-रचना अगर किसी संवाददाता द्वारा लिख भी दी गयी हो तो उप-सम्पादक के पास इतना समय नहीं होता है कि वह उसे शुद्ध कर सके। नतीजतन अशुद्धियाँ बड़े पैमाने पर छप रही हैं।

इस प्रकार कहा जा सकता है कि सम्पादन के शिल्प-विधान के अन्तर्गत पत्र-पत्रिकाओं के शिल्प और सौन्दर्य के साथ-साथ शिल्प-कौशल द्वारा उसकी एकरूपता बनाये रखी जाती है। अलग-अलग पत्रकारों और सम्पादकीय टीम द्वारा सम्पादित होकर भी उसमें वर्तनी की एकरूपता होती है, शब्दों का मानकीकरण होता है। शब्दों के संक्षिप्तीकरण के एक जैसे विधान स्वीकृत कर समाचार-पत्र को अनेकरूपता से बचाया जाता है। ले-आउट और डिजाइन की दृष्टि से पत्र-पत्रिकाओं की साज-सज्जा में तादात्म्य स्थापित किया जाता है। ऐसा करने में शैली-पुस्तिका की भी महत्त्वपूर्ण भूमिका होती है। कुल मिलाकर पत्र-पत्रिकाओं को उसकी भाषा और प्रस्तुतीकरण की दृष्टि से समरूप बनाने की हरसम्भव कोशिश की जाती है।

सम्पादन-प्रक्रिया

पत्र-पत्रिकाओं में प्रकाशित समाचार या विचार के विभिन्न रूपों के लेखन, प्रबन्धन, चयन और प्रस्तुति की समग्र प्रणाली अथवा कार्य-विधान को 'सम्पादन-प्रक्रिया' कहते हैं। यह प्रणाली बहुत जटिल और श्रमसाध्य होती है। इन प्रक्रियाओं से गुज़रकर कोई पाठ्य-सामग्री संस्कारित होती है। सम्पादन की प्रक्रिया के अन्तर्गत पाठ्य-सामग्री को केवल काटना-छाँटना या छोटा करना ही नहीं होता है। यह तो सम्पादन का एकांगी रूप है। वस्तुतः सम्पादन की प्रक्रिया के अन्तर्गत पाठ्य-सामग्री का प्रबन्धन, चयन और प्रस्तुतीकरण तीनों शामिल होते हैं। पत्र-पत्रिकाओं के सम्पादकीय विभाग द्वारा इन सभी कार्यों का निष्पादन होता है। सम्पादकीय विभाग के सभी सम्पादकीय कर्मी सक्रियता के साथ टीम भावना से सम्पादन की सम्पूर्ण-प्रक्रिया का निर्वहण करते हैं।

पाठ्य-सामग्री के प्रबन्धन के अन्तर्गत समाचार, फ़ीचर, आलेख इत्यादि के प्रबन्धन हेतु व्यवस्था तो की ही जाती है, साथ ही, प्रकाशन के लिए समय और स्थान का भी प्रबन्ध किया जाता है। पाठ्य-सामग्री के प्रबन्धन के पश्चात् उसकी गुणवत्ता और महत्ता के आलोक में उसका चयन किया जाता है। पाठ्य-सामग्री के चयन का आधार समसामयिकता, नवीनता, लोकहित, लोकरुचि, जनजीवन की सकारात्मकता, सामग्री की सार्थकता इत्यादि हो सकती है। सम्पादन की प्रक्रिया का तीसरा और महत्त्वपूर्ण कार्य-विधान प्रस्तुतीकरण है। इसके अन्तर्गत किसी भी पाठ्य-सामग्री को शिल्पगत, भाषागत और दृश्यगत संस्कार से संबलित किया जाता है। लेखन के विविध रूपों की बनावट और बुनावट एक निर्धारित शिल्प के अन्तर्गत होती है। सम्पादन की प्रक्रिया के शिल्पगत संस्कार के अन्तर्गत पाठ्य-सामग्री को उसके शिल्प के अनुसार सजाया-परोसा जाता है। पाठ्य-सामग्री में बिखराव या तथ्यात्मक दोष को भी इसी चरण में ठीक किया जाता है। भाषागत संस्कार के अन्तर्गत सरल वाक्य रचना, वर्तनी की एकरूपता, शब्दों का मानकीकरण इत्यादि पर

ध्यान केन्द्रित किया जाता है, जबकि दृष्टिगत संस्कार के अन्तर्गत पृष्ठों की साज-सज्जा, समाचारों के शीर्षक, उपशीर्षक, टाइप फोंट, चित्र, ग्राफ़िक्स, बॉक्स, इनसेट इत्यादि की दृष्टि से कलात्मक और आकर्षक प्रस्तुति का प्रयास किया जाता है।

सम्पादन की प्रक्रिया वस्तुतः समयसाध्य और श्रमसाध्य होती है। जैसा कि पहले भी बताया जा चुका है कि आजकल सम्पादन का सामान्य अर्थ काट-छाँट अथवा छोटा करने से लिया जाता है, किन्तु यह सम्पादन का एक पक्षीय रूप है। वस्तुतः समाचार-सम्पादन की प्रक्रिया के अन्तर्गत समाचारों का प्रबन्धन, चयन और प्रस्तुतीकरण तीनों आता है। इन सारे कार्यों के निष्पादन के लिए सम्पादक के नेतृत्व में उप-सम्पादक, मुख्य उप-सम्पादक, सहायक सम्पादक, समाचार सम्पादक इत्यादि दायित्वों से जुड़े पत्रकारों का एक समूह होता है। ये सभी लोग सक्रियता के साथ टीम-भावना से सम्पादक द्वारा दिये गये दायित्वों का निर्वहण करते हैं और अन्ततः प्रतिफल के रूप में समाचार-पत्रों का प्रकाशन होता है। सम्पादक अपनी सम्पादकीय टीम का कप्तान होता है और समन्वयकारी भूमिका का निर्वहण करता है। समाचार-सम्पादन की प्रक्रिया को समग्रता के साथ जानने के लिए उसे निम्नलिखित तीन भागों में बाँटना उचित होगा।

1. प्रबन्धन

समाचार, समय और स्थान तीनों का प्रबन्धन सम्पादन का एक महत्त्वपूर्ण और अनिवार्य पहलू है। समाचार के लिए संवाददाताओं की नियुक्ति की जाती है। विभिन्न न्यूज़ एजेंसी, स्वतन्त्र पत्रकार और स्तम्भकार के द्वारा समाचार के साथ-साथ अन्य पाठ्य-सामग्री का भी प्रबन्ध किया जाता है। सम्पादक को समय का प्रबन्ध करना पड़ता है। घटना-प्रसंग के होने और समाचार पत्र-प्रकाशन के बीच कितना समय है और इस समय सीमा के भीतर समाचार सम्पादन की विभिन्न प्रक्रियाओं से समाचार कैसे तैयार हो सकता है, सम्प्रेषित हो सकता है। इसका प्रबन्धन भी सम्पादन का ही हिस्सा है। सम्पादन की प्रक्रिया के अन्तर्गत तीसरा प्रबन्धन स्थान की उपलब्धता का भी होता है। समाचार-पत्र के पृष्ठ-विशेष पर विज्ञापन के अतिरिक्त कितना स्थान बचा है, उसके अनुरूप ही समाचारों का प्रबन्धन, चयन और प्रस्तुति की जाती है। सामान्यतया विज्ञापन को हर हाल में प्रकाशित करने की कोशिश की जाती है। इसे समाचार-पत्र का 'ऑक्सीजन' कहा जाता है। समाचार, समय और स्थान के प्रबन्धन का अध्ययन हम अलग से निम्नलिखित रूप में करेंगे।

(i) समाचार का प्रबन्धन : समाचार-पत्र में प्रकाशित होनेवाली ख़बरों का

प्रबन्धन करना, सम्पादक अथवा सम्पादकीय विभाग का सबसे महत्त्वपूर्ण कार्य है। सम्पादक देश-विदेश के विभिन्न महत्त्वपूर्ण स्थानों पर अपने संवाददाताओं की नियुक्तियाँ करता है, जिससे वे नियमित रूप से विभिन्न क्षेत्रों की यथा-अपेक्षित ख़बर प्राप्त करता है। ऐसे संवाददाताओं में निज संवाददाता, कार्यालय संवाददाता, विशेष संवाददाता, संवाद सहयोगी, अंशकालिक संवाददाता इत्यादि आते हैं। संवाददाताओं की इस श्रेणियों का विभाजन सम्पादक अपने संस्थान की नीतियों और संस्थान द्वारा संवाददाता को दी जानेवाली सुविधाओं के आधार पर करता है। इसके अतिरिक्त समाचारों का प्रबन्धन समाचार ऐजेंसियाँ, स्वतन्त्र पत्रकारों, स्तम्भकारों इत्यादि से किया जाता है। भारत में अभी समाचारों के लिए दो प्रमुख ऐजेंसियाँ भाषा (पी.टी.आई.) और यूनीवार्ता (यू.एन.आई.) हैं। इसके अतिरिक्त भारत में अनेक छोटी-छोटी समाचार एजेंसियों के साथ अनेक फ़ीचर ऐजेंसियाँ भी कार्यरत हैं। इन स्त्रोतों के अतिरिक्त विभिन्न सरकारी, ग़ैर-सरकारी, अर्द्ध-सरकारी, स्वयंसेवी एवं राजनीतिक संगठनों से भी बड़ी मात्रा में विज्ञप्तियों के रूप में समाचार आते हैं और इस प्रकार समाचारों का प्रबन्धन किया जाता है।

(ii) समय का प्रबन्धन : समाचार-पत्र कार्यालयों में सम्पादकीय विभाग का काम अनेक पालियों में किया जाता है। दिन में प्राय: 11-12 बजे के बाद सभी समाचार-पत्रों में सम्पादकीय विभाग का काम प्रारम्भ हो जाता है। विभिन्न समाचार-पत्रों के संस्करण छूटने की समय-सीमा के अनुसार पालियों का निर्धारण होता है। दिल्ली से प्रकाशित 'नवभारत टाइम्स' में सम्पादकीय विभाग के सहयोगियों की पालियाँ दोपहर 12 बजे, 2:30 बजे और शाम 6 बजे से प्रारम्भ होती हैं। जबकि 'दैनिक जागरण' में पहले विभिन्न डाक संस्करण छूटते हैं। फिर राष्ट्रीय राजधानी क्षेत्र और दिल्ली महानगर के लिए संस्करण छूटते हैं। निर्धारित समय-सीमा के भीतर सम्पादकीय टीम द्वारा समाचारों का चयन, सम्पादन और प्रस्तुतीकरण किया जाता है।

सम्पादन की विभिन्न प्रक्रियाओं से गुज़रकर यदि समाचार-पत्र बाजार में समय पर नहीं पहुँचता है तो गुणवत्तापूर्ण पाठ्य-सामग्री और प्रस्तुति के बाद भी उस समाचार-पत्र की प्रसार संख्या प्रभावित हो सकती है। वह अन्य समाचार-पत्रों की तुलना में पिट सकता है। पाठकों के लिए बाज़ार में अनेक विकल्प रहते हैं। सामान्यत: कोई पाठक किसी समाचार-पत्र के लिए बहुत इन्तज़ार नहीं करता है। भाग-दौड़ और आपा-धापी से भरे इस आधुनिक युग में अत्याधुनिक तकनीक का उपयोग कर समय पर अद्यतन समाचार पाठकों तक पहुँचाने की चुनौती सम्पादकीय

टीम के समक्ष होती है। अतएव समय का प्रबन्धन और उसकी मर्यादा का विशेष ध्यान रखना आज प्रासंगिक हो गया है।

(iii) स्थान का प्रबन्धन : समाचार-पत्र के पृष्ठों की संख्या सामान्यत: निर्धारित रहती है। यह 12, 14, 16, या 18 या उससे भी अधिक हो सकती है। नगर, महानगर, देश-विदेश, खेल, वाणिज्य, सम्पादकीय और फ़ीचर के लिए प्राय: पृष्ठ निर्धारित होते हैं। प्राय: सभी पृष्ठों पर नीचे की ओर दाहिनी तरफ़ से विज्ञापन छपते हैं। सम्बद्ध पृष्ठ का प्रभारी कार्यालय पहुँचते ही सबसे पहले विज्ञापन-विभाग से यही पता करता है कि आज कितना विज्ञापन है। विज्ञापन के बाद जितनी जगह बची है उसी के अनुसार समाचारों का चयन और प्रस्तुतीकरण किया जाता है। ख़बर भले ही कम छपे, किन्तु विज्ञापन को प्राय: नहीं रोका जाता है। वरिष्ठ सम्पादक श्री अच्युतानन्द मिश्र के अनुसार, "पत्रकारिता के लिए आदर्श स्थिति किसी समय यह भी थी कि समाचार तथा विज्ञापन का अनुपात 80:20 होता था। बाद में सम्पादकों और मीडिया संस्थान के मालिकों के बीच आम सहमति के अनुसार समाचार और विज्ञापन का अनुपात 60:40 बना, किन्तु अब तो इस सन्दर्भ में स्थिति अराजक होती जा रही है। हाँ, कई बार अत्यधिक विज्ञापन होने पर समाचारों के लिए एक-दो पृष्ठ अधिक आवंटित हो जाते हैं। अतएव उपलब्ध स्थान के अनुसार पत्र-पत्रिकाओं में समाचार और अन्य पाठ्य-सामग्री का चयन एवं सम्पादन (प्रस्तुतीकरण) किया जाता है।

2. समाचारों का चयन

समाचारों का चयन अनुभव-आधारित एक कौशलपूर्ण कार्य है। समाचार-पत्र के कार्यालय में समाचारों का अम्बार लगा रहता है। विभिन्न राजनीतिक और सामाजिक संगठनों द्वारा राष्ट्र के ज्वलन्त मुद्दों पर बयान जारी किये जाते हैं। ऐसी विज्ञप्तियों में समाचार कम और विज्ञापन अधिक होते हैं। इनमें से ख़बरों को छाँटकर निकालना बड़ा ही कठिन और चुनौतीपूर्ण कार्य है। समाचार-पत्रों के सीमित स्थान और ख़बरों के बाहुल्य के बीच सामंजस्य स्थापित करना कौशलपूर्ण कार्य है। अनुभवी समाचार-सम्पादक ख़बरों की भीड़ में से प्रकाशन-योग्य काम की ख़बर ढूँढ़ निकालते हैं। समाचार-चयन का मूल आधार अधिकतर लोगों की अधिकतम रुचि होनी चाहिए। फिर भी समाज में सदाचार, मूल्य और मर्यादाओं को अक्षुण्ण बनाये रखने और कुत्सित मानसिकता से मुक्ति पाने के लिए रुचि-परिष्कार हेतु सकारात्मक ख़बरों का चयन भी अपेक्षित है। निम्नलिखित तथ्यों के आधार पर ख़बरों का चयन किया जाना चाहिए।

(i) सामयिकता/नवीनता : यह समाचार-चयन की सबसे पहली अपरिहार्यता है। इसके बिना समाचार की परिकल्पना नहीं की जा सकती। ऐसा समाचार, जिसमें नवीनता के साथ-साथ असाधारणता हो, उसे पाठक रुचि लेकर पढ़ना चाहेंगे। वैज्ञानिक खोज, अजीबोग़रीब घटनाएँ, जन-जीवन में व्यापक परिवर्तन लानेवाली जानकारी से सम्बद्ध ख़बरों का चयन प्रमुखता के साथ किया जाना चाहिए। सामयिकता भी नवीनता का एक अन्य पर्याय है। पाठक सदैव समसामयिक जानकारी ही चाहता है। समय के अनुकूल अर्थात् सामयिक जानकारी प्रस्तुत करना पत्र-पत्रिकाओं की सबसे बड़ी कसौटी है।

(ii) लोकहित/राष्ट्रहित : अपना हित और स्वार्थ प्राय: हर व्यक्ति के लिए सर्वोपरि होता है। इसके लिए व्यक्ति कोई भी क़ीमत देने के लिए तैयार रहता है। समाजहित और राष्ट्रहित पाठक के लिए अपेक्षाकृत कम महत्त्व का विषय है। किन्तु समाचारों का चयन करते समय सम्पादक के समक्ष समाज और राष्ट्रहित सर्वोपरि होना चाहिए। इससे पाठक के संकुचित दृष्टिकोण का उदात्तीकरण होता है। सम्पादक का यह उत्तरदायित्व है कि वह राष्ट्रीय चेतना जाग्रत करनेवाले समाचारों का चयन और प्रकाशन करे। राष्ट्रीय एकता और अखण्डता तथा सुरक्षा से समझौता कर किसी भी क़ीमत पर किसी भी समाचार का प्रकाशन नहीं किया जाना चाहिए।

(iii) सामीप्य/अपनापन/स्थानीयता : हर पाठक अपने आस-पड़ोस और गाँव-जवार की ख़बर उत्सुकतापूर्वक जानना चाहता है। अपना और अपनों का हित-अहित जानने की सहज जिज्ञासा पाठकों में होती है। इसे एक उदाहरण से समझ सकते हैं। नयी दिल्ली से पटना जानेवाली ट्रेन श्रमजीवी एक्सप्रेस के दुर्घटनाग्रस्त होने पर 12 लोगों के मरने की ख़बर की तुलना में अमेरिका के किसी ट्रेन-हादसे में इतने ही लोगों की मृत्यु का समाचार दिल्ली से प्रकाशित किसी समाचार-पत्र के लिए कम महत्त्वपूर्ण है। इसी तरह पटना से प्रकाशित होनेवाले पत्र की तुलना में दिल्ली से प्रकाशित किसी राष्ट्रीय अख़बार के लिए यह समाचार कम महत्त्व का है। पटना से प्रकाशित समाचार-पत्र के लिए इस ख़बर का महत्त्व इसलिए अधिक है कि दुर्घटनाग्रस्त ट्रेन दिल्ली से पटना जा रही थी और उसमें मरने वालों और घायलों की सर्वाधिक संख्या बिहारवासियों की थी। सामीप्य और अपनेपन का बोध मूलत: क्षेत्रवाद और जातिवाद के कारण पैदा होता है। अतएव समाचार-संकलन और उसको प्रमुखता देने का आधार सामीप्य और अपनापन ही बन जाता है।

3. समाचारों का प्रस्तुतीकरण

समाचार-सम्पादन की प्रक्रिया के अन्तर्गत प्रस्तुतीकरण का विशेष महत्त्व है। किसी समाचार-विशेष को तराशने और उसमें आकर्षण पैदा करने का कार्य वस्तुतः यही होता है। उप-सम्पादक अपनी प्रतिभा, कार्य-कुशलता, दक्षता, अनुभव-परिपक्वता का परिचय समाचार-सम्पादन की इसी प्रक्रिया के अन्तर्गत देता है। समाचार-सम्पादन की इसी प्रक्रिया के अन्तर्गत समाचारों को संस्कारित किया जाता है। निम्नलिखित तीन संस्कारों से गुज़रने के बाद समाचार प्रकाशन-योग्य बन पाता है–

(i) शिल्पगत संस्कार : समाचार-कथा की बनावट और बुनावट एक निर्धारित शिल्प के अन्तर्गत की जाती है। इसमें परिणाम, निष्कर्ष और सारांश पहले रेखांकित किया जाता है। समाचार-कथा में सबसे महत्त्वपूर्ण तत्त्व सबसे पहले अनुच्छेद में लिखा आता है, जिसे 'आमुख', 'मुखड़ा', 'लीड' अथवा 'इंट्रो' कहा जाता है। समाचार के शेष कलेवर में घटते हुए महत्त्व के क्रम में तथ्यों को सजाया-परोसा जाता है। इसे विलोम पिरामिड शैली कहा जाता है।

उप-सम्पादक के पास जैसे ही कोई समाचार सम्पादन के लिए मिले तो उसे सरसरी तौर पर पढ़ लेना चाहिए। इससे इतना पता चल जायेगा कि समाचार का मुख्य तत्त्व समाचार-कथा के प्रारम्भ में, बीच में या अन्त में है। यह बात भी तत्काल ध्यान में आ जाती है कि कथा में कितना बिखराव अथवा कसावट है। पुनर्लेखन की आवश्यकता है या नहीं। समाचार-कथा की माँग के अनुसार या तो केवल आमुख बदलना पड़ता है अथवा सम्पूर्ण समाचार का पुनर्लेखन करना पड़ता है। यह भी सम्भव है कि समाचार शिल्पगत दृष्टि से इतना संस्कारित हो कि आमुख भी बदलने की आवश्यकता नहीं पड़े।

समाचार की पठनीयता बढ़ाने के लिए शीर्षक, उप-शीर्षक कॉसर, बुलेट, स्लग, रिफ्लेक्टर, हाईलाइटर इत्यादि लगाये जाते हैं, ताकि उसके आकर्षक-तत्त्वों की सम्यक् प्रस्तुति हो सके। समाचार की प्रस्तुति की दृष्टि से ये सभी साधन समाचार में प्रवेश-बिन्दु (Entry Point) का काम करते हैं। समाचार के प्रवेश-बिन्दु का कौन-सा तथ्य किस पाठक को अपनी ओर आकर्षित कर लेगा, यह कहना कठिन है। यह समाचार-सम्पादन का सबसे महत्त्वपूर्ण संस्कार है।

(ii) भाषागत संस्कार : तथ्यों, विचारों और भावनाओं की अभिव्यक्ति भाषा के द्वारा होती है। यदि सम्पादकीय टीम के पत्रकारों में अनुकूल भाव और प्रभाव पैदा करनेवाला शब्द-सामर्थ्य नहीं है तो भावों की सम्यक् अभिव्यंजना नहीं हो सकेगी। पाठ्य-सामग्री को भाषागत संस्कार देते समय सम्पादकीय टीम को

ध्यातव्य होना चाहिए कि वाक्य-विन्यास सरल हो, ताकि कम पढ़ा-लिखा व्यक्ति भी समाचार पढ़कर उसे समझ सके। सम्पादन करते समय यह ध्यान रहे कि वाक्य छोटे और बोधगम्य हों। वर्तनी की एकरूपता पर विशेष ध्यान दिया जाना चाहिए। यदि समाचार में अशुद्धियाँ छपेंगी तो पाठक पर उसका बुरा प्रभाव पड़ेगा। शब्दों का मानकीकरण भी समाचार-पत्र के द्वारा ही होता है। इसलिए शब्दों के हिज्जे एक तरह से लिखे जाने चाहिए। इसे इस उदाहरण से भी समझा जा सकता है कि किसी समाचार में 'नयना साहनी' को 'नैना साहनी' न लिखा जाये। उसी तरह 'अमरीका' और 'अमेरिका' में से एक ही हिज्जे को सर्वत्र लिखा जाना चाहिए। इस प्रकार हम कह सकते हैं कि पत्र-पत्रिकाओं का सम्पादन करते समय भाषागत संस्कार से समाचार और विचार में सम्प्रेषणीयता आने के साथ-साथ शब्दों का मानकीकरण भी होता है।

(iii) दृश्यगत संस्कार : पृष्ठ-सज्जा के द्वारा ख़बरों को दृश्यगत संस्कार प्रदान किया जाता है। समाचार-पत्रों की कलात्मक और आकर्षक प्रस्तुति के लिए आवश्यक है कि सम्पादक में सौन्दर्य-बोध हो। सम्पादक को कला-पारखी होना चाहिए। पृष्ठ-सज्जा के लिए समाचारों के शीर्षक के विभिन्न टाइप, फोंट का चयन, मर्मस्पर्शी चित्र, संवेदना को छूनेवाले कार्टून, ग्राफ़िक्स, नक़्शे और बॉक्स-इनसेट का प्रयोग किया जाता है। चक्षु-संचलन के सिद्धान्त के अनुसार चीज़ों से पृष्ठ को सजाया जाता है।

जन-जीवन में चक्षु-सुख का बड़ा महत्त्व है। साज-सज्जा से समाचार-पत्र का व्यक्तित्व निखरता है। पृष्ठ-सज्जा देखकर ही पाठक कई बार मन्त्रमुग्ध हो जाता है और पाठक समाचार-पत्र ख़रीदने को बाध्य हो जाता है। आधुनिकता की इस चकाचौंध में सौन्दर्य-प्रेम और कलात्मकता से प्रदीप्त कोई विशेष समाचार-पत्र दूर से ही दमक उठता है। उसके आभा-मण्डल में अन्य पत्र नहीं टिक पाते हैं। दृश्यगत संस्कार देने के नियम का भी बड़ा महत्त्व है। पृष्ठ के आधा ऊपर और आधा भाग नीचे का सन्तुलन वस्तुतः चित्र, बॉक्स, नक़्शे, ग्राफ़िक्स इत्यादि से किया जाता है। फ़ैशन के इस युग में पृष्ठों को दृश्यगत संस्कार देना सम्पादन का एक अपरिहार्य हिस्सा बन गया है।

4. सम्पादन के चरण

सम्पादन की प्रक्रिया जटिल होती है। यह कई चरणों में सम्पन्न होती है। इन चरणों को भी अलग-अलग करके देखा नहीं जा सकता है। फिर भी अध्ययन की सुविधा

के लिए सम्पादन की प्रक्रिया को चार चरणों में बाँटा जा सकता है। संवाददाता द्वारा तैयार किये गये समाचार की कॉपी की भाषा, शिल्प, समाचार-मूल्य, इत्यादि की दृष्टि से जाँचने-परखने की सम्पूर्ण क्रिया सम्पादन के चरण के अन्तर्गत आती है। संवाददाता द्वारा लिखे गये समाचार की कॉपी सम्पादन के विभिन्न चरणों से गुज़रकर पठनीय बन जाती है। उसमें सम्प्रेषणीयता आ जाती है। संवाददाता द्वारा लिखी गयी ख़बर कितनी भी ढीली-ढाली, भोथरी और निष्प्रभ क्यों न हो सम्पादन के बाद उसमें कसावट आ जाती है, उसमें गुणवत्ता आ जाती है तथा उसमें भाषा और भाव की दृष्टि से रोचकता और पठनीयता का संचार हो जाता है। सम्पादन के निम्नलिखित चार चरण होते हैं।

प्रथम चरण : इस चरण में संवाददाता द्वारा लिखे गये समाचार के मूल्यों को आँका जाता है। समाचार को कितने कॉलम में विस्तार देना है, इसका आकलन किया जाता है। समाचार में छह ककार अर्थात् मूलभूत जिज्ञासा और कारण जिज्ञासा की पूर्ति हो रही है या नहीं, इसकी भी जाँच प्रथम चरण में ही की जाती है। यह प्रारम्भिक चरण है। इसलिए इसके अन्तर्गत समाचार-विशेष को सिलसिलेवार तरीक़े से पढ़ा जाता है तथा समाचार के मूल्य, समाचार के शिल्प, आमुख इत्यादि की जाँच की जाती है तथा इस बात की पड़ताल की जाती है कि समाचार को कितने कॉलम में प्रकाशित किया जाये।

द्वितीय चरण : सम्पादन का मूल काम इसी चरण में होता है। इसके अन्तर्गत समाचार की व्याकरणिक अशुद्धियाँ ठीक की जाती हैं तथा उसे स्टाइल-बुक के अनुसार बनाया जाता है। कहना न होगा कि इस चरण में वर्तनी की एकरूपता तथा शब्दों का मानकीकरण किया जाता है। इसी चरण में तिथि-रेखा तथा श्रेयपंक्ति की जाँच की जाती है। समाचार-सम्पादन के इसी चरण में भाषा और भाव की दृष्टि से सम्प्रेषणीयता लाने की हरसम्भव कोशिश की जाती है। सम्पादन का 60 प्रतिशत काम इसी एक चरण में पूरा हो जाता है। समाचार-विशेष में जो कुछ भी कहा जा रहा है, वह पूरी तरह सम्प्रेषणीय है या नहीं इसका निर्धारण कर समाचार को सम्प्रेषणीय बनाने की हर सम्भव कोशिश की जाती है।

तृतीय चरण : वस्तुतः द्वितीय चरण के शेषांक के रूप में तृतीय चरण सम्पन्न होता है। इस चरण में तथ्यात्मक दोष दूर किये जाते हैं। समाचार के तथ्यों का सत्यापन किया जाता है। घटना प्रसंग में यदि कुछ सन्दर्भ छूट गया है तो उसे जोड़ा जाता है। समाचार के सन्दर्भ में उसके क़ानूनी पक्षों की जाँच की जाती है। समाचार-विशेष आचार-संहिता का पालन करने में कहाँ तक सक्षम है, इसकी भी पड़ताल

की जाती है। समाचार का कथा-कर्म ठीक किया जाता है तथा सम्यक् प्रस्तुति के लिए अधिक से अधिक इंट्री पॉइंट बढ़ाने की कोशिश की जाती है। इसके अन्तर्गत शीर्षक, उपशीर्षक, स्लग, हाईलाइटर, फ़ोटो इत्यादि के द्वारा बेहतर प्रस्तुति का प्रयास किया जाता है।

चतुर्थ चरण : इस चरण में ले-आउट और डिजाइन तैयार कर समाचार-पत्र की साज-सज्जा को सुन्दर बनाया जाता है। यह फ़ैशन का युग है, इसलिए समाचार-पत्र की साज-सज्जा पर विशेष ध्यान दिया जाता है। आजकल के युग के लिए ठीक ही कहा गया है जो दिखता है वह बिकता है। इसी चरण में रंग-योजना सुन्दर और आकर्षक बनायी जाती है। समाचार-पत्र में एकरूपता के सिद्धान्त के द्वारा सौन्दर्य की सृष्टि की जाती है, ताकि पाठक पहली नज़र में ही आकर्षित होकर उसे पसन्द कर ले।

5. आमुख की बनावट और बुनावट

समाचार-कथा के परिणाम अथवा सारांश को 'आमुख' कहा जाता है। इससे पाठक की मूलभूत जिज्ञासा की पूर्ति होती है। प्रभाव और महत्त्व की दृष्टि से आमुख को सर्वोपरि माना गया है। आदर्श आमुख के लिए छह ककार की प्राचीन मान्यता भी प्रचलित है। इसे अंग्रेज़ी में 5W और 1H के नाम से भी जाना जाता है। घटना-प्रसंग के सम्बन्ध में क्या, कब, कौन, कैसे, क्यों इत्यादि जिज्ञासाओं की पूर्ति आमुख में होनी चाहिए। इसमें पहले के क्रमशः चार ककार मूल जिज्ञासा और दो ककार (कैसे, क्यों) कारण जिज्ञासाएँ हैं। संचार के कुछ विद्वानों का मानना है कि कारण जिज्ञासा की पूर्ति आमुख की जगह समाचार-कथा के शेष कलेवर में की जानी चाहिए।

आमुख को 'मुखड़ा' भी कहा जाता है। अंग्रेज़ी में इसे 'लीड' या 'इंट्रो' कहते हैं। 'इंट्रो' अंग्रेज़ी के शब्द 'इंट्रोडक्शन' का संक्षिप्त रूप है, जिसका प्रचलन भारतीय समाचार-जगत् में अपेक्षाकृत अधिक है। मुखड़ा का शब्दकोश प्रयुक्त अर्थ चेहरा अथवा मुख होता है, जबकि आमुख का अर्थ आरम्भ, प्रस्तावना अथवा भूमिका होता है। 'पत्रकारिता परिभाषा कोश' के अनुसार, 'यह समाचार का प्रारम्भिक अनुच्छेद है, जिसमें समाचार का सार या सबसे महत्त्वपूर्ण अंश दिया जाता है। यह बड़े अक्षर या काले टाइप में और दो या अधिक कॉलम में भी कम्पोज किया जाता है।'

आमुख का आकार कितना बड़ा हो, इस पर संचार-विशेषज्ञों में मतभिन्नता है। यह एक अथवा दो-तीन अनुच्छेदों का भी हो सकता है। किन्तु एक अनुच्छेद का

आमुख ही अधिक प्रचलन में है। पश्चिम के संचार-विशेषज्ञों के अनुसार, आमुख में अधिकतम 40 शब्द होने चाहिए। सुप्रसिद्ध पत्रकार डॉ. नन्दकिशोर त्रिखा ने बेहतर आमुख की शब्द-संख्या 35 बतायी है, लेकिन 45 से ज़्यादा तो कदापि नहीं होनी चाहिए। वरिष्ठ पत्रकार प्रेमनाथ चतुर्वेदी ने भी आमुख को छोटा रखना उचित माना है। उनके अनुसार, आमुख में शब्दों की संख्या कम और दिखने में छोटा होना चाहिए। 'इंट्रो' का टाइप फोंट भी सामान्य से भिन्न हो सकता है। एक से अधिक कॉलम वाले समाचार के लिए टाइप फोंट बड़ा कर उसे समाचार-विशेष के पूरे कॉलम में भी विन्यस्त किया जा सकता है, किन्तु आजकल एक, दो अथवा उससे अधिक कॉलम के समाचार के आमुख को एक तरह के पॉइंट साइज़ में ही रखा जाता है।

आमुख के प्रारम्भ में डेट लाइन देने की परम्परा है। इसमें स्थान और दिनांक लिखा जाता है। घटना कहाँ घटी और कब घटी, इन प्रश्नों के उत्तर इससे मिल जाते हैं। कई बार घटना छोटी जगहों पर घटती है। ऐसी परिस्थिति में संवाददाता की जो डेट लाइन निर्धारित है उसी से वह ख़बर लिखता है, किन्तु इंट्रो में इस बात की चर्चा कर देता है कि घटना कहाँ घटी। कई बार घटना-प्रसंग सुदूर देहात में घटने के कारण संवाददाता को एक-दो दिन बाद जानकारी मिलती है। ऐसी परिस्थिति में जिस दिन ख़बर लिखी जाती है, तारीख़ तो उसी दिन की दी जाती है, किन्तु घटना के दिवस-विशेष की चर्चा आमुख में कर दी जाती है।

इस सन्दर्भ में यहाँ यह भी उल्लेखनीय है कि पिछले वर्षों से 'जनसत्ता' को छोड़कर प्राय: सभी समाचार-पत्रों ने डेट लाइन में से डेट को हटा दिया है, किन्तु स्थान का नाम ज्यों-का-त्यों है। डेट लाइन में से डेट को भले ही हटा दिया गया हो, किन्तु उसका नाम अभी भी 'डेट लाइन' ही है। 'दैनिक जागरण' जैसा प्रमुख समाचार-पत्र डेट लाइन के साथ संवाददाता का नाम तथा अन्य स्रोतों का भी उल्लेख करता है। कहने का तात्पर्य यह है कि संवाददाता का नाम (बाई लाइन) अथवा जासं (जागरण संवाददाता) या राज्य इत्यादि का उल्लेख भी 'दैनिक जागरण' डेट लाइन में ही कर रहा है।

समाचार के अन्य स्रोत, जैसे–प्रेट्र (न्यूज़ एजेंसी पीटीआई), आईएनएस (भारतीय न्यूज़ एजेंसी), एएफपी (विदेशी न्यूज़ एजेंसी), भाषा या वार्ता (भारतीय न्यूज़ एजेंसी) इत्यादि का उल्लेख भी प्राय: डेट लाइन में ही किया जा रहा है। डेट लाइन में से डेट को हटाये जाने के पीछे कुछ वरिष्ठ पत्रकारों और सम्पादकों का तर्क है कि जब सभी समाचार में एक ही तिथि (उदाहरणार्थ-9 नवम्बर) अंकित

करनी है, चाहे समाचार दो-चार दिन पुराना भी क्यों न हो तो ऐसी स्थिति में डेट लाइन में डेट लिखे जाने का कोई विशेष औचित्य नहीं रह जाता है। ऐसी ख़बरों में सामान्यतया आमुख में उस दिन-विशेष (उदाहरणार्थ-मंगलवार) का उल्लेख कर दिया जाता है। इसे समाचार के निम्नलिखित उदाहरण से समझा जा सकता है।

प्रस्तुत समाचार 'दैनिक जागरण' के राष्ट्रीय संस्करण में 26 जुलाई 2017 अर्थात् बुधवार को प्रकाशित हुआ है। इसमें प्रकाशित अधिकतर समाचार 25 जुलाई 2017 अर्थात् मंगलवार के हैं। मंगलवार (25 जुलाई 2017) को दिनभर देश के विभिन्न हिस्सों में घटनेवाली घटनाओं के समाचार को इस समाचार-पत्र में स्थान देने की कोशिश की गयी है। सामान्यतया रात के 9-10 बजे तक संवाददाता को यदि महत्त्वपूर्ण समाचार के सम्बन्ध में जानकारी मिल जाती है तो उसे वह फ़ाइल (लिखने) करने की हर सम्भव कोशिश करता है। प्रस्तुत समाचार 'दैनिक जागरण' के राष्ट्रीय संस्करण में प्रथम पृष्ठ पर जगह पायी है, तो स्वाभाविक रूप से वह महत्त्वपूर्ण समाचार है। किन्तु सोमवार (24 जुलाई 2017) की रात में प्रो. यशपाल की मृत्यु का समाचार किसी कारण से दैनिक जागरण संवाददाता को नहीं मिल पाया। यही कारण है कि सोमवार का समाचार मंगलवार को नहीं छपकर बुधवार को छपा। प्रस्तुत समाचार भले ही एक दिन विलम्ब से अर्थात् बुधवार को छपा हो, किन्तु निधन के दिन अर्थात् सोमवार का उल्लेख समाचार में कर दिया गया है।

प्रख्यात वैज्ञानिक और शिक्षाविद प्रो. यशपाल नहीं रहे

नोएडा। प्रख्यात वैज्ञानिक और शिक्षाविद् 90 वर्षीय प्रो. यशपाल का सोमवार की रात नोएडा के एक निजी अस्पताल में निधन हो गया। वह पिछले कुछ दिनों से बीमार चल रहे थे। दिल्ली के लोदी रोड स्थित शवदाह गृह में उनका अन्तिम संस्कार किया गया। परिवार में पत्नी और दो बेटे हैं।

प्रो. यशपाल के निधन की ख़बर पर मंगलवार सुबह से ही सेक्टर 15 स्थित उनके घर पर श्रद्धांजलि के लिए लोगों का ताँता लगा रहा। उत्तर प्रदेश के पूर्व डीजीपी प्रकाश सिंह समेत कई लोगों ने श्रद्धांजलि दी। पद्म भूषण और पद्म विभूषण से सम्मानित प्रो. यशपाल का जन्म 26 नवम्बर 1926 को पाकिस्तान में झंग में हुआ था और वह हरियाणा के कैथल में पले-बढ़े। कॉस्मिक किरणों के अध्ययन में अपने योगदान के लिए मशहूर प्रो. यशपाल ने पंजाब विश्वविद्यालय से भौतिकी में परास्नातक की उपाधि हासिल की थी। उसके बाद मैसाच्युसेट्स इंस्टीट्यूट ऑफ़ टेक्नोलॉजी (एमआईटी) से पीएचडी की उपाधि ली। प्रो. यशपाल को यह श्रेय

जाता है कि उन्होंने विज्ञान को आम आदमी को भाषा में समझाने की कोशिश की। विज्ञान और अन्तरिक्ष प्रौद्योगिकी में योगदान के लिए 1976 में इन्हें पद्म भूषण से और 2013 में पद्म विभूषण से सम्मानित किया गया। वह योजना आयोग के मुख्य सलाहकार, यूजीसी के चेयरमैन और जवाहरलाल नेहरू यूनिवर्सिटी के चांसलर भी रहे।

कुछ समाचार-पत्रों में 'डेट लाइन' के ऊपर या कभी-कभी बाद के कोष्ठक में समाचार के स्रोत के सम्बन्ध में लिखा जाता है। संवाददाता का नाम सामान्यत: विशेष ख़बरों में दिया जाता है। इसे 'बाई लाइन' कहते हैं। रुटीन की ख़बरों से हटकर संवाददाता ने यदि कोई विशेष समाचार लिखा हो, जो महत्त्वपूर्ण और एक्सक्लूसिव है तो ऐसी ख़बरों के लिए उसे श्रेय (क्रेडिट) देने के लिए उसका नाम छापा जाता है। सामान्यतया समाचार-पत्र संवाद समिति की ख़बरों में बाई लाइन नहीं देता है। किन्तु एजेंसी का नाम अवश्य लिखा जाता है। उदाहरणत: पी.टी.आई(प्रेट्र), भाषा, वार्ता इत्यादि। संवाददाताओं की श्रेणियों का भी उल्लेख कुछ समाचार-पत्रों में किया जाता है। जैसे- निज संवाददाता (निसं), विशेष संवाददाता (विसं), कार्यालय संवाददाता (कासं), संवाद सहयोगी इत्यादि।

आमुख को 'समाचार का मस्तिष्क' भी कहा गया है। आमुख को पढ़कर पत्रकार समाचार के आशय को समझ जाता है। इसे 'समाचार की खिड़की' भी कहा गया है। एक अच्छा आमुख आगे के समाचार को पढ़ने के लिए उत्सुकता पैदा करता है। पाठक को अपनी ओर आकर्षित करने के लिए आमुख विज्ञापन का भी काम करता है। समाचार की तीव्रता तथा प्रभाव का परिचय 'इंट्रो' पढ़ने से ही ज्ञात हो जाता है। पाठक की मूल जिज्ञासा (क्या, कहाँ, कब, कौन) की पूर्ति सामान्यतया आमुख में ही हो जाती है। जबकि कारण जिज्ञासाओं (कैसे, क्यों) का उल्लेख समाचार के शेष कलेवर में होता है। कहने का तात्पर्य यह कि समाचार-कथा के महत्त्वपूर्ण तथ्यों की जानकारी आमुख में ही दे दी जाती है।

अच्छा आमुख लिखना पत्रकार के अनुभव, अभ्यास और प्रतिभा का परिचायक है। आमुख की श्रेष्ठता की कसौटी यह है कि सरल भाषा में सारगर्भित तथ्य लिखे जायें। यदि कोई संवाददाता बार-बार कुछ लिखकर काटता हो, सिर खुजा रहा हो, चिन्तन की मुद्रा में घूँट-पर-घूँट चाय गटक रहा हो तो समझना चाहिए कि वह एक सुन्दर इंट्रो की खोज में है। अच्छा आमुख लिखने के लिए पत्रकार को सुदीर्घ अनुभव होना चाहिए। इंट्रो और शेष कलेवर के लिए समाचार को काटना, तराशना और सौन्दर्य प्रदान करने का कौशल जिसने हासिल कर लिया, वह पत्रकार कभी

पिट नहीं सकता। ऐसा संवाददाता समाचार-पत्र के कार्यालय में सम्मान पाता है।

'दैनिक ट्रिब्यून' के पूर्व सम्पादक और वयोवृद्ध पत्रकार श्री राधेश्याम शर्मा के अनुसार समाचार-कथा का मन्थन कर मक्खन प्रस्तुत करना ही आमुख-लेखन है। इससे समाचार का सार तुरन्त ध्यान में आ जाता है और समाचार की प्रभावोत्पादकता बढ़ जाती है। माखनलाल चतुर्वेदी राष्ट्रीय पत्रकारिता एवं संचार विश्वविद्यालय, भोपाल के पत्रकारिता संकाय के पूर्व अध्यक्ष प्रोफ़ेसर कमल दीक्षित के अनुसार, मुखड़ा ख़बर का प्राण होता है। हर अच्छे मुखड़े को गढ़ने में कोशिश होती है कि उसे पढ़ने मात्र से ख़बर के महत्त्व का आभास हो, साथ ही उसे पूरी पढ़ जाने की रुचि जगे और पाठक का तारतम्य उससे बने। तभी तो उसे लिखने में भाषा, शैली सभी में महारत की आवश्यकता महसूस की जाती है।

आमुख में सभी ककार और सारे तत्त्वों को समेटने के चक्कर में कई बार ऐसे चक्रव्यूह की रचना हो जाती है, जिसमें पाठक उलझ जाता है और उसके पल्ले कुछ भी नहीं पड़ता। पाठक को आगे पढ़ने की जिज्ञासा समाप्त हो जाती है। इसलिए एक-दो प्रमुख तत्त्वों को ही आमुख में प्रभावशाली ढंग से रेखांकित किया जाना चाहिए। समाचार-लेखन के अनुभव से यह कौशल अर्जित किया जा सकता है। समाचार के आमुख लिखने का व्यावहारिक पक्ष यह है कि कोई भी संवाददाता इसे लिखते समय उस फॉर्मूले को याद नहीं करता कि इसमें समाचार के सभी 'ककार' अर्थात् जिज्ञासाओं की पूर्ति हो रही है या नहीं। वह तो केवल इस बात की चिन्ता करता है कि समाचार के महत्त्वपूर्ण तथ्यों अथवा तत्त्वों का उल्लेख आमुख में हुआ है या नहीं।

आमुख का काम है, समाचार और पाठक को जोड़ना अर्थात् यह दोनों के बीच योजक-कड़ी का काम करता है। आमुख कई बार रहस्य और नाटकीयता भी पैदा करता है। इससे समाचार के शेष कलेवर को पढ़ने की उत्कण्ठा जग जाती है। आमुख-लेखन से कौतूहल पैदा करने की चेष्टा की जानी चाहिए। आमुख की कसावट, बनावट और बुनावट ऐसी होनी चाहिए, जो पाठक को बाँध सके और समाचार के शेष कलेवर को पढ़ने के लिए प्रेरित करे। वस्तुतः यही आमुख-लेखन की श्रेष्ठता की कसौटी है। अच्छा आमुख-लेखन सुदीर्घ अनुभव की परिणति है।

आमुख का वाक्य-विन्यास सरल एवं सहज होना चाहिए और इसके लिए बोधगम्य शब्दों का चयन होना चाहिए, जिसे सामान्य पढ़ा-लिखा व्यक्ति भी आसानी से समझ जाये। सरल भाषा में भी गम्भीर बातें लिखी जा सकती हैं। शोध-प्रज्ञों और विशेषज्ञों से लेकर रिक्शा चालक और चाय-पान बेचनेवाला भी समाचार-पत्र पढ़ता है।

इसलिए आमुख-लेखन के समय इस बात पर विशेष ध्यान देना चाहिए कि उसमें लम्बे और संयुक्त वाक्यों की रचना नहीं हो।

संवाददाता द्वारा प्राप्त समाचार के आमुख की बनावट और बुनावट यदि ठीक नहीं होती है अर्थात् विलोम पिरामिड शैली में समाचार के तथ्य नहीं होते हैं तब उसे सम्पादित करने की आवश्यकता होती है। कहना न होगा कि महत्त्व के घटते हुए क्रम में यदि तथ्य नहीं है अर्थात् आमुख के बनावट और बुनावट में दोष है तो आमुख को फिर से लिख कर सम्पादित करना पड़ सकता है। कई बार समाचार की मूलभूत जिज्ञासा की संपूर्ति आमुख में नहीं होकर 'शेष कलेवर' में होती है। ऐसी स्थिति में भी समाचार के पुनर्लेखन की आवश्यकता महसूस होती है।

6. आमुख के प्रकार

समाचार के पहले अनुच्छेद में समाचार की मूलभूत जिज्ञासा की प्राय: पूर्ति होती है। समाचार के पहले महत्त्वपूर्ण तथ्य इसमें होते हैं यही अनुच्छेद 'आमुख' के नाम से जाना जाता है। आमुख ही समाचार को पाठक से जोड़ता है। यदि आमुख पाठक को अपनी ओर आकर्षित नहीं कर पाता है तो समाचार की पठनीयता बीच में ही समाप्त हो जाती है। जीवन की आपाधापी और भाग-दौड़ के कारण किसी समाचार के प्रमुख तत्त्वों को पाठक पहले जानना चाहता है। यह ठीक है कि समाचार की मूलभूत जिज्ञासा की पूर्ति पाठक प्राय: पहले अनुच्छेद् में ही कर लेना चाहता है, किन्तु यह कोई आवश्यक नहीं है। आमुख का काम है पाठक को अपनी ओर आकर्षित करना और समाचार के शेष कलेवर को पढ़ने के लिए बाध्य करना। जिस प्रकार व्यक्ति की पहचान उसके चेहरे से होती है उसी प्रकार समाचार की पहचान उसके आमुख से होती है। आमुख को समाचार की आत्मा माना गया है। किसी समाचार-कथा की पठनीयता को प्रभावित करने में आमुख की अत्यन्त महत्त्वपूर्ण भूमिका होती है, इस पहले पाराग्राफ़ को पढ़ कर ही पाठक तय करता है कि समाचार का शेष कलेवर पढ़ना है या नहीं। आमुख के निम्नलिखित प्रकार होते हैं–

(i) सारांश आमुख (Summary Intro) : यह आमुख सबसे अधिक प्रचलन में है। आज जितने भी प्रकार के आमुख लिखे जा रहे हैं उनमें 90-95 प्रतिशत तक इसी कोटि के आमुख होते है। इस प्रकार के आमुख में समाचार के महत्त्वपूर्ण तथ्य और तत्त्व शामिल होते हैं। समाचार की मूलभूत जिज्ञासा की पूर्ति पाठक को इसी आमुख से प्राप्त हो जाती है। इस प्रकार के आमुख से पाठकों को सम्बन्धित घटना-क्रम की पूरी तस्वीर साफ़ हो जाती है। 20 जुलाई 2023 के दैनिक

जागरण 'चकिया में पीएफआई प्रशिक्षक गिरफ़्तार' शीर्षक के अन्तर्गत तीन कॉलम में प्रकाशित समाचार का आमुख इस प्रकार है जो सारांश आमुख का एक श्रेष्ठ उदाहरण है।

जागरण टीम, पटना/मुज़फ़्फ़रपुर : बिहार पुलिस के आतंकवाद निरोधक दस्ता (एटीएस) ने प्रतिबन्धित संगठन पॉपुलर फ्रंट ऑफ़ इंडिया (पीएफआई) के प्रशिक्षक याकूब ख़ान उर्फ़ सुल्तान उर्फ़ उस्मान को पूर्वी चम्पारण (मोतिहारी) के चकिया थाना अन्तर्गत गोवदरा गाँव के मदरसे से मंगलवार की आधी रात के बाद गिरफ़्तार कर लिया। उसका मोबाइल भी ज़ब्त कर लिया। उसको राष्ट्रीय जाँच एजेंसी (एनआइए) के सुपुर्द किया जायेगा।

(ii) उद्धरण आमुख (Quotation Intro) : यदि किसी समाचार-कथा की शुरुआत प्रचलित मुहावरे अथवा लोकोक्ति से हो तो उसे उद्धरण आमुख कहते है। उद्धरण आमुख में किसी पुस्तक, नाटक, महापुरुषों इत्यादि को उद्धृत किया जानेवाला रोचक या उपयोगी वाक्यांश भी लिया जाता है। ऐसे आमुख को लिखते समय इस बात का विशेष ध्यान रखा जाता है कि ऐसे उद्धरण का चुनाव किया जाये, जिससे सम्बन्धित समाचार-कथा के भाव को बेहतर तरीक़े से स्पष्ट करे। कहना न होगा कि आमुख में लिखा गया उद्धरण यदि सम्पूर्ण कथा का सार-संक्षेप व्यक्त कर दे तो उसे उद्धरण आमुख के नाम से जाना जाता है। उद्धरण आमुख के कुछ उदाहरण इस प्रकार हैं–

नयी दिल्ली, 17 फ़रवरी (एजेंसी)। आवश्यकता आविष्कार की जननी होती है। इस कहावत को भारतीय सेना ने एक बार फिर साबित किया है। सेना के सामने इस समय आतंकवाद और घुसपैठ का मुक़ाबला करना महत्त्वपूर्ण है, जिसके लिए उसे बेहतरीन हथियारों की ज़रूरत है। मगर पिछले साल इंसास (इंडियन स्माल आर्म्स सिस्टम) राइफ़लों की जगह आनेवाले लगभग पौने दो लाख हथियार ख़रीदने की निविदा रद्द होने के कारण सटीक मार करनेवाले हथियारों की ज़रूरत शिद्दत से सामने आयी। बजाय हथियारों के आने का इन्तज़ार करने के, सेना ने ख़ुद ही पुरानी इंसास रायफ़लों में बदलाव कर उसकी मारक क्षमता बेहतरीन कर ली। प्रधानमन्त्री नरेन्द्र मोदी इस नवोन्मेष से काफ़ी प्रभावित हुए, ऐसा करनेवाले को 'नवाचार प्रमाणपत्र' भी दिया है।

मुस्लेमीन, रामपुर : अफ़सर मेहरबान तो हर काम आसान। सेटिंग और गेटिंग का यह खेल यहाँ लम्बे समय से चल रहा है और इसके आगे ज़िला प्रशासन भी बौना साबित हो रहा है। दरअसल, गाँवों की सफ़ाई के लिए तैनात कुछ

कर्मचारी वेतन तो रामपुर से ले रहे हैं, लेकिन झाड़ू लगा रहे हैं कानपुर और आज़मगढ़ में।

जागरण संवाददाता, देहरादून : 'पाना है जो मुकाम वो अभी बाक़ी है, अभी तो आये हैं ज़मीं पर, आसमाँ की उड़ान बाक़ी है।' आइएमए कैडेट्स मन में यही हसरत लिए सफलता के कई सोपान तय करती है। क़दम कभी ठहरते नहीं। बल्कि एक चुनौती से पार पाकर अगली की ललकार के साथ आगे बढ़ते हैं। श्रेष्ठ में सर्वश्रेष्ठ चुने गये होनहार, इसी का मिसाल हैं।

नोएडा, 21 मार्च। कहते हैं 'मनुज बली नहीं होते हैं समय होत बलवान।' यह उक्ति शायद लम्बे समय तक अफ़सरी करने के बाद हाल ही में नेताजी का चोला पहनने वाले साहब पर पूरी तरह खरी उतरती है।

उस दिन अपने पुराने कर्मक्षेत्र में पहुँचे तो ख़ुद ही चौंक उठे। मानो पूरा महकमा ही उनके इर्द-गिर्द उमड़ आया हो। क्रीजदार पैंट-शर्ट से कलफ़दार कुर्ते-पैजामे का रुतबा इतना बड़ा होता है, उन्होंने सोचा ही न था। पीठ पीछे आलोचना करनेवाले भी बनावटी मुस्कान के साथ चेहरा दिखाने को आतुर थे। इस स्वागत-सत्कार के पीछे लोगों की यह सोच भी थी कि कहीं साहब अगले कुछ दिनों में महकमा-ए-वज़ीर के रूप में न आ धमकें। आख़िर सत्ता में उनका रुतबा बढ़ा तो है ही। फिर समय का क्या भरोसा। आजकल उनका समय बलवान ही चल रहा है। वैसे यह संयोग ही था कि पुराने साहब के जाने के तत्काल बाद ही मौजूदा बड़े साहब भी यूपी बोर्ड में आ पहुँचे। कहते हैं कि आने का बहाना भले ही विभागीय जानकारी लेना था, लेकिन सच्चाई यह थी कि वे इस बात का पता लगाना चाहते थे कि नेताजी के दरबार ख़ास में किस-किस ने हाज़िरी लगायी।

(iii) सम्बोधन आमुख (Direct Address Intro) : पाठक को ध्यान में रखकर उन्हें सीधे रूप में सम्बोधित कर लिखे गये आमुख को सम्बोधन आमुख कहते हैं। समाचार-कथा में यह आमुख इस प्रकार लिखा जाता है कि पाठक उससे सीधे-सीधे अपना जुड़ाव महसूस करे। ऐसे आमुख का प्रयोग वैसी समाचार-कथाओं में किया जाता है, जिसमें संवाददाता समाज को सचेत और सावधान करना चाहता है। इसे कुछ उदाहरणों से समझा जा सकता है।

राज्य ब्यूरो, नयी दिल्ली : यदि आप मई के पहले पखवाड़े में मध्य प्रदेश, राजस्थान और दक्षिण भारत की यात्रा करने की योजना बना रहे हैं तो पहले पता कर लें कि आपकी ट्रेन उस दिन कहीं रद्द तो नहीं कर दी गयी है। क्योंकि तुगलकाबाद रेलवे स्टेशन पर सिग्नल प्रणाली को अपग्रेड करने के कारण दर्जनों एक्सप्रेस और

पैसेंजर ट्रेनें मई के पहले पखवाड़े में रद्द रहेंगी। इसके अलावा कई ट्रेन परिवर्तित मार्ग से चलेंगी।

नयी दिल्ली : अगर आप अपने बुज़ुर्ग माँ-बाप के साथ इसलिए जा रहे है कि रास्ते में उन्हें कोई तकलीफ़ न हो तो ज़रा सोच लें, क्योंकि अलग-अलग कोच में आरक्षण मिलने से इसका विशेष फ़ायदा नहीं होगा। अगर आप एक ही कोच में आरक्षण चाहते हैं तो फिर माँ-बाप का पूरा किराया भरने के लिए तैयार रहें।

ग़ाज़ियाबाद (ब्यूरो)। रविवार को शहर में कई कार्यक्रम और झाँकियाँ निकाली जायेंगी। लिहाज़ा आपको जाम मिल सकता है। रूट देखकर निकलें। ट्रैफ़िक पुलिस ने बताया कि सुबह साढ़े आठ बजे साहिबाबाद क्षेत्र में रथ-यात्रा का कार्यक्रम प्रस्तावित है, जो दिगम्बर जैन मन्दिर, शालीमार गार्डन, साहिबाबाद से शुरू होकर शालीमार गार्डन के मुख्य मार्गों से मन्दिर पर वापस आयेगी।

(iv) संवाद आमुख (Dialogue Intro) : समाचार कथा के जिस आमुख में किसी गणमान्य व्यक्तित्व, राजनेता, साहित्यकार, कलाकार, सामाजिक कार्यकर्ता, सांस्कृतिक कर्मी या समाज के अन्य प्रतिष्ठित व्यक्ति का वक्तव्य और विचार उद्धृत किया जाये उसे संवाद आमुख कहते हैं। आमुख के इस प्रकार में समाचार-कथा की शुरुआत सम्बन्धित व्यक्ति की घोषणा अथवा वक्तव्य से होती है। ऐसे आमुखों का ज़्यादातर प्रयोग सेमिनार, संगोष्ठी, वर्कशॉप, सभा, प्रेस-कॉन्फ्रेंस, चुनावी मंचों से दिये गये भाषण इत्यादि से सम्बन्धित रिपोर्टिंग में किया जाता है। इसे कुछ उदाहरणों से समझा जा सकता है।

रोहतक (ब्यूरो)। धर्म सभी के लिए कल्याणकारी और हमेशा शाश्वत होता है। पूजा पद्धति कोई भी हो, धर्म जोड़ने का काम करता है। सबके जीवन की चिन्ता करते हुए अपने कर्तव्यों का धारण करना ही धर्म है। इसे किसी संकुचित दायरे में बाँधना ठीक नहीं। देश, काल की परिस्थिति के अनुसार मूल्य और परिस्थितियाँ बदलती हैं। सत्य हमेशा रहता है। धर्म वह है, जिसके मूल में समभाव हो। यह कहना है आरएसएस के सरसंघचालक डॉ. मोहनराव भागवत का। वे शनिवार को पीजीआई के लेक्चर थिएटर-5 में संघ सम्पर्क विभाग की ओर से आयोजित चिकित्सक एवं प्राध्यापक विचार गोष्ठी में बोल रहे थे।

अहमदाबाद (वार्ता)। भाजपा अध्यक्ष अमित शाह ने शनिवार को कहा कि उनका गृह राज्य गुजरात भारतीय जनता पार्टी का गढ़ था, है और रहेगा और जो लोग वर्ष 2017 के आगामी विधानसभा चुनाव में यहाँ सत्ता-परिवर्तन का दिवास्वप्न देख रहे हैं, उनका मंसूबा सफल नहीं होगा और पार्टी और मज़बूती के साथ चुनाव जीतेगी।

नयी दिल्ली, 2 फ़रवरी। नयी नियमित कॉलोनियों में बुनियादी सुविधाएँ बेहतर की जायेंगी। यह कहना है केन्द्रीय वित्त मन्त्री अरुण जेटली का। उन्होंने शुक्रवार को कहा कि सरकार का अनाधिकृत कॉलोनियों को नियमित करने का फ़ैसला शहर की दूसरी विकसित कॉलोनियों की तरह ही इन इलाक़ों में बुनियादी सुविधाएँ उपलब्ध कराने के लिए लिया गया है। जेटली को उनके आवास पर शुक्रवार को दिल्ली भाजपा के नेताओं ने केन्द्र सरकार की ओर से जनता के हित से जुड़े फ़ैसलों के लिए सम्मानित किया।

(v) विरोधाभासी आमुख (Contrast Intro) : जब किसी समाचार-कथा के आमुख के तथ्य परस्पर एक-दूसरे के विरोधी हों तो ऐसे आमुख को विरोधाभासी आमुख कहते हैं। ऐसे आमुख कम ही देखने को मिलते हैं। विरोधाभासी आमुख को कुछ उदाहरणों की सहायता से समझा जा सकता है।

जागरण संवाददाता, नयी दिल्ली : दिल्ली हाई कोर्ट ने युवती को उसकी माँ का अभिभावक घोषित कर दिया है। दरअसल, लम्बे समय से कोमा में पड़ी माँ का इलाज कराने के लिए बेटी के पास पर्याप्त धन उपलब्ध नहीं है। माँ करोड़ों का कारोबार सँभालती थी, परन्तु बीमारी के बाद से बेटी माँ की सम्पत्ति से उनका इलाज तक नहीं करा पा रही थी। न्यायमूर्ति राजीव सहाय एंडला की पीठ ने युवती से पाँच करोड़ रुपये का मुचलका व एक जमानती माँगा है, जिसके बाद बेटी को माँ का अभिभावक बनने का अधिकार दे दिया जायेगा।

लखनऊ (ब्यूरो)। भले ही केन्द्र ने दैवी आपदा से पीड़ित किसानों को राहत देने के लिए मुआवज़ा बढ़ा दिया हो। भले ही किसानों की परेशानी को लेकर देश की राजधानी में मुख्य विपक्षी दल ने रैली की हो, लेकिन हक़ीक़त में अन्नदाताओं की स्थिति जस की तस बनी हुई है। पहले ही क़र्ज़ से परेशान किसान, कम उपज का सदमा नहीं सहन कर पा रहे हैं। पिछले 24 घण्टों के दौरान सूबे में 76 किसानों की सदमे से मौत हो गयी, जबकि दस ने आत्महत्या कर ली।

जयपुर, पत्रिका : हिंगोनिया गौशाला में पहले जो गायों की मौत का आँकड़ा 100-125 के आसपास घूम रहा था, वह अब 30 से नीचे आ गया है। नगर विकास मन्त्री राजपाल सिंह शेखावत ने कांग्रेस के रमेश मीणा के गौशाला को क़ब्रगाह बताने पर यह जबाव देते हुए पलटवार किया कि अब दो साल पहले जैसे हालात नहीं हैं और आने वाले दो साल में इसे उत्तरी भारत में सबसे कम मृत्यु दर वाला बना दिया जायेगा। कांग्रेस के सदस्य मीणा ने गुरुवार को विधानसभा में शून्यकाल के दौरान राजधानी स्थित हिंगोनिया गौशाला की दुर्दशा का मुद्दा उठाया।

नोएडा। कार्यालय संवाददाता : दिन में फ़ैक्ट्रियों में एसी की मरम्मत, धोबी और राजमिस्त्री का काम कर रेकी करते थे। रात होते ही नक़ाबपोश बदमाश बन उन्हीं फ़ैक्ट्रियों में लूट व चोरी की वारदात को अंजाम देते थे। पुलिस से बचने और पहचान छिपाने के लिए सभी ने उपनाम रखे हुए थे। गिरोह 'इतने शातिर तरीक़े से काम करते थे कि इसके सदस्यों को भी एक-दूसरे के ठिकाने की जानकारी नहीं होती थी।

एजेंसी। टोरंटो : भारतीय मूल का प्रभजोत लखनपाल यानी पीजे ख़ुशी से फूला नहीं समा रहा है। उसे भरोसा नहीं हो पा रहा है कि कनाडा का प्रधानमन्त्री बनने का उसका सपना पूरा हो चुका है। ऐसे में वह ख़ुद को चिकोटी काटकर आश्वस्त होता है। दरअसल, ढाई साल पहले जब वह कैंसर से जूझ रहा था तब उसने कनाडा का प्रधानमन्त्री बनने की इच्छा जताई थी। जब वह ठीक होकर घर लौटा तो यह बात भूल चुका था। लेकिन 'मेक अ विश' संस्था को याद था। लिहाज़ा प्रभजोत को एक दिन के लिए कनाडा का प्रधानमन्त्री बनाया गया।

(vi) प्रश्नात्मक आमुख (Question Intro) : किसी समाचार-कथा का ऐसा आमुख जिसके माध्यम से प्रश्न खड़ा किया जाता है, उसे प्रश्नात्मक आमुख कहा जाता है। ऐसा आमुख पाठक को सोचने पर मजबूर कर देता है और उसका उत्तर पाने के लिए पाठक उत्सुक हो जाता है और पूरी समाचार-कथा को पढ़ता है। इसे कुछ उदाहरणों से समझा जा सकता है।

एजेंसी। नयी दिल्ली : क्या टेनिस स्टार सानिया माँ बनने वाली है? सानिया के पति पाक क्रिकेटर शोएब मलिक ने संकेत तो ऐसे ही दिये हैं। ट्विटर पर शोएब ने प्रशंसकों के साथ सवाल-जवाब सेशन किया। इसमें फैंस ने शोएब से पूछा कि जूनियर मलिक कब आयेगा?

लन्दन। एजेंसियाँ : क्या आपको सोमवार की सुबह स्कूल या ऑफ़िस जाना मुश्किल लगता है? ज़्यादातर लोगों को रविवार की छुट्टी के बाद सोमवार को कामकाज शुरू करना मुश्किल लगता है। इसे मंडे ब्ल्यूज यानी उदास सोमवार कहते हैं। गोटनबर्ग यूनिवर्सिटी और लेवर इंस्टीट्यूट की रिपोर्ट के मुताबिक़ इस सुस्ती का कारण रविवार की दिनचर्या है। शोधकर्ताओं ने इस सुस्ती को दूर करने के तरीक़े बताये हैं। आइए जानें कैसे सोमवार को करें ऊर्जा से भरपूर।

नयी दिल्ली। एजेंसी : जम्मू-कश्मीर चुनाव पर 'एक्जिट पोल' के लगभग सारे नतीजे सरहदी सूबे में गठबन्धन सरकार की सम्भावना जता रहे हैं। घाटी में मुफ़्ती मोहम्मद सईद की पार्टी पीडीपी के सबसे बड़े दल के रूप में उभरने के आसार हैं,

जबकि जम्मू संभाग में भाजपा बड़ी कामयाबी की तरफ़ बढ़ रही है। मतदान बाद के एक्जिट पोल में कहा गया है कि पूरे सूबे में पीडीपी सबसे बड़ी पार्टी बनकर उभरेगी जबकि भाजपा दूसरे नम्बर पर रह सकती है। सवाल है, चुनावी नतीजे ऐसे ही आये तो सरकार किसकी और कैसे बनेगी? दूसरा सवाल है, घाटी में मुफ़्ती मोहम्मद सईद की पीडीपी और जम्मू में भाजपा के लिए इतनी अनुकूल ज़मीन कैसे तैयार हुई?

(vii) अन्धा आमुख (Blind Intro) : समाचार-कथा के ऐसे आमुख को अन्धा आमुख कहा जाता है, जिसमें इस बात की जानकारी ही नहीं मिलती है कि घटना-प्रसंग क्या है? ऐसे समाचार को समझने के लिए पूरी समाचार-कथा को पढ़ना पड़ता है। ऐसे आमुख को पढ़ने से न तो समाचार-कथा के सार-संक्षेप की जानकारी मिल पाती है और न ही समाचार-कथाओं का आभास मिल पाता है। समाचार-कथा में समाचार की पहचान नहीं हो पाने की दशा में ही इस तरह के आमुख लिखे जाते हैं। इसे विलम्बित आमुख भी कहा जाता है। कुछ उदाहरणों से इसे समझा जा सकता है।

राजबहादुर सिंह, रायबरेली : शिकायत शोक संवेदना और सोनिया की सियासती सौ मिनट का एक्शन और फिर फुरसतगंज की ओर चल पड़ा क़ाफ़िला। फ़ुरसत के अगले लम्हों में फिर लौटने के लिए।

दयाशंकर शुक्ल सागर : साम्प्रदायिकता बहुत बुरी चीज़ है। साम्प्रदायिकता समाज का ज़हर है। इसके ख़िलाफ़ माहौल बनाने की ज़रूरत है। एकजुट होने की ज़रूरत है। कम्युनिस्ट आन्दोलन अपनी बेवकूफ़ी में मारा गया। उसकी दिशा ग़लत थी। 1925 में कम्युनिस्ट पार्टी और आरएसएस दोनों का जन्म हुआ। आज कम्युनिस्ट पार्टी कहाँ है और आरएसएस कहाँ? आओ चलो मातम मनाएँ?

नयी दिल्ली, 25 अप्रैल 2002। मुस्लिम परिवार से सम्बन्धित सहारनपुर का मूल निवासी 25 वर्षीय जहाँगीर पिछले काफ़ी समय से गांधीनगर में रह रहा है। वह चौड़ा बाज़ार में एक दुकान पर टेलरिंग का काम करता है। उसकी शादी क़रीब एक वर्ष पहले सुरैया से हुई थी। शादी के कुछ माह बाद जैसे ही पत्नी ने उसे घर में नन्हे मेहमान के आने की सूचना दी तो मारे ख़ुशी के उसके पाँव ज़मीन पर नहीं टिक रहे थे। आख़िर सभी को जिसका इन्तज़ार था, वह दिन आ गया। चूँकि जहाँगीर की वित्तीय हालत इतनी मज़बूत नहीं है कि वह अपनी पत्नी को किसी बड़े अस्पताल में ले जा पाता, इसलिए सुरैया को मंगलवार को शिवपुरी स्थित एक दाई के पास ले जाया गया।

नगीना : जन्म लेने के बाद जब कोई बच्चा अच्छाई-बुराई को समझने लगता है तो वह उसी दिन से लेकर मृत्यु तक माया (धन) कमाने के चक्कर में सैकड़ों प्रकार की बुरी-भली सुनता है, करता है, परन्तु हर व्यक्ति को बेशुमार दौलत चाहिए। जिसके पास दौलत की कमी नहीं वो लोग भी जीते जी दौलत के पीछे भागते रहते हैं। लेकिन दौलत आज तक किसी के भी वश में नहीं आयी। इस दुनिया में ग़रीब, मध्यम व अमीर तीनों दर्जे के लोग मेहनत कर अपना जीवन-यापन करते हैं और अपनी औलाद के लिए बेशुमार धन जोड़ना चाहते हैं, लेकिन मरने के बाद हर व्यक्ति चाहे अमीर हो, ग़रीब दो गज़ जगह ज़रूर चाहता है।

(viii) खण्डित शैली आमुख (Staccato Intro) : समाचार-कथा का ऐसा आमुख जो अधूरे वाक्यों से भी पूरे परिवेश को दर्शाने का प्रयास करता है उसे खण्डित शैली आमुख कहते हैं। इस आमुख में परिवेश के साथ-साथ आकर्षक ढंग से समाचार की प्रस्तुति होती है। खण्डित शैली आमुख में वाक्य पूरा न होकर उसे छोटे-छोटे टुकड़े में प्रस्तुत किया जाता है। ये वाक्य असम्बद्ध होकर भी एक सुन्दर परिवेश सृजित करते हैं। ऐसे कुछ उदाहरणों से समझा जा सकता है–

राजीव दीक्षित, बाराबंकी/सीतापुर : समय : सुबह 8 बजे। स्कूल खुलने का समय। बाराबंकी के निन्दूरा ब्लॉक के प्राथमिक विद्यालय अनवारी के हाते में हाथों में बस्ता थामे लगभग 75 बच्चे जमा हैं, लेकिन अध्यापक नदारद। आगन्तुकों को देख विद्यालय की सफ़ाई कर्मचारी नूरजहाँ क्लासरूम के बन्द ताले खोलने लगी। लगभग पाँच मिनट बाद शिक्षिका नवनीत पहुँची। अगले दस मिनट के दौरान स्कूल के बाक़ी चार शिक्षकों में से कोई नहीं आया। स्कूल का एक कमरा उजाड़ पड़ा है। लिहाज़ा चौथी और पाँचवीं के बच्चों को साथ बैठकर पढ़ना पड़ता है।

नयी दिल्ली : रेत के घर की तरह ढहता मकान। एक के ऊपर एक गिरती मंज़िलें। मलबे में दबते लोग और राहत कार्य के दौरान निकाले जाते शव। ग्यारह दिन पूर्व ललिता पार्क कॉलोनी में यही मंज़र था। लेकिन अब जबकि इस हादसे को एक पखवाड़ा भी नहीं बीता है, यमुनापार के लोगों में मानो मौत का ख़ौफ़ ही नहीं रहा है। ललिता पार्क हादसे से सबक लेने के बजाय लोग मकानों के अवैध निर्माण में जुटे हुए हैं।

जागरण ब्यूरो, नयी दिल्ली : विपक्ष का चुस्त क्षेत्ररक्षण। मुद्दों के घातक बाउंसर। ख़ूब ग़लतियाँ भी की, लेकिन आख़िर में सरकार संसद के बजट सत्र पर सन्तोष कर सकती है। शुरुआती ग़लतियों के बाद मोदी सरकार धुआँधार पारी खेल आख़िरी बाज़ी अपने नाम करने में ज़रूर कामयाब रही।

शशि शेखर, अमर उजाला : हर ओर चकाचौंध लाइट। चमकते हुए होर्डिंग्स। बड़ी-छोटी गाड़ियों से भरी सड़क। हर तरफ़ दौड़ते-भागते युवा। भीड़ हर तरफ़। रोशनी इतनी कि सवेरा भी मात खा जाये। मन में सवाल उठा। क्या यह वही मास्को है, जिसे हम बचपन से सपनों में देखते आये थे? क्या यह वही मास्को है जिसने पूरी दुनिया को साम्यवाद का सपना दिया था।

7. शेष कलेवर और उसका सम्पादन

किसी समाचार-कथा के मुख्यतः दो भाग होते हैं–(i) आमुख और (ii) शेष कलेवर। सामान्यतः समाचार का पहला अनुच्छेद 'आमुख' कहलाता है जबकि उसके बाद के हिस्से को 'शेष कलेवर' कहते हैं। यह कई अनुच्छेदों में विभक्त होता है। इसे समाचार का विस्तार भी कहा जाता है। आमुख यदि समाचार का सिर है तो 'शेष कलेवर' धड़। 'शेष कलेवर' का विभाजन चार-पाँच हिस्सों और अनेक अनुच्छेदों में होता है। इसे समाचार का शरीर भी कह सकते हैं। समाचार के इस हिस्से से जिज्ञासा की पूर्ति होती है। किसी समाचार-कथा की पृष्ठभूमि (Flash Back) का उल्लेख भी समाचार के इसी हिस्से में किया जाता है।

समाचार के शेष कलेवर में किसी घटना प्रसंग का क्रमवार विवरण दिया जाता है। इससे समाचार की कथा-संरचना में प्राणवत्ता का संचार होता है और आगे पढ़ने की उत्सुकता बनी रहती है। भाषण आदि की रिपोर्टिंग करते समय कोई आवश्यक नहीं कि भाषण करनेवाले व्यक्ति द्वारा पहले कही गयी बात पहले लिखी जाये। ऐसी स्थिति में समाचार-तत्त्व के महत्त्व के घटते हुए क्रम में तथ्यों को लिखा जाना चाहिए। अर्थात् समाचार के शेष कलेवर में तथ्यों को प्रस्तुत करते समय तथ्यों के महत्त्व की दृष्टि से विलोम पिरामिड शैली का प्रयोग किया जाना चाहिए।

शेष कलेवर में भी भाषा की सरलता और सहजता होनी चाहिए। रोचकता के साथ उसकी अच्छी प्रस्तुति होनी चाहिए, ताकि पाठक पूरी ख़बर को पढ़ सके। समाचारों का विवरण सजीव और जीवन्त होना चाहिए। इसका अर्थ यह नहीं कि उसकी कसावट को संवाददाता नज़रअन्दाज़ कर दे। अभिव्यक्ति की सुस्पष्टता और तथ्यों की सारगर्भिता पर ध्यान देना आवश्यक है। घटना-प्रसंग की तारतम्यता शेष कलेवर-लेखन के लिए अपरिहार्य है। शेष कलेवर का सम्पादन करते समय विशेष ध्यान देने की आवश्यकता है।

8. शेष कलेवर में 'न्यूज़मेकर' के वक्तव्य का आशय

संवाददाता सूचना ही नहीं देता, अपितु उसकी व्याख्या भी करता है। इसी को दूसरे शब्दों में कहें तो संवाददाता 'न्यूज़मेकर' का भाषण ही नहीं छापता बल्कि वह उसके भाषण का भाव भी प्रकाशित करता है। समाचार लिखना संवाददाता का काम है, किन्तु उसे सम्यक् रूप से संस्कारित करना सम्पादकीय टीम का कर्तव्य। न्यूज़मेकर का कहना परिवेश और परिस्थिति के अनुसार अनेक सन्दर्भों में बदल जाता है। कहना न होगा कि यदि नवोदित संवाददाता ने न्यूज़मेकर के वक्तव्य को 'उन्होंने बताया कि' अथवा 'उन्होंने कहा कि' जैसे वाक्यांश के माध्यम से लिख रहा हो, तो यह सम्पादकीय टीम का कर्तव्य है कि वह पूरी समाचार-कथा की माँग के अनुरूप न्यूज़मेकर की परिस्थिति और परिवेश के आलोक में समाचार को सम्यक् रूप से संस्कारित करे।

'न्यूज़मेकर' का कहना किसी समाचार-कथा के लिए सामान्य रूप का कहना नहीं है। उसमें उसकी व्याख्या भी होनी चाहिए। इसे निम्नलिखित उदाहरणों से समझा जा सकता है–उसने डरते-सहमते हुए कहा कि, उसने स्पष्ट करते हुए कहा कि, उसने घोषणा की कि, उन्होंने आरोप लगाते हुए कहा कि, उन्होंने चुटकी लेते हुए कहा कि, उन्होंने व्यंग्य करते हुए कहा कि, उन्होंने दो टूक शब्दों में कहा कि, उन्होंने खण्डन करते हुए कहा कि, उन्होंने स्वीकार करते हुए कहा कि या उन्होंने स्वीकार किया कि, उन्होंने राजग में प्रतिबद्धता व्यक्त करते हुए कहा कि, उन्होंने अफ़सोस जताते हुए कहा कि, उन्होंने आशंका व्यक्त करते हुए कहा कि, उन्होंने पलटवार करते हुए कहा कि, उन्होंने चिन्ता व्यक्त करते हुए कहा कि, उन्होंने आलोचना करते हुए कहा कि, उन्होंने सभा को सम्बोधित करते हुए कहा कि, उन्होंने आक्रोश व्यक्त करते हुए कहा कि, इस बात पर बल देते हुए कहा कि, उन्होंने प्रतिक्रिया व्यक्त करते हुए कहा कि, उन्होंने ममता कुलकर्णी को टिकट देने की पेशकश करते हुए कहा कि, उन्होंने हस्तक्षेप करते हुए कहा कि, उन्होंने चेतावनी देते हुए कहा कि, उन्होंने धमकी देते हुए कहा कि, उन्होंने ख़ुशी ज़ाहिर करते हुए कहा कि इत्यादि।

संवाददाता समाचार-कथा के सत्य तक पहुँचने के लिए न्यूज़मेकर के साथ-साथ अनेक सूत्रों से बातचीत करता है। घटना-प्रसंग का स्थल अवलोकन करता है, निरीक्षण-परीक्षण करता है और फिर एक मानस तैयार कर समाचार लिखता है। वह समाचार-कथा के पीड़ित-प्रताड़ित व्यक्ति, प्रत्यक्षदर्शी, प्रशासन इत्यादि से चर्चा करता है और विभिन्न स्रोतों से प्राप्त तथ्यों के आलोक में सत्य तक पहुँचने की

कोशिश करता है। इस क्रम में वह समाचार लिखते हुए अनेक तरह की युक्तियों का उपयोग करता है। जैसे–बताया जाता है कि प्राप्त जानकारी के अनुसार, चर्चा यह है कि, हालात बताते हैं कि, ऐसे संकेत हैं कि, समझा जाता है कि, सूत्रों के अनुसार इत्यादि। समाचार लिखते समय संवाददाता इन सारी युक्तियों का उपयोग करते हैं। समाचार-कथा लेखन की बारीकियाँ हैं, किन्तु सम्पादन करते समय भी यदि संवाददाता से लिखने में चूक हो जाये तो उपर्युक्त तरीक़े का उपयोग कर सम्यक् सम्पादन किया जाना चाहिए।

9. विलोम पिरामिड शैली में सम्पादन

समाचार-लेखन के लिए विलोम पिरामिड शैली का प्रयोग किया जाता है। पिरामिड का आधार भाग चौड़ा होता है और शीर्ष तक पहुँचते हुए उसकी चौड़ाई क्रमशः कम होती जाती है। पिरामिड की चोटी नुकीली हो जाती है। पिरामिड को उलट देने पर चौड़ा भाग ऊपर तथा नुकीला भाग नीचे होगा। इसे ही विलोम पिरामिड कहते है। संवाद-सम्प्रेषण की तकनीक के अन्तर्गत विलोम पिरामिड शैली का तात्पर्य यह है कि अधिक महत्त्व के तथ्य या तत्त्व पहले (ऊपर) तथा कम महत्त्व के तथ्य बाद में (नीचे) लिखे जायें। समाचार के महत्त्व का क्रम ऊपर से नीचे आते हुए क्रमशः घटता जाता है।

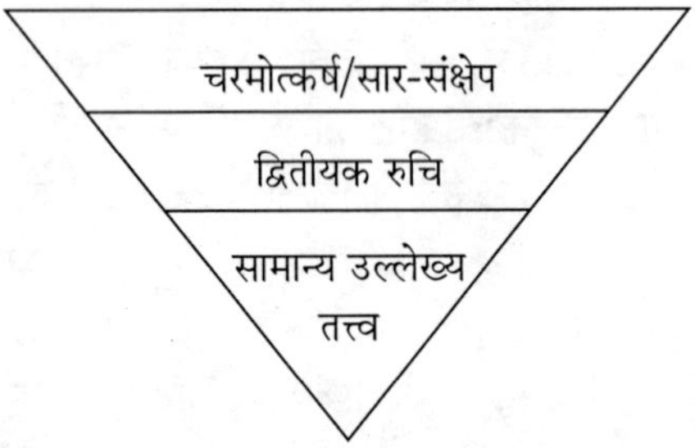

समाचार के चरमोत्कर्ष को आमुख के रूप में पाठक को पहले ही बता दिया जाता है। समाचार-लेखन की यह पारम्परिक शैली आज भी विद्यमान है। इसका कारण यह है कि पाठक सबसे महत्त्वपूर्ण बात पहले जानना चाहता है। समाचार क्या है? पाठक की उसमें कितनी रुचि है? समाचार की दिशा और दशा क्या है? इसका लेखा-जोखा पाठक 'आमुख' को पढ़कर ही लगा लेता है। विलोम पिरामिड शैली में समाचार-लेखन का पहला लाभ यह है कि पाठक कम-से-कम समय में अधिक से अधिक समाचार से अवगत हो जाता है। वह 'आमुख' पढ़कर ही यह

तय करता है कि किसी समाचार-विशेष के शेष कलेवर के हिस्सों को पढ़ा जाये या नहीं। यदि पाठक के पास समय का अभाव है तो वह आमुख को पढ़कर ही सार-संक्षेप जान लेता है। विलोम पिरामिड शैली में ख़बर लिखने का दूसरा लाभ यह है कि पृष्ठ मेकअप करते समय जगह कम पड़ने पर नीचे से यदि ख़बरों को काटना भी पड़े तो कोई विशेष अन्तर नहीं पड़ेगा। कटेंगे भी तो समाचार के गौण और कम महत्त्वपूर्ण तत्त्व ही।

समाचार-लेखन के विलोम पिरामिड शैली में उपर्युक्त लाभों के अतिरिक्त कुछ ख़ामियाँ भी हैं। 'आमुख' में सम्पूर्ण समाचार का सारांश अथवा सार-संक्षेप लिखे जाने के कारण शेष कलेवर में उसकी पुनरावृत्ति होती है, जिसे पाठक पढ़ने को बाध्य होता है। इस प्रकार पाठक को एक ही तथ्य शीर्षक, उपशीर्षक, आमुख और शेष कलेवर में बार-बार पढ़ना पड़ता है। अर्थात् पाठक एक ही तथ्य को कम-से-कम तीन बार पढ़ने को विवश होता है। 'आमुख' में छह ककार अथवा अधिकतम महत्त्वपूर्ण तथ्यों को समेटने के क्रम में कई बार यह बोझिल हो जाता है। वाक्य-संरचना जटिल हो जाती है। इसके कारण अक्सर समाचार की रोचक प्रस्तुति नहीं हो पाती है। 'आमुख' के नीचे 'शेष कलेवर' को पढ़ने का आकर्षण भी कई बार इसके कारण समाप्त हो जाता है। यही कारण है कि समाचार-लेखन में विलोम पिरामिड शैली के आग्रह को कुछ संचार-विशेषज्ञ ज़्यादा महत्त्व नहीं देते हैं।

10. समाचार का पुनर्गठन एवं पुनर्लेखन

संवाददाता द्वारा सम्पादन के लिए प्राप्त समाचार कई बार अपने शिल्प के अनुरूप नहीं होता है। जब समाचार विलोम पिरामिड शैली में नहीं हो तब उसे पुनर्गठित करने की आवश्यकता महसूस होती है। समाचार की भाषा में कसावट नहीं होने पर भी पुनर्लेखन की आवश्यकता होती है। समाचार की आवश्यकता के अनुसार कई बार उसका संक्षेपण या विस्तारण करना पड़ता है। इस निमित्त भी समाचार का पुनर्लेखन करना पड़ता है। समाचार को रोचक बनाने, उसके दृष्टिकोण में परिवर्तन करने, अधूरे तथ्यों को जोड़ने इत्यादि के लिए भी समाचार को पुनर्गठित करना पड़ता है। समाचार यदि सम्प्रेषणीय नहीं है, वह अनुकूल भाव और प्रभाव पैदा नहीं कर पा रहा है तो ऐसी स्थिति में भी समाचार का पुनर्गठन करना पड़ता है। समाचार के पुनर्गठन और पुनर्लेखन के निम्नलिखित कारण हैं।

(i) समाचार का एंगल निर्धारण : एक ही घटना-प्रसंग की समाचार-कथा अनेक एंगल की हो सकती है। संवाददाता अपनी इच्छा, स्वभाव, संस्कार और विचार के अनुसार एंगल का निर्धारण करता है। एक परिपाटी चल पड़ी है कि समाचार का एंगल सत्ता और सरकार के विरोध में बना दिया जाये। इसलिए

अधिकतर घटना-प्रसंग के समाचार का एंगल सरकार-विरोधी होता है। सम्पादकीय टीम को इस बात की छूट रहती है कि समाचार का एंगल वह बदल दे। इसे कुछ उदाहरणों से समझा जा सकता है।

दैनिक जागरण में 5 दिसम्बर 2004 को 'पानीपत में कुश्ती और संगीत पर थिरके लोग' शीर्षक से एक समाचार छपा। इस समाचार को चार कॉलम में फ़ोटो के साथ प्रमुखता से प्रकाशित किया गया। इस समाचार में अश्लीलता जैसी बात कहीं नहीं लिखी है। जबकि इसी घटना का समाचार दैनिक ट्रिब्यून में 'दंगल के नाम पर अश्लीलता का प्रदर्शन' शीर्षक से प्रकाशित हुआ है। कहने का तात्पर्य यह कि दो अलग-अलग समाचार-पत्र के संवाददाताओं ने घटना को अलग-अलग एंगल से देखा तथा उसकी रिपोर्टिंग की। इस प्रकार यह कहा जा सकता है कि समाचार लेखन संवाददाता के व्यक्तित्व, स्वभाव, संस्कार इत्यादि पर निर्भर करता है। यहाँ महत्त्व का विषय यह है कि घटना-विशेष को कौन संवाददाता किस एंगल से देखता है। दोनों समाचार का आमुख यहाँ प्रस्तुत है।

(क) जागरण संवाद केन्द्र, पानीपत : रविवार को सेल्युलर कम्पनी आइडिया की ओर से आयोजित जापान के सूमो पहलवान की कुश्ती को देखने के लिए शिवाजी स्टेडियम में शहरवासियों की भारी भीड़ रही। सूमो पहलवानों की जंग देखने के लिए लालायित भीड़ घण्टों तक उनका इन्तज़ार करती रही। आख़िरकार इनका इन्तज़ार ख़त्म हुआ और सूमो के साथ मुम्बई की कलाकार मोहिनी सिंह के नृत्य का भी दर्शकों ने आनन्द उठाया। दोपहर एक बजे से शाम साढ़े चार बजे चले कार्यक्रमों में फ़िल्मी गीतों के साथ नृत्य पर लोग झूमते रहे। यहाँ कम्पनी द्वारा कई बच्चों के ऑडीशन टेस्ट लेकर उनको पुरस्कृत भी किया गया। कार्यक्रम का शुभारम्भ पुलिस अधीक्षक डॉ. सुमन मंजरी ने किया।

(ख) पानीपत, 5 दिसम्बर (ट्रिन्यू) : आज यहाँ शिवाजी स्टेडियम में दंगल के नाम पर अश्लीलता का प्रर्दशन किया गया। कार्यक्रम का आयोजन एक सेल्युलर कम्पनी ने किया था। अपने बीवी-बच्चों के साथ आये कई लोग मंच पर फ़िल्मी गीतों पर आधारित व अश्लीलता का पुट लिए कार्यक्रमों को देखकर या तो बीच में ही चले गये या शर्म से सिर झुकाये बैठे रहे। वे सूमो पहलवानों का दंगल देखने आये थे न कि 'धूम मचा दे धूम', 'रूप तेरा मस्ताना' जैसे फ़िल्मी गीतों पर थिरकती लड़कियों को।

समाचार एंगल को समझने के लिए 24 मार्च 2006 को विभिन्न समाचार-पत्रों की उस ख़बर को देखना प्रासंगिक होगा, जिसमें श्रीमती सोनिया गांधी ने इस्तीफ़ा दे दिया। इस समाचार में कहीं श्रीमती गांधी को 'त्याग का तुरुप' बताया गया है तो किसी समाचार ने लिखा है कि त्यागपत्र देना उनकी लाचारी थी।

(क) नयी दिल्ली, 23 मार्च : लाभ के पदों से उठे विवाद के मद्देनज़र कांग्रेस

अध्यक्ष सोनिया ने लोकसभा सदस्यता के साथ राष्ट्रीय सलाहकार परिषद के अध्यक्ष पद से इस्तीफ़ा देकर विपक्ष के आरोपों की हवा निकाल दी है। उनके पास इस फ़ैसले के बाद जहाँ कांग्रेस में दुगुना उत्साह देखा गया, वहीं विपक्षी दलों के पास कहने लिए कुछ ख़ास नहीं बचा।

(ख) नयी दिल्ली, 23 मार्च एजेंसी (ब्यूरो) : लाभ के पद को लेकर कांग्रेस और विपक्षी दलों के बीच कई दिनों से चल रहे शह और मात के खेल का नतीजा गुरुवार को कांग्रेस अध्यक्ष सोनिया गांधी के लोकसभा से इस्तीफ़ा के रूप में सामने आया। संसद में अपने रणनीतिकारों की विफलता के कारण सोनिया को आख़िरकार उस राष्ट्रीय सलाहकार परिषद (एनएसी) से भी इस्तीफ़ा देना पड़ा, जिसके अध्यक्ष पद की कुर्सी को ग़ैर लाभ का पद घोषित करवाने के लिए सरकार अध्यादेश लाने का मंसूबा बना रही थी।

(ग) सहारा न्यूज़ ब्यूरो, नयी दिल्ली 23 मार्च : लाभ के पद को लेकर उठे विवाद के बीच यूपीए अध्यक्ष सोनिया गांधी ने आज लोकसभा की सदस्यता और राष्ट्रीय सलाहकार परिषद के अध्यक्ष पद से इस्तीफ़ा दे दिया। दोनों इस्तीफ़ों को तत्काल प्रभाव से मंजूर कर लिया गया है। सोनिया ने रायबरेली से दुबारा चुनाव लड़ने की घोषणा की। उनके इस्तीफ़े को कांग्रेस ने जहाँ सार्वजनिक जीवन में उच्च नैतिक मानदण्डों की मिसाल करार दिया है, वहीं भाजपा ने कहा कि कांग्रेस बदले की राजनीति के जाल में फँस गयी है।

उपर्युक्त तीनों समाचारों का एंगल अलग-अलग है। लाभ के पद को लेकर उठे विवाद के बीच यूपीए अध्यक्ष श्रीमती सोनिया गांधी ने लोकसभा की सदस्यता और राष्ट्रीय सलाहकार परिषद के अध्यक्ष दोनों पद से इस्तीफ़ा दे दिया। इन तीनों समाचारों को तीन समाचार-पत्रों ने अलग-अलग एंगल से प्रकाशित किया है। समाचार (क) में श्रीमती गांधी को त्याग की प्रतिमूर्ति के रूप में स्थापित करते हुए समाचार का एंगल निर्धारित किया गया है, जबकि समाचार (ख) का आमुख यह मानता है कि श्रीमती गांधी के रणनीतिकारों की विफलता के कारण उन्हें दोनों पदों से इस्तीफ़ा देना पड़ा। उपर्युक्त तीसरा समाचार (ग) के आमुख को सन्तुलित माना जा सकता है, जिसमें न तो काँग्रेस का पक्ष लिया गया है और न ही भाजपा का।

समाचार के एंगल को कुछ अन्य उदाहरणों से भी समझा जा सकता है–दादरी पावर प्रोजेक्ट की ज़मीन को लेकर आन्दोलन कर रहे किसानों की ख़बर को एक ही समाचार-पत्र में अलग-अलग एंगल से प्रकाशित किया गया है। एक समाचार में वीपी सिंह की गिरफ़्तारी और किसानों पर लाठी बरसाने की ख़बर है तो इसी घटना-प्रसंग की एक ऐसी भी ख़बर छपी है, जिसे पुलिस-प्रशासन के हवाले से प्रकाशित किया गया गया है। इसमें किसानों पर एक भी गोली नहीं चलाये जाने के एंगल से

डीजीपी का वक्तव्य छपा है। इसी घटना-प्रसंग पर एक ख़बर अभिनेता व सांसद राज बब्बर के हवाले से छपी है तो अन्य समाचार में वीपी सिंह के यूपी गेट से आगे नहीं बढ़ सकने का समाचार प्रकाशित हुआ है। इसी घटना प्रसंग को एक और एंगल से प्रकाशित किया गया है, जिसमें वीपी सिंह और राज बब्बर के कारण घण्टों तक जाम लगने का समाचार है।

(ii) समाचार के तथ्यों को विलोम पिरामिड शैली में लिखना : समाचार-कथा का सम्पादन करते समय कई बार ध्यान में आता है कि समाचार की बुनावट ठीक नहीं है, समाचार के तथ्यों को महत्त्व के घटते हुए क्रम अर्थात् विलोम पिरामिड शैली में नहीं लिखा गया है। ऐसे में समाचार के पुनर्लेखन की आवश्यकता महसूस होती है। विलोम पिरामिड शैली में समाचार के सबसे महत्त्वपूर्ण तथ्य को ऊपर और तथ्यों को घटते हुए महत्त्व क्रम में सबसे कम महत्त्व के तथ्य को सबसे नीचे लिखा जाता है। ऐसा इसलिए किया जाता है कि पाठक कम से कम समय में अधिक से अधिक जानकारी प्राप्त करने के लिए सार-संक्षेप को पहले जानना चाहता है। इसका दूसरा कारण यह है कि पृष्ठ निर्माण करते समय नीचे से कुछ पंक्तियाँ काटने की भी नौबत आ जाये तो समाचार-कथा में कुछ विशेष अन्तर न पड़े।

(iii) समाचार-पत्र की नीतियों के अनुसार परिवर्तन : प्रत्येक समाचार-पत्र की अपनी एक नीति होती है, कोई अपराध की ख़बरों को अधिक महत्त्व देता है तो कोई सामाजिक और राजनीतिक समाचार को। कोई समाचार-पत्र खेल की ख़बर को प्रमुखता से प्रकाशित करता है तो कोई आर्थिक समाचारों को। इस निमित्त समाचार का संक्षेपण और विस्तारण किया जाता है। फलस्वरूप समाचार का पुनर्लेखन करना पड़ता है। समाचार-पत्र की नीतियों के आलोक में वैचारिक अधिष्ठान को ध्यान में रखकर भी समाचार का पुनर्लेखन किया जाता है। तीसरा कारण यह है कि सामाजिक सरोकार के आलोक में भी समाचार का एंगल बदलने के लिए पुनर्लेखन की आवश्यकता महसूस होती है।

(iv) पाठक-समूह के अनुसार बनाना : पत्र-पत्रिकाओं का विशेष पाठक समूह होता है। जैसे–महिला, बच्चे, युवा, सामान्य पाठक वर्ग इत्यादि। इनके आलोक में भी समाचार पुनर्गठित करने की आवश्यकता महसूस होती है। पाठक-वर्ग के आलोक में ही समाचार में वेल्यू एडिशन की भी आवश्यकता होती है। अतएव इस निमित्त भी समाचार को पुनर्गठित किया जाता है। पाठक समूह की रोचकता को बनाये रखने के लिए भी कई बार पुनर्लेखन की आवश्यकता होती है।

(v) समान प्रकृति के छोटे-छोटे समाचार को मिलाना : समान प्रकृति की ख़बर अगर एक ही राज्य के अलग-अलग ज़िलों से आये तो उसकी महत्ता को बढ़ाने

के लिए उसे एक साथ जोड़ दिया जाता है। जैसे बिहार में बाढ़ से अलग-अलग ज़िलों में लोगों के मरने के समाचार को एक साथ मिलाकर बड़ा बना दिया गया है। अगर यही समाचार अलग-अलग ज़िलों से अलग-अलग छपता तो शायद पहले पृष्ठ पर प्रमुखता से नहीं छपता और यह समाचार बिहार में ही सिमटकर रह जाता और उसका प्रसार अखिल भारतीय स्तर पर न हो पाता। इस समाचार का आमुख द्रष्टव्य है।

पटना, जागरण संवाददाता : बिहार में बाढ़ का संकट बुधवार को गहरा गया। नदियों के बढ़े पानी में उत्तर बिहार के नौ लोगों के डूबकर मरने की ख़बर है। मरने वालों में सात बच्चे हैं। मरने वालों में दो बगहा, तीन पूर्वी चम्पारण, तीन सीतामढ़ी और एक व्यक्ति बेगूसराय का है। पूर्वी चम्पारण के बंजरिया के धोड़मरवा गाँव में दुधौरा नदी का बाँध टूट गया है। पश्चिमी चम्पारण में गंडक का पानी घटने लगा है।

(vi) मूल्यगत संवर्धन : संवाददाता द्वारा प्राप्त समाचार कई बार गुणवत्ता की दृष्टि से कमज़ोर होता है, उसमें मूल्यगत संवर्द्धन (वेल्यू एडिशन) की आवश्यकता महसूस होती है। इसलिए समाचार को पुनर्गठित करना पड़ता है। यह सम्पादन की सामान्य प्रक्रिया के अन्तर्गत शुद्ध नहीं होती है। इसलिए ऐसे समाचार का पुनर्लेखन करना पड़ता है।

11. चित्र-सम्पादन

चित्रों की छपाई पहले ब्लॉक से होती थी। अब हार्ड कॉपी में चित्र का प्रिंट नहीं लिया जाता है। अपितु डिजिटल कैमरा से लिए गये चित्र का सम्पादन फ़ोटोशॉप और इनडिज़ाइन सॉफ्टवेयर की मदद से कम्प्यूटर-स्क्रीन पर ही कर लिया जाता है। कई बार एक घटना-प्रसंग के एक से अधिक चित्र आ जाते हैं। ऐसी परिस्थिति में कितने फ़ोटो लगाने है, इसका चयन और सम्पादन आवश्यक हो जाता है। किस समाचार के साथ किस फ़ोटो को लगाना है, इसका चयन भी सावधानीपूर्वक कर लेना चाहिए। फ़ोटो और समाचार का तालमेल ध्यान से करना चाहिए ताकि किसी जगह की फ़ोटो कहीं और प्रकाशित न हो जाये, इससे समाचार-पत्र की छवि बनने की जगह बिगड़ती ही है। चित्रों का चयन और सम्पादन करते समय निम्नलिखित बातों का ध्यान देना चाहिए।

(i) समाचार के एंगल से चित्र का मेल खाना चाहिए।

(ii) देश की सामाजिक और सांस्कृतिक मान्यताओं के अनुरूप चित्र होना चाहिए।

(iii) क़ानूनी उलझनों में फँसने वाले चित्र प्रकाशित नहीं करने चाहिए।

(iv) किसी व्यक्ति की मानहानि करनेवाले चित्र प्रकाशित नहीं करने चाहिए।

(v) हत्या इत्यादि के मामले में दिल दहलाने वाले वीभत्स चित्र प्रकाशित करने से बचना चाहिए।

(vi) चित्र में यदि कोई अनावश्यक वस्तु दिख रही हो तो उसे काटकर (Crop) हटा देना चाहिए।

(vii) देश की एकता, अखण्डता और सम्प्रभुता को ठेस पहुँचाने वाला फ़ोटो प्रकाशित नहीं करना चाहिए।

(viii) कैप्शन सटीक और सारगर्भित लिखना चाहिए।

(ix) एक्शन फ़ोटो का चयन प्राथमिकता के आधार पर करना चाहिए।

(x) प्रभावी और बोलता हुआ चित्र ही प्रकाशित करना चाहिए।

चित्र के चयन और सम्पादन के बाद उसका कैप्शन अर्थात् चित्र-परिचय लिखना होता है। इसके अन्तर्गत घटना-प्रसंग कहाँ का है, कब का है, इसके बारे में प्रमुखता से जानकारी दी जाती है। चित्र-परिचय में यह भी लिखा जाता है कि फ़ोटो में क्या दिखाने या बताने की कोशिश की गयी है। किसी दार्शनिक-स्थल, व्यक्ति इत्यादि की पुरानी तस्वीर भी प्रकाशित की जाती है। ऐसी स्थिति में स्पष्ट लिख दिया जाता है कि यह फ़ाइल-फ़ोटो है। चित्रों का चयन और सम्पादन करते समय इस बात का विशेष ध्यान देना चाहिए कि चित्र विषय के अनुकूल तथा प्रासंगिक हो।

पत्र-पत्रिकाओं के लिए फ़ोटो की महती आवश्यकता होती है। इससे न केवल समाचार की प्रामाणिकता और विश्वसनीयता बढ़ती है अपितु सौन्दर्य की सृष्टि में भी यह चार-चाँद लगा देता है। चित्र के माध्यम से पत्र-पत्रिकाओं को जीवन्त और प्राणवन्त बनाया जाता है। यह अभिव्यक्ति का प्रभावशाली माध्यम है। इसलिए ठीक ही कहा गया है कि एक हज़ार शब्दों से भी अधिक सशक्त अभिव्यक्ति एक चित्र के माध्यम से होती है। मानव-जीवन के सुख-दुख के क्षणों को चित्र के माध्यम से ही इतिहास के हवाले किया जा सकता है। चित्र स्वयं में एक सूचना तो है ही, इसके माध्यम से पाठक-वर्ग का मनोरंजन भी होता है। समाचार की पठनीयता को बढ़ाने में चित्र की महत्त्वपूर्ण भूमिका होती है। बिना चित्र परिचय के भी फ़ोटो सब-कुछ कह जाता है। चित्र देखकर भी पाठक समाचार और फ़ीचर आदि के प्रति आकर्षित हो जाता है और इस प्रकार उसकी पठनीयता बढ़ जाती है। इन तथ्यों के आलोक में कहा जा सकता है कि यह समाचार और फ़ीचर में प्रवेश-बिन्दु का कार्य करता है।

प्रभावी चित्र की गुणवत्ता की चर्चा अपेक्षित है। प्रभावी चित्र उसे कहते हैं जो दूर से ही पाठक को अपनी ओर आकर्षित कर ले। एक्शन फ़ोटो को प्रभावी माना जाता है। ले-आउट और डिज़ाइन को चित्ताकर्षक और मनभावन बनाने के लिए प्रभावी चित्र की ही आवश्यकता होती है। यही कारण है कि सम्पादन करते समय प्रभावी

चित्र का ही चयन किया जाता है। एक प्रभावी चित्र जनजीवन में सर्जनात्मकता पैदा करता है। इसलिए अधिकाधिक सार्थक चित्र प्रकाशित करने पर बल दिया जाता है। सार्थक चित्र के निम्नलिखित गुण होते हैं–

(i) प्रभावी चित्र दर्शक को अपनी ओर आकर्षित करता है।

(ii) प्रभावी चित्र में आकृतियाँ बड़ी होनी चाहिए अर्थात् ऑबजेक्ट पर फोकस होना चाहिए।

(iii) प्रभावी चित्र में अनावश्यक वस्तुएँ नहीं होतीं।

(iv) प्रभावी चित्र के केन्द्र में आकर्षक का बिन्दु होना चाहिए।

(v) प्रभावी चित्र में छाया और प्रकाश का मेल स्पष्ट और सन्तुलित होना चाहिए।

(vi) प्रभावी चित्र घटना-प्रसंग के निश्चित और निर्णायक क्षण को क़ैद करता है।

(vii) प्रभावी चित्र में परिचय नहीं होने पर भी वह स्वयं बोल उठता है।

प्रभावी चित्र की उपर्युक्त गुणवत्ता के आलोक में सम्पादन करते समय उन्हीं फ़ोटो का चयन करना चाहिए, जिसमें ये सभी विशेषताएँ हों। आकर्षक एंगल वाले चित्र का चयन ही करना चाहिए। फ़ोटो फ्रेम की जाँच सावधानीपूर्वक कर लेनी चाहिए। घटना-प्रसंग के सन्दर्भ में विलक्षण और अपूर्व चित्र ही प्रकाशन योग्य समझे जाते हैं। फ़ोटो की तकनीकी गुणवत्ता को ध्यान में रखकर भी उसका चयन प्रकाशन के लिए करना चाहिए। पत्र-पत्रिकाओं में प्रकाशन के लिए केवल उन्हीं फ़ोटो का चयन करना चाहिए, जो समसामयिक हो।

12. सम्यक् प्रस्तुति के अन्य उपकरण

पत्र-पत्रिकाओं का सम्पादन करते समय सम्यक् प्रस्तुति के लिए आरेख, रेखा-चित्र, बिन्दु-रेख, कार्टून, चार्ट इत्यादि की आवश्यकता होती है। इससे पत्र-पत्रिकाओं का आकर्षण बढ़ जाता है। समाचार आदि में चार्ट महत्त्वपूर्ण जानकारी देता है। समाचार को समझने में यह मददगार साबित होता है। इसलिए समाचार को ग्राह्य और प्रभावी बनाने के लिए चार्ट का उपयोग किया जाता है। पाठक की चेतना पर इसका गहरा प्रभाव पड़ता है। चार्ट सार्वभौम होता है। इसलिए भी इसमें बोधगम्यता होती है। साज-सज्जा की दृष्टि से भी चार्ट आकर्षक और महत्त्वपूर्ण होता है। चार्ट तुलनात्मक प्रदर्शन में भी मददगार साबित होता है। जबकि डायग्राम किसी की कार्यविधि या आकृति को दर्शाता है तथा उसका वर्णन करता है। यह भी समाचार को समझने में काफ़ी मददगार होता है। इससे समाचार की सम्प्रेषणीयता बढ़ जाती है। यही कारण

है कि इसे तथ्यों के सम्प्रेषण का सुगम माध्यम माना गया है। यह समाचार को प्रभावी बनाता है और पाठक की चेतना पर इसका प्रभाव ज़्यादा होता है। पृष्ठ-सज्जा में भी डायग्राम की महत्ता जगज़ाहिर है।

कार्टून के माध्यम से समाचार की सम्यक् प्रस्तुति होती है। समाचार के साथ तीखा और चुभता हुआ व्यंग्य-चित्र पाठक को समाचार पढ़ने के लिए बाध्य करता है। इसके माध्यम से उत्तम और सम्प्रेषणीय संवाद सम्भव हो जाता है। कम-से-कम शब्दों में अधिक-से-अधिक अभिव्यक्ति के लिए व्यंग्य-चित्र को अपरिहार्य माना जाता है। यह समाचार को प्रभावी बनाता है, किन्तु शर्त यही है कि व्यंग्य-चित्र को प्रासंगिक होना चाहिए और उसे वीभत्स और अश्लील नहीं होना चाहिए। इस प्रकार कहा जा सकता है कि व्यंग्य चित्र के माध्यम से समाचार चिरस्मरणीय बन जाता है तथा पाठक की अन्तश्चेतना पर व्यंग्य-चित्र का प्रभाव अपेक्षाकृत ज़्यादा होता है।

अत: सम्पादन की प्रक्रिया के अन्तर्गत समाचारों का प्रबन्धन, चयन और प्रस्तुति तीनों आते हैं। शिल्पगत संस्कार, भाषागत संस्कार और दृश्यगत संस्कार के माध्यम से समाचारों की सम्यक् प्रस्तुति होती है। सम्पादन की प्रक्रिया के अन्तर्गत सम्पादकीय टीम का सबसे पहला काम होता है कि वह आमुख की बनावट और बुनावट को ठीक करे तथा शेष कलेवर में महत्त्व को घटते हुए क्रम तथ्यों को सजाये। विलोम पिरामिड शैली में तथ्यों का सम्पादन आवश्यक है। समाचारों के एंगल निर्धारण, समाचार-पत्र की नीतियाँ, पाठक समूह, भाषा में कसावट, संक्षेपण, विस्तारण, मूल्यगत संवर्धन इत्यादि के आलोक में समाचार को पुनर्गठित किया जाता है और उसके पुनर्लेखन की आवश्यकता महसूस होती है। सम्यक् प्रस्तुति के लिए प्रभावी चित्र, डायग्राम, कार्टून, चार्ट इत्यादि का प्रयोग किया जाता है।

इस प्रकार हम कह सकते हैं कि समाचार अथवा अन्य पाठ्य-सामग्री का सम्पादन करते समय सम्पादकीय डेस्क को विभिन्न प्रक्रियाओं से गुज़रते हुए उसे सतर्क और सावधान रहना चाहिए। उनकी थोड़ी-सी चूक से समाज के बहुत बड़े तबके का अहित हो सकता है। सम्पादन का दायित्व चुनौतीपूर्ण तो है ही, उत्तरदायित्व से भरा हुआ भी है। समाचारों के प्रबन्धन, चयन और प्रस्तुति का कौशल उसे विशिष्टता प्रदान करता है। वह समाज में मार्गदर्शक की भी भूमिका का निर्वहण करता है। सम्पादकीय टीम को एक शल्य चिकित्सक के रूप में कई बार समाज-जीवन की व्याधियों के दूर करने के लिए शल्य-क्रिया (ऑपरेशन) भी करना पड़ता है। कहने का तात्पर्य यह है कि पाठकों का निर्वहण करती है। यहाँ यह भी उल्लेखनीय है कि सम्पादकीय टीम के प्रत्येक पत्रकार को अपना श्रेष्ठ प्रदर्शन करते हुए सम्पादन के गुरुतर दायित्व को निभाना चाहिए, ताकि उनकी पत्र-पत्रिकाओं की पहचान स्थापित हो सके।

पृष्ठ-सज्जा और अभिकल्प

कला जीवन के भावों की सुन्दर, सौम्य, सुमधुर और सम्यक् अभिव्यक्ति है, जो आनन्द प्रदान करती है। यह हृदय और मनप्राणों से व्यक्त की गयी भावनाओं की ऐसी मनभावन प्रस्तुति होती है, जिससे जीवन जेष्ठ और श्रेष्ठ बन जाता है। सच पूछा जाये तो कला का उद्देश्य अलौकिक आनन्द प्रदान करना है। इस प्रकार कला जीवन से निःसृत, जीवन के लिए उन्मेषित और जीवन को सुन्दर, सुष्ठु और सार्थक बनाने के लिए है। कला कल् धातु से बना है, जिसका अर्थ होता है मधुर। यह भाव प्रदर्शन की ऐसी अभिव्यक्ति है, जिससे मनुष्य देवत्व को प्राप्त करता है। अनगढ़ को सुगढ़ बना देना और उसमें प्राणों का संचार करना केवल और केवल कला के द्वारा किया जा सकता है। इससे सजीव, संयमित और जीवन्त सर्जना होती है।

मानव की सुरुचि, कल्पनाशीलता, प्रतीकांकन और अनुबिम्बन-कौशल उसे श्रेष्ठता प्रदान करता है। कला जीवन को संस्कारित करती है और उसे मृतप्राय होने से बचाती है। कला के इस वैशिष्ट्य के कारण जन-जीवन के हर क्षेत्र में उसकी अपरिहार्यता महसूस की जाती है। मामला जब समाचार-पत्र का हो तो सौन्दर्य का शोभन और कमनीयता की कामना स्वाभाविक है। पृष्ठ-सज्जा की अवधारणा यहीं से पनपी है। समाचार-पत्रों की चित्ताकर्षक और मोहक प्रस्तुति समय की माँग हो गयी है। कलात्मक और सुन्दर पृष्ठ-सज्जा को देखकर पहली नज़र में ही पाठक आकर्षित हो जाता है।

साज-सज्जा के कारण घटिया और कम गुणवत्ता वाली सामग्री का भी प्रभाव पहली नज़र में बढ़ जाता है और इसके विपरीत अच्छी सामग्री की प्रस्तुति यदि ठीक नहीं है तो उसका प्रभाव घट जाता है। आकर्षक चीज़ हाथों-हाथ बिक जाती है। ठीक ही कहा गया है कि जो दिखता है, वह बिकता है। यह बात जन-जीवन की अन्य वस्तुओं के साथ-साथ पत्र-पत्रिकाओं पर भी लागू होती है। कहने का तात्पर्य यह नहीं कि सम्पादन के कौशल और उसकी गुणवत्ता से समझौता करें, अपितु

श्रेष्ठ सामग्री की प्रस्तुति यदि मन-प्राणों को स्पर्श कर जाये तो वह सोने में सुगन्ध जैसा हो जायेगा।

महिलाएँ यदि लाल रंग की साड़ी पहनती हैं तो उसी रंग की चूड़ियाँ, लिपस्टिक, नेल पॉलिश और बिन्दी भी लगाती हैं। इससे सौन्दर्य में वृद्धि होती है; वह आकर्षक दिखती हैं। फ़ैशन के इस ज़माने में समाचार-पत्र के सम्बन्ध में भी यह नितान्त आवश्यक हो गया है कि वह आकर्षक दिखे। प्रसिद्ध संचार-विशेषज्ञ टी. जे. एस. जॉर्ज ने ठीक ही कहा है कि प्रातःकाल भद्दी आकृति के समाचार-पत्र के दर्शन क्षोभकारी होते हैं। मन तब और खिन्न हो जाता है, जब उसके पृष्ठ असन्तुलित, अति घुले-मिले शीर्षकों के टाइप और समाचार की तलाश कष्टकर हो। इसके विपरीत स्वच्छ और सुव्यवस्थित पृष्ठ वाले समाचार-पत्र को निहार कर मन आश्वस्त और आनन्दित हो उठता है।

भारत में नब्बे के दशक के बाद से पत्र-पत्रिकाओं का कार्यालय पूरी तरह कम्प्यूटरीकृत हो जाने के कारण पृष्ठ-सज्जा की व्यापक सम्भावनाएँ उपस्थित हो गयी हैं। वस्तुतः यह वैश्वीकरण का भी कालखण्ड था। कम्प्यूटर के कारण इस कालखण्ड में लाइट, बोल्ड और इटालिक टाइप फोंट के अतिरिक्त विभिन्न आकार-प्रकार के टाइप फोंट आसानी से उपलब्ध होने लगे। 'पेज मेकर' सॉफ्टवेयर की मदद से कम्प्यूटर पर ही चित्ताकर्षक और नयनाभिराम दृश्य वाली पृष्ठ-सज्जा का निर्माण किया जाने लगा है।

सन् 1990 के बाद भारत में कम्प्यूटर द्वारा पेपर पर प्रिंट ली गयी पाठ्य-सामग्री को समाचार-पत्र के आकार के काग़ज़ पर चिपकाकर पृष्ठों की साज-सज्जा और अभिकल्प तैयार किया जाता था, किन्तु सन् 2000 के बाद पृष्ठ-निर्माण का कार्य अधिकतर समाचार-पत्रों में 'क्वार्क एक्सप्रेस' नामक सॉफ्टवेयर की मदद से कम्प्यूटर में ही किया जाने लगा। वर्तमान दशक में तो 'इन डिजाइन' नामक सॉफ्टवेयर ने पृष्ठ-निर्माण के मद्देनज़र साज-सज्जा तथा अभिकल्प को और आसान बना दिया। चित्र, नक़्शा, ग्राफ़िक्स इत्यादि का प्रयोग अब पृष्ठ-सज्जा के लिए सहजता और सुगमतापूर्वक किया जा सकता है। 'इन डिजाइन' के उपयोग के कारण अब उसी में फ़ोटो को सम्पादित करने की सुविधा भी प्राप्त गयी है।

डॉ. हरिमोहन के अनुसार, 'पृष्ठ सज्जा' किसी समाचार-पत्र-पत्रिका के महत्त्व के अनुसार समाचार एवं समाचारेतर सामग्री के स्थान-निर्धारण, सम्बद्ध आकर्षक छायाचित्रों-रेखाचित्रों के संयोजन, रंग-योजना, समाचार-पत्र के आकार-प्रकार, पृष्ठ निर्धारण आदि की प्रक्रिया को कहते हैं, जिसके कारण वह समाचार-पत्र/पत्रिका अपने आकर्षक समाचार के साथ पाठकों के हाथों में पहुँचता है।

‘सामयिक मीडिया शब्दकोश’ के अनुसार, ‘मेक-अप’ का अर्थ है पत्र या पत्रिका का भौतिक स्वरूप। अच्छी, सुसम्पादित और पसन्दीदा पठन-सामग्री के साथ-साथ यह भी उतना ही ज़रूरी है कि इस सामग्री की प्रस्तुति और साज-सज्जा आकर्षक ढंग से की जाये। यह सारा काम ‘मेक-अप’ के अन्तर्गत होता है। अच्छा ‘मेक-अप’ अच्छी सूझ-बूझ और परिश्रम की माँग करता है। उसके लिए अच्छा ले-आउट तैयार करना होता है और समाचार-कथाओं और लेखों के साथ-साथ ‘इनफोग्राफ’ से सम्बद्ध घटनाओं की तस्वीरें, तालिकाएँ, नक़्शे इत्यादि लेने होते हैं।

नब्बे के दशक में पृष्ठों की साज-सज्जा जब समाचार-पत्र के आकार के काग़ज़ पर समाचारों को चिपकाकर की जाती थी, तब उप-सम्पादक, पृष्ठ-प्रभारी अथवा मुख्य उप-सम्पादक समाचार, चित्र इत्यादि को प्राथमिकता के आधार पर उसका स्थान और क्रम एक सफ़ेद काग़ज़ पर निर्धारित कर फोरमैन को देता था, जिसे डमी कहा जाता था। अब पृष्ठों के अभिकल्प के साथ-साथ उसकी साज-सज्जा की ज़िम्मेदारी भी फोरमैन या कम्पोजिटर की जगह उप-सम्पादक अथवा पृष्ठ-प्रभारी पर ही होती है। तब पृष्ठ-सज्जा के लिए पृष्ठ-प्रभारी एक सादे पृष्ठ पर प्रारूप का निर्माण करता था। इसमें समाचार, चित्र, ग्राफ़िक्स, नक़्शे, हाईलाइट्स, बुलेट्स इत्यादि के आकार-प्रकार का निर्धारण प्रस्तुत किया जाता था। कौन-सी सामग्री कहाँ सजाई जायेगी, उसे किस प्रकार सँवारा जायेगा, इसका निर्धारण प्राथमिकता के आधार पर अभिकल्प (ले-आउट) में किया जाता था।

आधुनिकता के इस दौर में समाचार-पत्र को सजाने, सँवारने और निखारने पर अधिक ज़ोर दिया जाता है। ज़ाहिर है, सम्पादकीय विभाग के सहयोगियों को पृष्ठ-सज्जा का कौशल समर्जित करना होगा और शिल्प की जानकारी प्राप्त करनी होगी। उसे अपनी रचनात्मकता और कलात्मकता का सम्यक् उपयोग करना होगा। पृष्ठ-प्रभारी को सौन्दर्य-चेता होना चाहिए। तभी वह पृष्ठों का सुन्दर आकलन प्रस्तुत कर सकेगा। इसे अभ्यास द्वारा विकसित किया जा सकता है। यद्यपि आजकल अधिकतर पत्र-पत्रिकाओं में कला-निर्देशक, चित्रकार (विजुअलाइजर) इत्यादि पदों पर नियुक्तियाँ होने लगी हैं, जो कला की दृष्टि से समाचार-पत्रों के पृष्ठों को तो सजाते ही हैं, साथ ही चाक्षुष सन्तुलन भी स्थापित करते हैं।

1. पृष्ठ-सज्जा और पृष्ठ-अभिकल्प : अर्थ और अवधारणा

पृष्ठ-सज्जा और पृष्ठ-अभिकल्प दोनों एक-दूसरे के पूरक और एक-दूसरे पर अन्योन्याश्रित होते हैं। इससे समाचार-पत्रों के सौन्दर्य की सृष्टि होती है तथा पाठक उसकी ओर सहज ही आकृष्ट होता है। किसी भी पृष्ठ पर पाठ्य-सामग्री चित्र,

ग्राफ़िक्स, कार्टून इत्यादि को सुसंगत और प्रभावशाली तरीक़े से संयोजित करने को पृष्ठ-सज्जा, साज-सज्जा या पृष्ठ-ख़ाका कहते हैं। इसे अंग्रेज़ी में ले-आउट के नाम से जाना जाता है। यह पाठ्य-सामग्री के विन्यस्तीकरण एवं चित्र आदि के संयोजन की शैली अथवा तरीक़ा का प्रारूप होता है। इसमें इस बात का उल्लेख होता है कि समाचारों को पृष्ठ पर कहाँ और कितने कॉलम में विन्यस्त किया जाये। चित्र, ग्राफ़िक्स, कार्टून इत्यादि को पृष्ठ पर कहाँ समायोजित किया जाये। विज्ञापन के लिए यथानिर्धारित स्थान के बाद जो शेष जगह बचती है, उसी में समाचारों, चित्रों, ग्राफ़िक्स, कार्टून इत्यादि को विन्यस्त किया जाता है। किसी समाचार-पत्र के सभी पृष्ठों की साज-सज्जा प्रतिदिन अलग-अलग हो सकती है तथा उसे प्रत्येक दिन बदला जा सकता है जैसे पृष्ठ संख्या एक, दो अथवा तीन की पृष्ठ-सज्जा सोमवार, मंगलवार या बुधवार को अलग-अलग भी हो सकती है।

वस्तुतः प्रत्येक पृष्ठ की साज-सज्जा दिन विशेष को पृष्ठ-विशेष पर प्राप्त विज्ञापन के बाद शेष बचे स्थान और उस पृष्ठ के लिए निर्धारित समाचार की महत्ता पर निर्भर करती है। पाठक के चक्षु-संचलन (आई मूवमेंट) के आधार पर समाचारों के महत्त्व का निर्धारण कर उसे पृष्ठ पर विन्यस्त करने की योजना तैयार की जाती है। किसी पृष्ठ पर समाचारों, चित्रों, ग्राफ़िक्स और कार्टूनों को प्रस्तुत करते समय चक्षु-संचलन के आलोक में पाठ्य-सामग्री की महत्ता उसकी प्राथमिकताएँ और पाठक के सरोकारों को ध्यान में रखा जाता है। समाचार-पत्र के पूरे आकार-प्रकार और उससे उत्पन्न संरचना को पृष्ठ अभिकल्प (Design) कहते हैं। किसी भी समाचार-पत्र या पत्रिका का अभिकल्प एक बार तैयार हो जाता है तो प्रायः वर्षों-वर्ष तक इसे बदलने की आवश्यकता नहीं है जबकि पृष्ठ-सज्जा (ले-आउट) प्रतिदिन बदला जा सकता है। किसी समाचार-पत्र के पृष्ठों की प्रकृति और प्रवृत्ति को ध्यान में रखकर सम्पादकीय नीति के सन्दर्भ में इसे तैयार किया जाता है। इसके अन्तर्गत पृष्ठों के काग़ज़ों के प्रकार और गुणवत्ता, टाइप फोंट का आकार-प्रकार, रूलिंग, कॉलमों का आकार, दो कॉलमों के बीच की दूरी (गटर), ग्राफ़िक्स, इलस्ट्रेशन, स्याही के प्रकार, छपाई की योजना इत्यादि को शामिल किया जाता है। पृष्ठ-अभिकल्प में बदलाव नीतिगत होता है। पृष्ठ-अभिकल्प में बदलाव प्रायः री-लांचिंग के समय किया जाता है। इसके अन्तर्गत किस पृष्ठ पर किस तरह की सामग्री जायेगी, इसका निर्धारण भी किया जाता है।

पृष्ठ-सज्जा और पृष्ठ-अभिकल्प की अवधारणा को समझने के उपरान्त पृष्ठ प्रारूप (डमी) और पृष्ठ शृंगार (पेज मेकअप) को समझना भी समीचीन होगा। पृष्ठ-सज्जा (ले-आउट) और पृष्ठ प्रारूप (डमी) दोनों एक ही सिक्के के दो पहलू

हैं। किसी समाचार-पत्र के पृष्ठ विशेष हेतु पूर्व निर्धारित विज्ञापन के बाद शेष बचे स्थान को पाठ्य-सामग्री, चित्र, ग्राफ़िक्स, कार्टून इत्यादि से सजाने अथवा उनके विन्यस्तीकरण को जहाँ पृष्ठ-सज्जा कहते हैं वहीं एक छोटे पृष्ठ पर विज्ञापन, पाठ्य-सामग्री, चित्र, ग्राफ़िक्स, कार्टून इत्यादि से तैयार किये गये ख़ाका को पृष्ठ प्रारूप या डमी कहते हैं। समाचार-पत्र-विशेष में पृष्ठ-प्रभारी द्वारा इसे समाचार-पत्र की तुलना में छोटे आकार के काग़ज़ पर प्रतिरूप की तरह हाथ से तैयार किया जाता है। दूसरे शब्दों में कहें तो किसी पृष्ठ-विशेष को विज्ञापन और सम्पादकीय सामग्री द्वारा पृष्ठ को सजाने या प्रस्तुतीकरण की क्रिया को पृष्ठ-सज्जा (ले-आउट) जबकि विज्ञापन विभाग द्वारा यथानिर्धारित विज्ञापन के बाद सम्पादकीय सामग्रियों से यथानिर्दिष्ट छोटे काग़ज़ के पृष्ठ को डमी कहते हैं। डमी में इस बात का उल्लेख रहता है कि किस समाचार अथवा चित्र को कहाँ और किस प्रकार से समायोजित किया जाये।

समाचार-पत्रों के कार्यालयों में पृष्ठ विशेष की डमी के आधार पर पृष्ठों को बनाने की प्रक्रिया को पेज-मेकअप कहा जाता है। आजकल पेज मेकअप का काम पृष्ठ-प्रभारी अथवा उप-सम्पादक द्वारा ही कराया जाता है। इसलिए डमी बनाने की आवश्यकता प्रायः नहीं ही होती है। नब्बे के दशक में पेज मेकअप कम्प्यूटर द्वारा निकाले गये ब्रोमाइट पेपर को चिपकाकर किया जाता था, जबकि आजकल कम्प्यूटर द्वारा पेजमेकर, क्वार्क एक्सप्रेस या इनडिज़ाइन नामक सॉफ्टवेयर की मदद से किया जाता है। वैश्वीकरण के बाद साज-सज्जा और पृष्ठ शृंगार पर अधिक बल दिया जाने लगा है। इसलिए इस काम में कला निर्देशक का भी सहयोग लिया जाने लगा है। पत्र-पत्रिकाओं के पृष्ठों को सुन्दर, आकर्षक और कलात्मक तरीक़े से प्रस्तुत किया जाने लगा है, ताकि पाठक को पहली ही दृष्टि में आकर्षित किया जा सके। पृष्ठ-प्रभारी को सौन्दर्य-चेता होना चाहिए। तभी यह पृष्ठों का सुन्दर आकल्पन प्रस्तुत कर सकेगा। इसे अभ्यास द्वारा विकसित किया जा सकता है। यद्यपि आजकल अधिकतर पत्र-पत्रिकाओं में कला-निर्देशक, चित्रकार (विजुअलाइजर) इत्यादि पदों पर नियुक्तियाँ होने लगी हैं, जो कला की दृष्टि से समाचार-पत्रों के पृष्ठों को तो सजाते ही हैं, साथ ही चाक्षुष-सन्तुलन भी स्थापित करते हैं।

2. पृष्ठ-सज्जा और अभिकल्प का उद्देश्य

आधुनिक सन्दर्भ में पृष्ठ-सज्जा का महत्त्व बढ़ गया है। चित्र, शीर्षक, क्रॉसर, हाईलाइट्स, कार्टून इत्यादि अब रंगीन छपने लगे हैं। पाठक के चक्षु-संचलन और पृष्ठों के सन्तुलन को ध्यान में रखकर रंग-योजना बनायी जाती है। सम्पादकीय

विभाग का उद्देश्य समाचार-पत्र की पठनीयता को बढ़ाना है। प्रस्तुतीकरण का सारा उपक्रम इसी के इर्द-गिर्द घूमता है। पाठक अधिक महत्त्व की ख़बरों को पहले पढ़ना चाहता है। इसलिए प्रथम पृष्ठ पर महत्त्वपूर्ण समाचारों का समायोजन किया जाता है। इसमें भी सबसे अधिक महत्त्वपूर्ण ख़बरों को ऊपर तथा कम महत्त्वपूर्ण ख़बरों को नीचे दिया जाता है। पृष्ठ-सज्जा के निम्नलिखित उद्देश्य हैं–

1. रंग-योजना के द्वारा समाचार-पत्र में आकर्षण उत्पन्न करना।
2. समाचार के महत्त्व के अनुसार पृष्ठों पर उसे सजाना।
3. 'डॉट पर इंच' (डी.पी.आई.) के आलोक में पृष्ठ के सन्तुलन को बनाये रखना अर्थात् पृष्ठ के आधा ऊपर और नीचे का भाग सन्तुलित करना।
4. शीर्षक, उप-शीर्षक, स्लग, कार्टून, चित्र, बुलेट, हाईलाइट्स, रिफ्लेक्टर इत्यादि के माध्यम से 'इंट्री-पॉइंट' (प्रवेश-बिन्दु) को बढ़ाना ताकि समाचार की पठनीयता बढ़ सके।
5. समाचार-पत्र में एकरूपता के सिद्धान्त के द्वारा सौन्दर्य उत्पन्न करना ताकि पाठक आकर्षित हो सके।
6. समाचार-पत्र में विरोधाभास के सिद्धान्त के द्वारा अरोचकता की स्थिति को तोड़ना।
7. समाचार-पत्र में जीवन्तता और सजीवता उत्पन्न करना।
8. अन्य प्रतिस्पर्धी समाचार-पत्र की तुलना में आकर्षण उत्पन्न करना।
9. पृष्ठ-सज्जा का विशेष 'ब्रांड' स्थापित कर लोकप्रियता हासिल करना।

आज से सौ साल पहले समाचारों की पृष्ठ-सज्जा आज की तरह नहीं रहती थी। छोटे-छोटे सांकेतिक शीर्षकों के द्वारा एक ही कॉलम में एक के नीचे एक समाचार को विन्यस्त किया जाता था। समाचार की पठनीयता को बढ़ाने के लिए 'इंट्री-पॉइंट' के अन्य साधनों का उपयोग नहीं के बराबर होता था, किन्तु आधुनिकता और प्रतियोगिता के इस दौर में समाचार के विभिन्न पक्षों को उजागर करने की चेष्टा के निमित्त 'इंट्री पॉइंट' अधिकाधिक देने का प्रचलन बढ़ गया है। समाचारों के महत्त्व के अनुसार उसे दो अथवा दो से अधिक कॉलम में फैलाया जाता है। वर्गाकार समाचार की तुलना में आयताकार समाचार देने का प्रचलन आजकल अधिक हो गया है।

समाचार की गुणवत्ता और उसकी विशेषताओं से यदि मानवीय जिज्ञासा की पूर्ति होती है, जानकारी बढ़ती है और पाठक को मानसिक तृप्ति मिलती है तो पृष्ठ-सज्जा से मन और आँख तृप्त होती हैं। सौन्दर्य के प्रति मानव में नैसर्गिक आकर्षण होता है, इसी कारण अच्छी साज-सज्जा वाली पत्र-पत्रिकाएँ पाठक को अपनी ओर

खींच लेती हैं। अमेरिकी विद्वान मार्क ट्वेन ने ठीक ही कहा है कि समाचार-पत्र का पहला कर्तव्य है कि वह सुन्दर दिखे, दूसरा यह कि सत्य बोले। सत्य के साथ सुन्दर की कल्पना हमारे यहाँ 'सत्यं शिवं सुन्दरम्' से की गयी है। 'यजुर्वेद' की ऋचा में वस्तु को सुन्दर बनाने की कामना की गयी है–**देव! त्त्वष्टर्वसु रम।** (य.6.7) अर्थात् देवः निर्मातः! वसु को सुन्दर बना। 'अथर्ववेद' में चन्द्रमा को सौन्दर्य सम्पादिका कहकर महिमामण्डित किया गया है–**सरूपकृत्त्वमोषधे!** (अ.1.24.3) अर्थात् ओषधे! तू सौन्दर्य सम्पादिका है। **रूपारिण कल्पय।** (अ. 1.24.4) अर्थात् सौन्दर्य बना।

3. विभिन्न पृष्ठों की सज्जा

किसी दुल्हन के लिए मेहँदी, बिन्दी, केश-सज्जा, लिपस्टिक, आभूषण और परिधान का जो महत्त्व है वही महत्त्व समाचार-पत्र के लिए पृष्ठ-सज्जा का है। आधुनिकता के इस दौर में विशेषकर वैश्वीकरण के बाद पृष्ठ-सज्जा का महत्त्व अधिक बढ़ गया है। फ़ैशन जन-जीवन का अपरिहार्य हिस्सा बनता जा रहा है। सुबह सोकर उठने के बाद जब चाय की चुस्की के साथ समाचार-पत्र पाठकों के हाथ में पहुँचता है तो पत्र-पत्रिकाओं का सौन्दर्य ही उसे गुदगुदाता है, उसकी तन्द्रा को भंग करता है। पृष्ठ-सज्जा को दो भागों में बाँटकर अध्ययन करना सुविधाजनक होगा।

(i) समाचार-पत्र का रूप-विन्यास : सामान्यतः समाचार-पत्र का आकार पहले 52 X 42 सेंटीमीटर होता था। 'दैनिक हिन्दुस्तान', 'दैनिक जागरण', 'अमर उजाला', 'राष्ट्रीय सहारा', 'दैनिक भास्कर' इत्यादि समाचार-पत्रों का आकार यही होता था, किन्तु सन् 2005 के आसपास से 'नवभारत टाइम्स', 'हिन्दुस्तान टाइम्स' इत्यादि का आकार लम्बाई में तो वैसा ही है, किन्तु चौड़ाई में घट गया है। बाद में अन्य समाचार-पत्रों ने भी अपनी चौड़ाई 42 सेंटीमीटर से घटाकर 34 सेंटीमीटर कर दिया है। सम्प्रति, 'दैनिक जागरण' सहित प्रायः सभी अन्य समाचार-पत्रों का आकार 54 सेमी. X 34 सेमी. है। इसके पीछे तर्क दिया गया कि पाठकों को दोनों हाथ से समाचार-पत्र खोलकर पढ़ने में असुविधा होती है। दूसरी बात यह है कि अन्तरराष्ट्रीय मानक के अनुरूप भारतीय समाचार-पत्र की चौड़ाई अधिक थी। इन्हीं दोनों कारणों से भारत में भी समाचार-पत्र की चौड़ाई घटा दी गयी। समाचार-पत्र के आकार 52 X 34 सेंटीमीटर को 'ब्रॉडशीट' के नाम से जाना जाता है। संध्याकालीन संस्करण वाले दैनिक समाचार-पत्र प्रायः 26 X 17 सेंटीमीटर आकार के छपते हैं। इसे 'टेबलॉयड' आकार के नाम से जाना जाता है। 'इंडिया टुडे', 'पाँचजन्य' सहित अनेक पत्रिकाओं का आकार 26 X 19.5 सेंटीमीटर होता है। इस आकार को

'डबल क्राउन' कहा जाता है। पुस्तक सामान्यत: 21.5 X 14 सेंटीमीटर आकार की होती हैं, जिसे 'डिमाई' आकार के नाम से जाना जाता है।

समाचार-पत्रों के पृष्ठों की साज-सज्जा को कॉलमों में बाँटकर विन्यस्त किया जाता है। 'दैनिक जागरण', 'राष्ट्रीय सहारा' इत्यादि समाचार-पत्रों में कुछ वर्ष पहले तक आठ कॉलमों में पृष्ठ बँटा होता था, जबकि बाद में इसे घटाकर 7 कर दिया गया और अब पुन: उसे आठ कॉलम कर दिया गया है, किन्तु कॉलमों की चौड़ाई अब घट गयी है। यद्यपि आज भी 'जनसत्ता', 'इंडियन एक्सप्रेस' इत्यादि समाचार-पत्र छह कॉलमों में बँटा होता है, किन्तु इसमें कॉलम की चौड़ाई अपेक्षाकृत अधिक होती है। 52 X 42 सेंटीमीटर आकार के पृष्ठ पर प्रकाशित होनेवाले आठ कॉलमों में प्रत्येक की चौड़ाई लगभग 5 सेंटीमीटर होती थी, जबकि छह कॉलम वाले समाचार-पत्रों में प्रत्येक की चौड़ाई लगभग 7 सेंटीमीटर होती थी।

इधर हाल के कुछ वर्षों से 'नवभारत टाइम्स' और 'हिन्दुस्तान टाइम्स' सहित अन्य समाचार-पत्रों द्वारा कॉलमों की संख्या घटाकर 7 और उसकी चौड़ाई 4.5 सेंटीमीटर के क़रीब कर दी गयी है। 'दैनिक जागरण' ने पहले अपने पृष्ठ को सात कॉलमों में विभक्त किया था, किन्तु हाल के समय में वह पुन: 8 कॉलमों में विन्यस्त है, जिसकी चौड़ाई लगभग पौने चार सेंटीमीटर है। यद्यपि विज्ञापनों के आकार अथवा सम्यक् प्रस्तुति के कारण 'दैनिक जागरण' के अलावा अन्य समाचार-पत्रों में कॉलमों की चौड़ाई को घटा-बढ़ाकर भी प्रस्तुत किया जाता है।

वस्तुत: उदारीकरण के बाद समाचार-पत्रों में प्रस्तुति और रूप-विन्यास पर प्रबन्धन का ध्यान बढ़ गया है। पृष्ठ-सज्जा की दृष्टि से 7 या 8 कॉलम का रूप-विन्यास (फॉर्मेट) सर्वोत्तम माना जाता है। कॉलमों के बीच में 'व्हाइट स्पेस' विरोधाभास (कंट्रास्ट) उत्पन्न करता है, जिससे पृष्ठ का आकर्षण बढ़ जाता है। पत्रिकाओं में प्रत्येक पृष्ठ प्राय: दो या तीन कॉलमों में बँटा होता है। 'टेबलॉयड' आकार की पत्र-पत्रिकाएँ सामान्यत: पाँच कॉलमों में बँटी होती हैं। ऐसी मान्यता है कि कॉलमों की चौड़ाई अधिक होने पर पाठकों को पढ़ने में असुविधा होती है। यद्यपि कई बार समाचार को महत्त्व देने के लिए एक कॉलम के समाचार को बढ़ाकर डेढ़ कॉलम में विन्यस्त कर दिया जाता है तथा तीन कॉलमों के समाचार को डेढ़-डेढ़ कॉलम की चौड़ाई के दो बराबर भागों में बाँटकर विन्यस्त करने का प्रचलन शुरू हो गया है। ऐसे में पाठकों को तीन कॉलम के बराबर का समाचार भी दो कॉलम में ही बँटा हुआ नज़र आता है।

समाचार-पत्रों की लम्बाई को सामान्यतया चार भागों में विभक्त किया जाता है। इसे पत्रकारिता में 'डेक' के नाम से जाना जाता है। 'डेक' और 'कॉलम' में विभक्त

होने के कारण जो आकल्पन निर्मित होता है, उसे पत्रकारिता में 'मॉडुलर ले-आउट' के नाम से जाना जाता है। अस्सी-नब्बे के दशक तक चिमनी ले-आउट का प्रचलन था, किन्तु आधुनिकता के दौर में 'चिमनी ले-आउट' की जगह 'मॉडुलर ले-आउट' प्रचलित हो गया है। यद्यपि समाचार-पत्रों की लम्बाई को चार डेक में बाँटने के अनुशासन को भी कुछ समाचार-पत्रों ने तोड़ दिया है। एक ही समाचार-पत्र के कुछ पृष्ठ चार तो कुछ पाँच डेकों में बँटे होते हैं। इस प्रकार किसी बँधे-बँधाये खाँचे में साज-सज्जा और अभिकल्प प्रस्तुत करने की बाध्यता प्राय: समाप्त हो गयी है। आधुनिकता के इस दौर में सबसे अच्छा फ़ैशन उसे माना जाता है, जिसमें कोई साम्य नहीं हो; क्योंकि विरोधाभास ही आकर्षण का केन्द्र बनने लगा है।

(ii) सामग्री का संयोजन : यथा-निर्धारित रूप-विन्यास (फॉर्मेट) के आधार पर ही 'ले-आउट' तैयार किया जाता है। पृष्ठ-सज्जा के लिए यह एक प्रकार का प्रारूप है। नब्बे के दशक तक पृष्ठ-प्रभारी छोटे काग़ज़ पर 'ले-आउट' की डमी तैयार कर इसे पृष्ठ बनानेवाले व्यक्ति को सौंप देता था, किन्तु अब पृष्ठ निर्माण का काम उप-सम्पादक अथवा पृष्ठ-प्रभारी से ही कराया जाता है। 'नवभारत टाइम्स', 'दैनिक हिन्दुस्तान', 'दैनिक जागरण' इत्यादि समाचार-पत्रों में पृष्ठ का गठन अथवा निर्माण कम्प्यूटर पर ही होता है। अधिकतर समाचार-पत्रों में 1990-95 ई. तक पृष्ठ-निर्माण कम्प्यूटर पर न होकर पेस्टिंग द्वारा होता था। 'ले-आउट' की डमी में दिये गये निर्देश के आधार पर पृष्ठ-निर्माण किया जाता था। वस्तुत: 'ले-आउट' की डमी में समाचारों के आकार, उसके फैलाव के लिए कॉलमों का निर्धारण, शीर्षक का आकार-प्रकार, पाठ्य-सामग्री के जमाव का क्रम, फ़ोटो, कार्टून, ग्राफ़िक्स इत्यादि को कहाँ लगाया जाये, इसके बारे में पृष्ठ-प्रभारी द्वारा निर्देश दिये जाते हैं।

अधिकतर समाचार-पत्रों में प्रथम लीड, द्वितीय लीड, बॉटम, चित्र और विभिन्न चर्चित कॉलम का स्थान निर्धारित रहता है। इससे पेज मेक-अप करने में सुविधा होती है और शीघ्रता से काम निपट जाता है। एक जैसी पृष्ठ-सज्जा को देखते रहने के कारण पाठक वैसा ही देखने को अभ्यस्त हो जाता है और वह सहजता से यह ढूँढ़ लेता है कि कौन-सी सामग्री कहाँ है? पृष्ठ के जिस हिस्से में जितने कॉलम का समाचार निर्धारित रहता है, पाठक की आँख वहीं आकर अटक जाती है। पाठक का यह मनोवैज्ञानिक पहलू है, इसमें बार-बार परिवर्तन से कुछ पाठक खिन्न होते हैं।

'ले-आउट' के कुछ विशेषज्ञों का यह भी मानना है कि प्रतिदिन एक जैसा 'ले-आउट' देखकर पाठक ऊब जाता है। वह परिवर्तन चाहता है। नयी साज-सज्जा के साथ समाचार-पत्र की सामग्री को प्रस्तुत करने से पाठक आकर्षित होता है और

उसे स्वाद-परिवर्तन का सुख प्राप्त होता है। जबकि कुछ संचार-विशेषज्ञों का मानना है कि प्रतिदिन आकल्पन (ले-आउट) बदलने से पाठक परेशान होता है। विज्ञापन के लिए भी सामान्यतः स्थान निर्धारित रहता है। अधिकतर समाचार-पत्रों में किसी पृष्ठ पर दाहिनी तरफ़ नीचे की ओर से शुरू होकर ऊपर की तरफ़ विज्ञापन को समायोजित किया जाता है।

विभिन्न पृष्ठों का मेक-अप उसकी महत्ता, प्रकृति और प्रवृत्ति पर निर्भर करता है। हर पृष्ठ का अपना एक वैशिष्ट्य और अस्तित्व होता है, उसी के आधार पर उसका ले-आउट तैयार किया जाता है। प्रथम पृष्ठ का मेक-अप बच्चों के पृष्ठ की तरह कदापि नहीं हो सकता। पृष्ठ-सज्जा (ले-आउट) के अन्तर्गत इस बात का निर्धारण किया जाता है कि किसी पृष्ठ-विशेष पर कौन-सा समाचार किस आकार-प्रकार में कहाँ जमाया जाये? पृष्ठ-प्रभारी समाचार की महत्ता-प्रासंगिकता के मद्देनज़र उसकी प्राथमिकता का क्रम निर्धारित करता है। अगर उसने किसी दिन पहला लीड समाचार चार कॉलम में प्रकाशित किया तो कोई ज़रूरी नहीं कि दूसरे अथवा तीसरे दिन भी वह अपने पृष्ठ पर पहला लीड समाचार चार कॉलम में ही प्रकाशित करे। इस प्रकार समाचार-पत्र के ले-आउट में बदलाव पृष्ठ-प्रभारी अपने आवश्यकतानुसार प्रतिदिन अथवा दो-चार दिन में कर सकता है।

(i) प्रथम पृष्ठ का मेक-अप : प्रत्येक समाचार-पत्र के लिए यह सबसे महत्त्वपूर्ण पृष्ठ होता है। पाठक की दृष्टि सबसे पहले इसी पृष्ठ पर पड़ती है। इसी पृष्ठ को देखकर वह समाचार-पत्र ख़रीदता है। इसने यदि पाठक को अपनी ओर आकर्षित नहीं किया तो समाचार-पत्र की बिक्री घट जायेगी। ज़ाहिर है, इसकी साज-सज्जा पर विशेष ध्यान देने की आवश्यकता है। किसी भवन की बाहरी रूप-सज्जा से इसकी तुलना की जा सकती है, जिसका सौन्दर्य मन-प्राणों को भा जाता है अथवा उसकी कुरूपता से मन खिन्न हो जाता है।

प्रायः सभी समाचार-पत्रों का प्रथम पृष्ठ सबसे बाद में बनता है। अद्यतन जानकारी देने की होड़ में प्रथम पृष्ठ का निर्माण जल्दबाज़ी में किया जाता है। उस हड़बड़ी में भी इस पृष्ठ की साज-सज्जा और अभिकल्प पर विशेष ध्यान दिया जाता है। सामान्यतः रात की पाली में यह पृष्ठ बनता है। कई महत्त्वपूर्ण और सम्भावित समाचारों के लिए इन्तज़ार भी करना पड़ता है। कई बार किसी समाचार-पत्र का प्रथम पृष्ठ तैयार हो जाने के बाद भी अति महत्त्वपूर्ण समाचार आ जाने के कारण प्रथम पृष्ठ का ले-आउट बदल दिया जाता है। ग़ौरतलब है कि अख़बार के प्रथम पृष्ठ का प्रारूप प्रिंट में भेजने के आख़िर समय तक ख़बर के अनुरूप बदल सकता है। ऐसी परिस्थिति में भी कम-से-कम समय में सुन्दर और कलात्मक प्रस्तुति का हर सम्भव प्रयास किया जाता है।

प्रथम पृष्ठ के सबसे ऊपर समाचार-पत्र का नाम एक निर्धारित शैली और सज्जा के साथ दिया जाता है। इससे समाचार-पत्र की पहचान बनती है। इसे 'मास्टहेड' या 'लोगो' कहा जाता है। इसके इर्द-गिर्द 'व्हाइट स्पेस' दिया जाता है, जिससे इसकी सादगी और सौम्यता प्रदर्शित होती है। इसे हिन्दी में 'मत्था' और अँग्रेज़ी में 'मास्टहेड' कहा जाता है। अधिकतर समाचार-पत्रों में 'मत्था' सबसे ऊपर बीचों-बीच होता है, किन्तु समाचार-पत्रों में यह ऊपर बायीं ओर भी होता है। 'पंजाब केसरी' इसका चिर-परिचित उदाहरण है।

'मत्था' के नीचे प्रकाशन का स्थान, संस्करण का नाम, तिथि, पृष्ठों की संख्या और मूल्य दिया जाता है। इसे 'फोलियो' कहा जाता है। प्रथम पृष्ठ के साथ-साथ अन्य पृष्ठों पर भी 'फोलियो' दिया जाता है, इसमें समाचार-पत्र का नाम, प्रकाशन-स्थान, तिथि और पृष्ठ-संख्या का उल्लेख किया जाता है। इसे 'फोलियो लाइन' भी कहा जाता है। फोलियो के साथ अधिकतर समाचार-पत्रों में 'विंडो' दिया जाता है, जिसमें अन्दर के महत्त्वपूर्ण पृष्ठों पर प्रकाशित महत्त्वपूर्ण समाचारों और उससे सम्बद्ध फ़ोटो प्रकाशित होते हैं।

प्रथम पृष्ठ की रूप-सज्जा और उसके आकर्षण के लिए इसकी महत्ता स्वयंसिद्ध है। अधिकतर समाचार-पत्रों में पहले 'मत्था' के दोनों ओर दो छोटे-छोटे विज्ञापन होते थे, जिसे 'इअर पिन्ना' कहा जाता था। अब समाचार-पत्रों में 'इअर पिन्ना' देने की परम्परा लगभग समाप्त हो गयी है। कुछ डिज़ाइन विशेषज्ञों का मानना है कि प्रथम पृष्ठ की अनावश्यक रूप-सज्जा पत्र की रमणीयता और प्रभावोत्पादकता समाप्त कर देती है। इसीलिए इस दृष्टि से सामंजस्य स्थापित किया जाना चाहिए।

अधिकतर समाचार-पत्रों के प्रथम पृष्ठ पर सबसे महत्त्वपूर्ण समाचार ऊपर में बायीं तरफ़ प्रकाशित होता है। चक्षु-संचलन के सिद्धान्त के अनुसार पाठक की सबसे पहली नज़र सबसे ऊपर दाहिनी ओर पड़ती है। इसके बाद पाठक की नज़र ऊपर की ही तरफ़ बायीं ओर पड़ती है। इसलिए सबसे महत्त्वपूर्ण ख़बरों, जिसे 'फर्स्ट लीड' और 'सेकंड लीड' के नाम से जाना जाता है, को क्रमशः बायीं और दाहिनी ओर दिया जाता है। इसी के साथ दो या तीन कॉलमों का महत्त्वपूर्ण और आकर्षक चित्र भी दिया जाता है। इससे पृष्ठ की रूप-सज्जा निखरती है।

समाचार-पत्र को लम्बाई में बीच से मोड़कर वितरित किया जाता है। इसलिए इस बात पर विशेष ध्यान देना चाहिए कि चित्र को उस मोड़ पर विन्यस्त न किया जाये। प्रथम पृष्ठ पर सामान्यतः चार 'डेकों' में समाचारों का समायोजन किया जाता है। इस समायोजन के तहत दूसरे डेक में समाचार-पत्र का 'फोल्ड' पड़ता है।

अतएव दूसरे डेक में चित्र का प्रयोग नहीं करना चाहिए। बीच वाले 'फोल्ड' पर यदि चित्र पड़ता है तो मोड़ की रगड़ से चित्र की सुन्दरता कम हो जाती है, उसका आकर्षण घट जाता है।

पृष्ठ के ऊपरी आधे भाग और नीचे के आधे भाग का सन्तुलन तराजू के दो पलड़े के समान किया जाना चाहिए। पूरे पृष्ठ पर यदि दो चित्र हों तो एक चित्र 'फोल्ड' के ऊपर तथा दूसरा 'फोल्ड' के नीचे दिया जाना चाहिए। यदि पूरे पृष्ठ पर एक ही चित्र हो तो उसे पृष्ठ के किसी एक भाग में देकर दूसरे भाग में तीन-चार कॉलम में मोटे-मोटे अक्षरों वाले शीर्षकों और विज्ञापनों से पृष्ठ का सन्तुलन किया जाना चाहिए। पृष्ठ के ऊपरी और निचले भाग का डीपीआई (डॉट पर इंच) समान होना चाहिए, ताकि पृष्ठ के किसी एक भाग पर वज़न अधिक न हो जाये। चक्षु-संचलन के सिद्धान्त का पालन हो सके और पाठक की नज़र किसी एक भाग पर ही सिमटकर रहने के दोष से मुक्ति मिल सके, यह आवश्यक है। समाचार-पत्र में समाचार को बॉक्स में डालकर अथवा समाचारों के साथ कार्टून, स्क्रीन या इंडट डालकर भी आकर्षण पैदा किया जाता है। पाठ्य-सामग्री (Text) और सफेद जगह (White Space) के द्वारा उत्पन्न किया गया विरोधाभास (Contrast) भी पृष्ठ-सन्तुलन और आकर्षण उत्पन्न करने में उपयोगी होता है।

प्रथम पृष्ठ पर छह से आठ कॉलमों के समाचारों के लिए 70-72 पॉइंट आकार तक का शीर्षक दिया जाता है, जब कोई महत्त्वपूर्ण घटना-प्रसंग हो, तब इस शीर्षक का प्रयोग किया जाता है। इसे 'पताका शीर्षक' (बैनर शीर्षक) कहा जाता है। इस प्रकार का शीर्षक प्रतिदिन नहीं दिया जाता है। सामान्यतः तीन से पाँच कॉलमों में 'फर्स्ट लीड' और दो से तीन कॉलम में 'सेकंड लीड' दिया जाता है। इन दोनों ही लीडों का आकार सामान्यतया 48 से 56 पॉइंट रखा जाता है। प्रथम पृष्ठ पर 4-6 कॉलमों में सबसे निचले डेक में सॉफ्ट समाचार (विश्लेषणात्मक अथवा व्याख्यात्मक) दिये जाने का प्रचलन है। इसके शीर्षक का पॉइंट आकार सामान्यतः 40 से 50 रखा जाता है। इसे बॉटम, लटकन, एंकर स्टोरी इत्यादि के नाम से जाना जाता है।

प्रथम पृष्ठ समाचार-पत्र के लिए सबसे प्रमुख होता है। इस पृष्ठ की पठनीयता सर्वाधिक होती है। दिन-विशेष के प्रमुख समाचारों की प्रस्तुति भी आकर्षक तरीक़े से की जाती है। इस पृष्ठ पर जन-जीवन को प्रभावित करनेवाले महत्त्वपूर्ण समाचारों को लिया जाता है। इस बात की होड़ लगी रहती है कि समाचार-पत्र के प्रथम पृष्ठ पर अधिक-से-अधिक महत्त्वपूर्ण ख़बरों को कैसे स्थान दिया जाये। इसके लिए दो युक्तियाँ अपनायी जाती हैं—पहला तो यह कि ख़बर में महत्त्व के अनुसार उसे

दो-चार कॉलमों में विस्तार दिया जाता है और उसका शेषांश किसी अन्य पृष्ठ पर डाल दिया जाता है।

'नवभारत टाइम्स' सहित कुछ समाचार-पत्रों ने शेषांश को अन्य पृष्ठ पर देने की परम्परा समाप्त कर दी है तथा उसकी जगह उसका लिंक देकर विस्तार से ख़बर पढ़ने के लिए संकेतित किया जाता है। इस तकनीक के द्वारा अधिकतम ख़बरों का समायोजन प्रथम पृष्ठ पर हो पाता है। पाठकों की सुविधा के मद्‌देनज़र यह आवश्यक है कि सभी ख़बरों के शेषांश को पृष्ठ-संख्या 11, 13 अथवा किसी अन्य पृष्ठ पर एक साथ समायोजित किया जाये। दूसरी युक्ति के तहत महत्त्वपूर्ण ख़बरों को बायीं तरफ़ पहले कॉलम में ऊपर से नीचे तक छोटे-छोटे समाचार के रूप में समायोजित किया जाता है और कई बार उस समाचार का विस्तारित रूप अन्य पृष्ठ पर भी दिया जाता है। इस प्रकार प्रथम पृष्ठ पर 7-8 अन्य महत्त्वपूर्ण समाचारों का भी समायोजन सम्भव हो पाता है। इस कॉलम को 'संक्षिप्त', 'एक नज़र इधर भी', 'सार-संक्षेप' इत्यादि के नाम से जाना जाता है।

नब्बे के दशक तक जब समाचार-पत्रों में कम्प्यूटर पर काम नहीं होता था, उस समय पृष्ठ-सज्जा की सम्भावनाएँ अपेक्षाकृत कम थीं। दो कॉलम की बग़ल में दो कॉलम के समाचार नहीं दिये जाते थे; क्योंकि दोनों के शीर्षक मिलकर एक होने का भ्रम उत्पन्न हो सकता था। अब तो टाइप फोंट के वैविध्य (साधारण, काला और इटैलिक) के कारण दो कॉलम की बग़ल में दो कॉलम का शीर्षक डालने पर उसके एक जैसा होने अथवा मिलने के भ्रम को दूर किया जा सकता है। उस समय दो कॉलम के नीचे भी दो कॉलम का समाचार नहीं दिया जाता था। इससे पृष्ठ के कई हिस्सों में बँटने (अनुदैर्घ्य) की सम्भावना बनी रहती थी, किन्तु आज की तारीख में समाचार-पत्रों ने इस बाध्यता को भी ख़त्म कर दिया है। रंगीन अख़बार छपने के कारण ख़बर के बैकग्राउंड को दूसरे रंग से रंगकर भी उसे अलग किया जाता है। साथ ही कई बार दूसरी ख़बर का बॉक्स बना दिया जाता है।

अनुभवी पत्रकार विज्ञापन की बग़ल में चित्र देने से परहेज करते हैं; क्योंकि इससे उसकी प्रभावोत्पादकता घट जाती है। दो कॉलम वाले दो समाचारों के बीच एक कॉलम का समाचार देने अथवा तीन कॉलम वाले दो समाचारों के बीच एक या दो कॉलम का बॉक्स देने से विरोधाभास उत्पन्न होता है तथा इसके कारण पृष्ठ की छवि निखरती है, सौन्दर्य बढ़ जाता है। इस प्रकार प्रथम पृष्ठ की साज-सज्जा के द्वारा आकर्षण उत्पन्न किया जाता है। इससे पत्र-पत्रिकाओं की बिक्री बढ़ाने की हरसम्भव कोशिश की जाती है।

(ii) अन्तिम पृष्ठ का मेक-अप : समाचार-पत्रों में प्रथम पृष्ठ के बाद अन्तिम पृष्ठ ही सर्वाधिक महत्त्वपूर्ण होता है। इस पृष्ठ पर प्रथम पृष्ठ की तुलना में अपेक्षाकृत कम महत्त्वपूर्ण ख़बर ली जाती हैं। राष्ट्रीय स्तर की अनेक खबरें, जिन्हें प्रथम पृष्ठ पर किसी कारण से स्थान नहीं दिया जा सका हो, उन्हें अन्तिम पृष्ठ पर लिया जाता है, किन्तु आजकल 'दैनिक जागरण', 'अमर उजाला', 'राष्ट्रीय सहारा' इत्यादि समाचार-पत्रों में अन्तिम पृष्ठ पर समाचार के साथ-साथ रंगीन चित्र भी दिये जाते हैं। इस पृष्ठ पर आज के अधिकतर अख़बार इन्फोटेनमेंट (इनफॉरमेशन इंटरटेनमेंट) से जुड़ी ख़बर प्रकाशित करते हैं।

आकर्षक और ख़ूबसूरत तस्वीर छापने से पृष्ठ को सुन्दर बनाने की सम्भावना बढ़ जाती है। पाठकों के बीच रंगीन चित्र के बढ़ते महत्त्व के कारण ही अन्तिम पृष्ठ पर समाचार के साथ-साथ आकर्षक चित्र देने की परम्परा विकसित हो रही है। जाहिर है कि अन्तिम पृष्ठ की सज्जा पर पृष्ठ-प्रभारी विशेष ध्यान देता है। अन्तिम पृष्ठ पर चित्रों के छपने से इसकी रूप-सज्जा पाठकों को आकर्षित करने लगी है। पाठकों की माँग की ओट में फ़िल्मी नायक-नायिका की अंग-प्रदर्शन करनेवाली तस्वीर छापने की स्वाधीनता अब बढ़ गयी है जो दुर्भाग्यपूर्ण है।

(iii) सम्पादकीय पृष्ठ का मेक-अप : इस पृष्ठ पर सम्पादक, चर्चित कॉलम लेखक, सुविख्यात विश्लेषक, प्रसंग-लेखक और सजग पाठक के विचार, मनोभाव, विश्लेषण और व्याख्यात्मक सामग्री छपती है। इसे 'विचार-पृष्ठ' भी कहा जाता है। इस पृष्ठ पर लेखक और पाठक दोनों के विचारों को स्थान दिया जाता है। कई बार परस्पर विरोधी विचार के राजनेताओं के आलेख इस पृष्ठ पर आमने-सामने भी छपते हैं।

इसलिए यह पृष्ठ एक ऐसा खुला मंच है, जहाँ पक्ष-प्रतिपक्ष के विरोधी विचारों के कारण वाद-विवाद की सम्भावना अधिक रहती है। इस पृष्ठ पर 'नवभारत टाइम्स' सहित कुछ समाचार-पत्रों ने अनेक नवाचार किये हैं, जिससे उनकी पठनीयता भी बढ़ी है। 'नवभारत टाइम्स' सहित कुछ अन्य समाचार-पत्र सम्पादकीय पृष्ठ पर प्रकाशित अग्रलेख (सम्पादकीय) के साथ छोटे-छोटे चित्र भी छापने की परम्परा विकसित करने लगे हैं। इसके कारण इस पृष्ठ की पठनीयता बढ़ी है और इसकी अधिकाधिक प्रतिपुष्टि सम्पादकीय विभाग को प्राप्त होने लगी है। पत्र की सम्पादकीय नीति इसी से दृष्टिगोचर होती है। इसकी इसी महत्ता के कारण इसे 'पत्र की आत्मा' के रूप में भी रेखांकित किया गया है।

यह बात और है कि इसकी सम्यक् प्रस्तुति, भाषा की दुरूहता, विचारों की जटिलता और लेखकों के पाण्डित्य के भूत के कारण इस पृष्ठ की पठनीयता

अपेक्षाकृत बहुत कम है। एक शोध के अनुसार, इस पृष्ठ की पठनीयता केवल तीन प्रतिशत है। इसमें कोई दो राय नहीं है कि यह पृष्ठ महत्त्वपूर्ण है, किन्तु यह भी सही है कि इसके प्रति पाठकों के मन में उदासीनता ही रहती है। सम्पादकीय विभाग के समक्ष इस बात की चुनौती है कि वह इसकी पठनीयता को बढ़ाये। पठनीयता को बढ़ाने के लिए इस पृष्ठ की रूप-सज्जा पर भी ध्यान देने की आवश्यकता है।

भारत के समाचार-पत्र में सम्पादकीय पृष्ठ पर सामान्यत: दो सम्पादकीय, दो आलेख और 'सम्पादक के नाम पत्र' स्तम्भ भी छपते हैं। दो-तीन बड़े-बड़े आलेखों की जगह तीन-चार छोटे-छोटे आलेख देना पठनीयता की दृष्टि से अधिक महत्त्वपूर्ण माना जाता है। हाईलाइट, उपशीर्षक, चित्र, कार्टून इत्यादि देकर इस पृष्ठ की बेहतर प्रस्तुति हो सकती है और आकर्षक रूप-सज्जा दी जा सकती है। किसी भी आलेख का सबसे पहला अक्षर 20 से 30 पॉइंट आकार में दिये जाने का भी प्रचलन है, जिसे 'ड्रॉप लेटर' के नाम से जाना जाता है। इससे पृष्ठ का आकर्षण बढ़ता है। प्रत्येक आलेख में इंट्रो अथवा हाईलाइट्स चौदह से सोलह पॉइंट आकार में दिया जाता है। इंट्रो को आकर्षक बनाने के लिए इसे काला अथवा इटैलिक कर दिया जाता है। इसमें स्क्रीन डाल देने से भी इसकी सुन्दरता बढ़ जाती है।

आँकड़े अथवा आलेख से जुड़ी अन्य महत्त्वपूर्ण सामग्री को आलेखों के बीच में डालने से उसकी सुन्दरता बढ़ जाती है। पत्र-पत्रिकाओं में कम्प्यूटर के उपयोग से इसकी रूप-सज्जा को निखारने की सम्भावना आजकल बढ़ गयी है। अब हाईलाइट, बॉक्स इत्यादि में भी स्क्रीन डाला जा सकता है। कम्प्यूटर के उपयोग के कारण ही अब कॉलमों के नाम (जैसे–शिक्षा, भावार्थ, खरी-खोटी, नवांकुर, परिदृश्य, व्यक्तित्व इत्यादि) को अब रिवर्स में देना आसान हो गया है।

'दैनिक जागरण' में सम्पादकीय पृष्ठ पर प्रकाशित दोनों आलेखों के लेखकों के पासपोर्ट साइज़ फ़ोटो के साथ-साथ आलेख से सम्बद्ध चित्र भी प्रकाशित किया जाने लगा है। हाल के वर्षों में इस पृष्ठ के प्रभारी श्री राजीव सचान ने इस पृष्ठ की पठनीयता को बढ़ाने के लिए अनेक नवाचार किये हैं। उन्होंने 'दैनिक जागरण' के सम्पादकीय पृष्ठ पर प्रकाशित दोनों आलेखों के सार-संक्षेप तथा निष्कर्ष को बॉक्स में देना भी शुरू कर दिया है। वह 'जागरण-जनमत' के लिए प्रश्न और उसके द्वारा कराये गये सर्वेक्षण (पोल) का परिणाम देकर भी इस पृष्ठ की पठनीयता को बढ़ाने का हर सम्भव प्रयत्न कर रहे हैं। वे 'न्यूज़ मेकर' के ट्वीट और चुटीले कार्टून देकर भी सम्पादकीय पृष्ठ की पठनीयता को बढ़ा रहे हैं।

भारत में हिन्दी का समाचार-पत्र सामान्यत: 14 से 16 पृष्ठों का छपता है। प्रथम पृष्ठ, फ़ीचर पृष्ठ और सम्पादकीय पृष्ठ के अतिरिक्त नगर अथवा स्थानीय

पृष्ठ, आंचलिक पृष्ठ, राष्ट्रीय पृष्ठ, अन्तरराष्ट्रीय पृष्ठ, खेल पृष्ठ, कारोबार पृष्ठ इत्यादि दिया जाता है। इसके अतिरिक्त 'दैनिक जागरण' सहित कुछ समाचार-पत्रों में चार-छह पृष्ठों का पुल आउट और फ़ीचर पृष्ठ अथवा परिशिष्ट दिया जाता है। इन सभी पृष्ठों का अपना विशेष महत्त्व और पाठक-वर्ग होता है। किसी पृष्ठ के महत्त्व को कम करके नहीं आँका जाना चाहिए। ज़ाहिर है, इन पृष्ठों की रूप-सज्जा पर भी सम्यक् रूप से ध्यान देने की आवश्यकता है। कोई भी पृष्ठ नीरस नहीं लगे, इस बात का ध्यान दिया जाना चाहिए।

4. पृष्ठ-सज्जा का सन्तुलन

समाचार-पत्रों में किसी पृष्ठ का 'फर्स्ट' और 'सेकंड लीड' का शीर्षक बड़े पॉइंट आकार में दिया जाता है। समाचार-पत्र के मध्य और निचले भागों के शीर्षक अपेक्षाकृत कम पॉइंट आकार में होने चाहिए। समाचार के महत्त्व और चक्षु-संचलन के सिद्धान्त के अनुसार उसकी प्राथमिकता के मद्देनज़र ऊपर से नीचे की ओर महत्त्व के घटते हुए क्रम में समाचारों को विन्यस्त किया जाता है। साज-सज्जा की दृष्टि से प्रत्येक पृष्ठ को चार भागों में बाँटकर उसका सन्तुलन बनाया जाता है। सन्तुलन बनाने के क्रम में बॉक्स का समायोजन विज्ञापन या चित्र के निकट नहीं करना चाहिए, इससे उसका प्रभाव घट जाता है। बॉक्स के अगल-बगल बड़े टाइप आकार का शीर्षक ही प्रभावोत्पादक होता है।

दो कॉलमों वाले समाचार की बग़ल में दो कॉलम का समाचार नहीं देना चाहिए। इसी तरह तीन कॉलमों के समाचार की बग़ल में तीन कॉलम का समाचार भी नहीं देना चाहिए। अगर किसी कारण से दो या तीन कॉलम के समाचार की बग़ल में क्रमशः दो या तीन कॉलम का समाचार देने की बाध्यता हो तो दोनों समाचारों के शीर्षक अलग-अलग पॉइंट आकार में दिये जाने चाहिए। वरिष्ठ पत्रकार प्रेमनाथ चतुर्वेदी के अनुसार, काला पाइका में बना एक कॉलम का बॉक्स दो कॉलम के चित्र का सन्तुलन कर सकता है, जबकि साधारण पाइका में बना दो कॉलम का बॉक्स एक कॉलम चित्र के बराबर होता है। प्रथम और द्वितीय कॉलम में दिया गया चित्र छठे-सातवें कॉलम में ऊपर दिये गये दो कॉलम चित्र को सन्तुलित करता है। इसी तरह प्रथम या द्वितीय कॉलम में दिये गये मोटे टाइप वाले शीर्षक का समाचार नीचे की ओर अन्तिम दो कॉलम समाचार का सन्तुलन कर देगा।

कुछ सम्पादक ज्यामितीय समानता के सिद्धान्त के आधार पर भी पृष्ठ को सन्तुलित करते हैं। यदि पहले और दूसरे कॉलम में दो पंक्तियों के शीर्षक समाचार हैं तो सातवें और आठवें कॉलम में भी दो पंक्तियों के शीर्षक का समाचार होना

चाहिए। यदि प्रथम दो कॉलम में चित्र है तो उसे सन्तुलित करने के लिए अन्तिम दो कॉलमों में भी चित्र होना चाहिए। सन्तुलन का यह सिद्धान्त सुनने में तो अच्छा और आकर्षक लगता है, किन्तु व्यावहारिक धरातल पर ऐसा करना कठिन होता है। इसके परिपालन से समाचारों के समायोजन में अनेक समस्याएँ खड़ी हो जाती हैं।

समाचार-पत्रों में विरोधाभास के द्वारा भी सुन्दरता को बढ़ाया जा सकता है और पृष्ठ पर सन्तुलन क़ायम किया जा सकता है। 'व्हाइट स्पेस' और टाइप मैटर के बीच का विरोधाभास आकर्षण उत्पन्न करता है। रनिंग मैटर के टाइप और शीर्षक टाइप; चित्र और टाइप मैटर; दो कॉलमों के बीच एक कॉलम समाचार इत्यादि विरोधाभास के उदाहरण हैं। इस वैविध्य के बीच सौन्दर्य उत्पन्न होता है, जिसे देखकर सुखानुभूति होती है। जिस प्रकार काले पैंट के ऊपर उजला शर्ट विरोधाभास का सौन्दर्य उत्पन्न करता है, उसी प्रकार उपर्युक्त उदाहरण भी पत्र-पत्रिकाओं की पृष्ठ-सज्जा में चार चाँद लगा जाते हैं।

पृष्ठों की साज-सज्जा के लिए चित्रों की भी महत्त्वपूर्ण भूमिका होती है। समाचार-पत्रों के पृष्ठों को आकर्षक बनाने के साथ-साथ पृष्ठों के सन्तुलन में भी चित्रों की महत्ता असन्दिग्ध होती है। यदि पृष्ठ के निचले भाग में एक-दो बड़े विज्ञापन हों तो समाचार-पत्र के ऊपरी भाग में एक-दो चित्रों का समायोजन कर उस पृष्ठ को सन्तुलित करने का विधान सर्वमान्य है। समाचारों में विश्वसनीयता और प्रामाणिकता के लिए भी चित्रों का उपयोग किया जाता है। यदि 'एक्शन चित्र' (भाषण करते हुए, प्रदर्शन करते हुए इत्यादि) उपलब्ध हो जायें तो प्रामाणिकता और बढ़ जाती है। इलेक्ट्रॉनिक मीडिया के बढ़ते प्रभाव के कारण उत्पन्न चुनौतियों का सामना करने के लिए पत्र-पत्रिकाओं में चित्रों की उपयोगिता स्वयंसिद्ध है।

पृष्ठ की साज-सज्जा और सन्तुलन स्थापित करने के साथ-साथ मानवीय संवेदनाओं को उभारने में भी चित्र की महत्ता है। चित्र वस्तुतः पाठकों के मन-प्राणों को स्पर्श कर जाते हैं। इसलिए चित्र सौन्दर्य-बोध की दृष्टि से ही नहीं, अपितु पाठकों के मर्म को स्पर्श करने और उसमें कसक पैदा करने के लिए भी अपरिहार्य है। चित्र के किस भाग को प्रदर्शित (एक्सपोज) किया जाये, यह सम्पादक के सुदीर्घ अनुभव, प्रतिभा और कार्य-कौशल पर निर्भर करता है। हज़ार-दो हज़ार शब्दों में भी जो नहीं कहा जा सकता है, वह एक तस्वीर कह जाती है। वह पाठक के मन-प्राणों को भा जाता है। कई बार लालित्यपूर्ण तथा मर्मस्पर्शी 'कैप्शन' लिखकर भी चित्र में जान डाली जाती है।

सम्पादकीय टीम को अख़बार के रंग-संयोजन की भी जानकारी होनी चाहिए। हाईलाइटर के बैकग्राउण्ड और पॉइंटर्स के बैकग्राउण्ड के अलावा किस रंग के रूल

(लाइन) का प्रयोग किया जाये, इसकी जानकारी सम्पादकीय टीम को होनी चाहिए। जैसा कि मालूम है कि भारतीय संस्कृति में रोली और हल्दी के रंग की काफ़ी महत्ता है। इसी कारण 'हिन्दुस्तान' अख़बार अपने तमाम पृष्ठों पर 'रोली' और 'हल्दी' जैसे रंगों का प्रयोग करता है। बताया जाता है कि इस तरह के रंगों के प्रयोग का आइडिया अख़बार-प्रबन्धन को करोड़ों की फ़ीस पर एक विदेशी एडवरटाइजिंग और ले-आउट डिजाइनिंग संस्था ने दिया था।

कुल मिलाकर पृष्ठ की साज-सज्जा और उसकी प्रभावोत्पादकता के लिए अनेक तत्त्व ज़िम्मेदार होते हैं। सम्पादकीय विभाग में कार्यरत पत्रकार को पृष्ठों की साज-सज्जा बहुकोणीय दृष्टि के साथ करनी चाहिए और इसके लिए समग्र आकलन अपेक्षित है। सम्पादक में कला-दृष्टि का होना अपरिहार्य है। पृष्ठों की साज-सज्जा के लिए निर्धारक तत्त्वों में चित्रों के साथ-साथ शीर्षक, उप-शीर्षक, स्लग, हाईलाइटर, क्रॉसर, ड्रॉप लेटर इत्यादि का उपयोग किया जाता है। समाचारों को बॉक्स के अन्दर प्रस्तुत करने से भी सन्तुलन स्थापित किया जाता है। पृष्ठों का सन्तुलन 'टोन डाउन' तकनीक से भी किया जाता है। इस प्रकार समाचार-पत्र के पृष्ठों को सन्तुलित कर उसमें प्रभावोत्पादकता उत्पन्न करने की चेष्टा की जाती है।

5. पृष्ठ-सज्जा और अभिकल्प का महत्त्व

कोई भी प्रकाशन, चाहे वह कोई पत्र या पत्रिका हो, या कोई सोशल मीडिया प्लेटफॉर्म, या फिर कोई टेलीविज़न चैनल, आम जनों के मस्तिष्क में अपनी स्थायी छवि बनाने, सकारात्मक प्रभाव डालने और लोकप्रिय होने हेतु आकर्षक पृष्ठ-सज्जा और अभिकल्प का होना उनकी सबसे पहली अनिवार्यता है। मोहक पृष्ठ-सज्जा और नयनाभिराम अभिकल्प के अभाव में, उसका अपने पाठकों और दर्शकों का ध्यान आकृष्ट कर पाना, उन्हें अपनी सामग्री को पढ़ने हेतु प्रेरित करना और साथ ही लम्बे समय तक अपने अस्तित्व को बचाये रखना उनके लिए कभी भी सम्भव नहीं है।

किसी समाचार-पत्र, पत्रिका, टेलीविज़न चैनल और डिजिटल प्लेटफॉर्म की आकर्षक, सुन्दर, प्रभावपूर्ण और मनोहारी प्रस्तुति की कला तथा कौशल को पृष्ठ-सज्जा और अभिकल्प कहते हैं। पृष्ठ-सज्जा और अभिकल्प से समाचारों और अन्य पाठ्य सामग्रियों की आकर्षक तथा प्रभावी प्रस्तुति तो होती ही है, समाचारों एवं विचारों के महत्त्व का निर्धारण एवं विशेष ब्रांड की निर्मिति भी होती है, जिससे दर्शकों/पाठकों को पाठ्य-सामग्री पढ़ने के लिए प्रेरित किया जाता है। पृष्ठ-सज्जा और अभिकल्प (संरचना) में थोड़ा अन्तर है। किसी पृष्ठ पर पाठ्य-सामग्री, चित्रों,

इन्फोग्राफ, इलस्ट्रेशन इत्यादि को सजाने की कला को 'पृष्ठ-सज्जा' कहते हैं, जबकि पत्र-पत्रिकाओं के पूरे आकार-प्रकार की संरचना को 'अभिकल्प' कहा जाता है। 'अभिकल्प' के अन्तर्गत काग़ज़ के आकार-प्रकार, मुद्रणीय सामग्री का स्थान, टाइप फोंट और उसका आकार-प्रकार, स्याही इत्यादि के नियोजन आते हैं। 'अभिकल्प' को दो-चार वर्षों में या उससे भी अधिक समय में बदला जाता है जबकि पृष्ठों की साज-सज्जा को प्रतिदिन बदला जा सकता है।

सुसज्जित पृष्ठ और व्यवस्थित 'अभिकल्प' किसी भी पाठ्य-सामग्री की रोचक प्रस्तुति में अहम भूमिका निभाता है, जिससे पाठकों/दर्शकों का ध्यान लम्बे समय तक विषय-वस्तु को पढ़ने/देखने में लगा रहता है। साथ ही विषय का सुगम, सुबोध और व्यवस्थित विवरण पाठकों/दर्शकों में विषय के प्रति एक रुचि पैदा करता है, उनमें विषय को जानने की जिज्ञासा बढ़ती है और विषय आसानी से पाठकों/दर्शकों द्वारा पढ़ा और समझा जाता है।

पाठ्य-सामग्री की सुनियोजित 'पृष्ठ-सज्जा' और 'अभिकल्प' के कारण पत्र/पत्रिका/वेबसाइट/चैनल के पाठकों/दर्शकों के मन में एक छवि का निर्माण होता है, जो समय के साथ, एक 'ब्रांड' के रूप में अपना अस्तित्व गढ़ता है। इससे उस पत्र-पत्रिका/वेबसाइट/चैनल के सन्दर्भ में एक चिर स्थायी छवि निर्मित होती है, जो कालान्तर में एक ब्रांड के रूप में स्थापित होता है। तात्पर्य यह है कि संयोजित 'पृष्ठ-सज्जा' और 'अभिकल्प' के माध्यम से भी एक नये और सफल ब्रांड की स्थापना की जा सकती है। साथ ही पाठ्य-सामग्री को अधिक व्यवस्थित और प्रभावी ढंग से सम्प्रेषित कर अधिकतम लोगों को सूचित किया जा सकता है। इसके इतर, कई बार एक स्थापित और बड़ा ब्रांड, सुन्दर पृष्ठ-सज्जा और पहले से स्थापित अभिकल्प में फेरबदल करने मात्र से अपने पाठकों/दर्शकों के बीच अपनी लोकप्रियता को हमेशा के लिए खो देता है।

आकर्षक पृष्ठ-सज्जा और क्रमबद्ध अभिकल्प की मदद से पत्र/पत्रिका, वेबसाइट/चैनल की छवि पेशेवर बनती है, जिससे लोगों में उसके प्रति विश्वास बढ़ता है। किसी भी सामग्री की पृष्ठ-सज्जा को आकर्षक बनाने और अभिकल्प को सुनियोजित और सुरुचिपूर्ण बनाने हेतु चित्र, ग्राफ़िक्स, फोंट के आकार-प्रकार और उनकी बारीकियों का विशेष ख़याल रखा जाना चाहिए।

इस प्रकार पृष्ठ-सज्जा और अभिकल्प के माध्यम से पत्र-पत्रिकाओं की कमनीयता और तेजस्विता को बढ़ाने की कोशिश की जाती है। वैश्वीकरण के बाद पत्र-पत्रिकाओं के कार्यालय में कंप्यूटर का आगमन हो गया। इसके बाद तो पाठ्य सामग्री के कंपोजिंग से लेकर पृष्ठ-निर्माण और साज-सज्जा तक का सारा काम

कंप्यूटर के माध्यम से किया जाने लगा। इस प्रकार पत्र-पत्रिकाओं का कार्यालय पूरी तरह से कंप्यूटरीकृत हो गया। पेजमेकर, क्वार्क एक्सप्रेस और इनडिजाइन नामक सॉफ्टवेयर की मदद से पृष्ठ बनाए जाने लगे। चित्रों की सम्यक् प्रस्तुति के लिए फोटोशॉप नामक सॉफ्टवेयर की मदद ली जाने लगी। पत्र-पत्रिकाओं के पूरी तरह कंप्यूटरीकृत हो जाने से पाठ्य सामग्री की अशुद्धियाँ तो कम हुई ही, पृष्ठ-सज्जा भी सुरुचिपूर्ण, सौम्य और सुंदर हो गई। चित्र, डायग्राम, ग्राफिक्स, नक्शे, कार्टून इत्यादि का प्रयोग अधिक से अधिक कर पृष्ठों की सम्यक् प्रस्तुति किए जाने की सम्भावना बढ़ गई। पृष्ठ को और अधिक संतुलित बनाए जाने की सम्भावनाएँ भी बढ़ गई। अतः पृष्ठ-सज्जा और अभिकल्प के माध्यम से पत्र-पत्रिकाओं की चित्ताकर्षक और मनोभावन प्रस्तुति हो सकी।

❑❑